大学语文教学与创新实践

秦 丽◎著

线装书局

图书在版编目（CIP）数据

大学语文教学与创新实践 / 秦丽著. -- 北京：线装书局, 2023.7
　　ISBN 978-7-5120-5472-1

Ⅰ. ①大… Ⅱ. ①秦… Ⅲ. ①大学语文课－教学研究 Ⅳ. ①H193

中国国家版本馆CIP数据核字(2023)第086362号

大学语文教学与创新实践
DAXUE YUWEN JIAOXUE YU CHUANGXIN SHIJIAN

作　　者：	秦　丽
责任编辑：	白　晨
出版发行：	线装书局
地　址：	北京市丰台区方庄日月天地大厦B座17层（100078）
电　话：	010-58077126（发行部）010-58076938（总编室）
网　址：	www.zgxzsj.com
经　销：	新华书店
印　制：	三河市腾飞印务有限公司
开　本：	787mm×1092mm　　1/16
印　张：	13
字　数：	310千字
印　次：	2024年7月第1版第1次印刷
定　价：	68.00元

前　言

　　大学语文是集工具性、人文性、教育性和审美性等为一体的课程。它早在五四运动之前就已普遍开设，新中国成立之初仍然设立，但在1952年大院系调整时被取消。至1978年，匡亚明任南京大学校长，才率先开设大学语文课程。如今，人们越来越认识到大学语文的教育功能，教育部也建议各大高校开设中国语文课，由此引发了大学语文教学改革的热潮。

　　语文课程与教学论不仅具有很强的综合性与实践性特点，而且具有明显的动态性特征。它总是处于不断的更新与发展之中，始终保持与基础教育的改革同步。基础教育的发展变革要求高师语文课程与教学论必须广泛吸收语文课程与教学研究的新成果、新经验，切实体现语文新课程的新理念、新内容和新的学习方式。由此培养出来的未来教师才能更快更好地适应基础教育的新形势和新需求。

　　因此，本书以此为切入点，分别论述了教学准备技能、课堂教学技能、教学综合技能和教学研究技能。关于教学准备技能，本书主要阐释了教学设计技能、教学目标设置技能、教学媒体选用技能、教学策略制定技能和教案编写技能。关于课堂教学技能，本书主要论述了导入技能、讲解技能、提问技能、组织学生学习技能、板书技能和结束技能。关于教学综合技能，本书主要探讨了教学语言表达技能、教学思维技能、教学管理技能、因材施教技能和项目教学技能。关于教学研究技能，本书主要探究了课程资源开发和利用技能、教学反思技能、说课技能、听课技能。

　　由于时间和精力有限，书中不足之处，敬请各位同仁批评指正，以便在日后再版修订时进一步完善。

编委会

王晓红　任天鹏　王芙蓉
何娇丽　胡晋豫　郭俊婷
张雅婷　陈占胜

目 录

第一章 大学语文教学设计 …………………………………………… (1)
   第一节 大学语文教学设计 …………………………………… (1)
   第二节 大学语文教学设计的基本内容 ……………………… (8)

第二章 大学语文教学目标设置 …………………………………… (26)
   第一节 大学语文教学目标设置程序 ………………………… (26)
   第二节 大学语文教学目标设置的原则 ……………………… (34)

第三章 多媒体在大学语文教学中运用 …………………………… (38)
   第一节 现代教学媒体概述 …………………………………… (38)
   第二节 现代教学媒体的分类及运用 ………………………… (39)
   第三节 课件制作的理论基础和方法 ………………………… (44)
   第四节 现代媒体教材的编制 ………………………………… (51)

第四章 大学语文教学策略 ………………………………………… (56)
   第一节 大学语文教学策略的制定 …………………………… (56)
   第二节 大学语文教学策略制定的原则 ……………………… (59)

第五章 大学语文课堂教学导入、讲解以及提问 ………………… (62)
   第一节 大学语文课堂教学导入 ……………………………… (62)
   第二节 大学语文课堂教学讲解 ……………………………… (73)
   第三节 大学语文课堂教学提问 ……………………………… (82)

第六章 大学语文教学语言表达 …………………………………… (95)
   第一节 大学语文教学语言表达技能 ………………………… (95)
   第二节 大学语文教学语言表达技能训练 …………………… (98)

第七章 大学语文教学思维 ………………………………………… (103)
   第一节 大学语文教学思维技能 ……………………………… (103)
   第二节 大学语文教学思维技能训练 ………………………… (112)

第八章 大学语文教学管理 ………………………………………… (115)
   第一节 大学语文教学管理技能 ……………………………… (115)
   第二节 大学语文教学管理技能训练 ………………………… (121)

第九章　大学语文课程资源开发和利用 ················(125)
　　第一节　课程资源的意涵和类型 ····················(125)
　　第二节　语文课程资源的分布和学科特点 ············(126)
　　第三节　语文课程资源的利用和开发 ················(129)
　　第四节　语文课程资源利用开发的学力目标 ··········(154)
第十章　大学语文教学评价 ····························(157)
　　第一节　语文教学评价：传统与变革 ················(157)
　　第二节　语文教学评价：学科性状、影响变量及重难点 ·(165)
　　第三节　不同语文评价方法的应用 ··················(172)
　　第四节　语文教学评价改革的动态和趋势 ············(183)
　　第五节　语文综合素质能力的发展性评价 ············(189)
　　第六节　课程教学评价改革中建议采用的方法/工具 ····(204)
参考文献 ··(210)

第一章 大学语文教学设计

中国职业生涯规划、人生设计专家徐小平曾说，"你如果不做职业生涯规划，离挨饿就只有三天"。同样，教师教学如果不做规划，离"下课"也只有三天。

教学设计是自20世纪60年代末期以来逐渐形成的一项教学技能研究成果。合理、科学的教学设计有利于采用有效的教学措施，体现教学主体意义，激发学生学习积极性，确保教学效率的提高和教学过程的优化。

语文教学设计的热潮兴起于20世纪80年代初期。在当时的教改中，作为中小学主要课程之一的语文推出了有领导的、七嘴八舌的、茶馆式的八字教学法，三主四式语文导读法，八步教读法，课堂教学六步法等一大批教改成果。涌现出了于漪、钱梦龙、潘凤湘、魏书生、宁鸿彬等一大批优秀教师，上海还形成了情感派、得得派、精雕细刻派等各种教学风格流派。随着对中小学语文教学设计的研究，大学语文教学设计在借鉴中小学语文教学设计的基础上也形成了自己的模式。

第一节 大学语文教学设计

好的大学语文教学设计不是凭空产生的，它需要一定的前提条件。大学语文教学设计的前提条件就是正确的指导思想和对大学语文课程的正确认识。

一、大学语文教学设计的正确指导思想

（一）大学语文教学设计的含义

大学语文教学设计是指以哲学、教育学、心理学、课程论、教学论等作为理论基础，应用系统的观点和分析方法，分析大学语文教学的问题和需要，制订大学语文教学的规划。

（二）大学语文教学设计的指导思想

第一，充分发挥师生双方在教学中的主动性和创造性，强调师生交往的互动性和互惠性。大学语文教学应在师生平等对话的过程中进行，课堂上学生是学习真正的主人，教师只是学习活动的组织者和引导者。

第二，努力体现大学语文的实践性和综合性，强调结论与过程的统一。具体做法主要有三个要点。

（1）改进课程教学，整体考虑知识与能力、情感与态度、过程与方法的综合，提倡启发式、讨论式、探究式教学；

（2）沟通课堂内外，充分利用学校、家庭和社区等教育资源；

（3）强调语文学习过程中各种各样的体验。

第三，重视情感、态度、价值观的正确导向，强调认知与情意的统一。我们都知道"文以载道""文者以明道""文道统一"等观点。大学语文中任何一主题单元，都旗帜鲜明地表达了作者丰富的情绪情感体验，表明了一种人生态度、世界观和价值观。也就是说，培养学生高尚的道德情操和健康的审美情趣、形成正确的价值观和积极的人生态度，是大学语文教学的重要内容。张志公说："文章里有思想意识、知识见闻、生活经验、审美观点，它运用抽象思维、形象思维，它讲究方法技巧、语言艺术，它是多种因素的综合体，它有显著的时代性、民族性、社会性。"所以，教师要正确地引导学生，把认知和情意有机统一起来。

第四，正确处理人文素养与创新能力的关系，强调创新精神和实践能力。大学语文课程应致力于学生人文素养的形成与发展。它既是学生学好其他课程的基础，也是学生全面发展和终身发展的基础，更是创新能力发展的基础。可以说学生的人文素养越丰厚，创新能力就越强，创新精神就越强大，实践运用能力就会逐渐增强。

第五，遵循学生的身心发展规律和语文学习规律，选择教学策略。学生的身心发展、思维和语言能力的发展都具有阶段性特征，大学语文也有自己的教学规律，所以，应该根据学生的特点和不同的教学内容，采取合适的教学策略，科学有序地实施教学。

二、正确认识大学语文课程

大学语文教学设计的指导思想来自对大学语文课程的正确认识，包括对教学大纲、教材、教师和学生的正确认识。

（一）正确认识大学语文教学大纲

大学语文教学大纲是各个高校根据自己的实际教学情况而制定的，但是在课程性质和目标表述上大多大同小异。课程性质往往表述为大学语文课是高等教育的基础学科之一，是除汉语言文学专业学生外，面向文、理、工、商、农、医、法等各类学生开设的一门人文素养教育课程。正如教育部高教司在（征求意见稿）《大学语文教学大纲》中所说的，在全日制高校设置大学语文课程，其根本目的在于充分发挥语文学科的人文性和基础性特点，适应当代人文科学与自然科学日益交叉渗透的发展趋势，为我国的社会主义现代化建设培养具有全面素质的高质量人才。

大学语文关注社会和个人对文化以及人文精神的追求，关怀人类的终极命运。大学语文教育必须将科学教育与人文教育相互融合，既弘扬科学精神，也弘扬人文精神。大学语文通过对中华民族语言文化传统的学习与训练，培养学生阅读、写作、独立思考和理性分析的能力，培养讲文明、有道德、有社会责任心的高素质人才，要让学生通过对中华民族优秀传统聪明智慧的学习，通过对中华文化的了解、思考和批判，从中汲取奋起自新、自强不息、兼容并蓄、改革创新的民族精魂，促进中华优秀文化向学生心理品质和思想道德的潜移默化。尤其在改革开放不断深入的今天，中西思潮激荡，传统与现代并存，我们唯有植根于自己的历史文化和优良传统，才能赢得现在与未来。因此，我们需要以恢弘、多元的新思维来观照5000年中华文明的瑰宝，重新认识和评价东方文化的独特价值，以至于古为今用，推陈出新。

大学语文培养学生的科学精神和思维创新习惯、获取新知识的能力、分析和解决问题的能力、语言文字表达能力及团结协作和社会活动的能力，激励广大学生继承中华民族的优良传统、传承民族文化、弘扬民族精神，把自己培养成新世纪高素质的优秀人才。这是大学语文教学的目标。

（二）正确认识大学语文教材

大学语文教材版本众多，主要有以下几种。徐中玉、齐森华主编，华东师范大学出版社出版的《大学语文》；陈洪主编、高等教育出版社出版的《大学语文》；王步高主编、南京大学出版社出版的《大学语文》；夏中义主编、广西师范大学出版社出版的《大学人文读本》；乔淑英、郑璇主编，北京交通大学出版社出版的《大学语文精读》；丁帆、朱晓进、徐兴无主编，外语教学与研究出版社出版的《新编大学语文》；等等。

怎样才能正确认识和把握这纷繁多样的大学语文教材？

首先，要具备三个必不可少的条件。一是要转变教育思想观念，认识课程与教学的关系。大学语文是一门重要的人文素质教育课程，它力图在一个更高的层次上帮助修课的学生改善其语言表达、交流与沟通能力。大学语文课程不同于中文专业课程，它要面对全体学生。它不是简单地写作训练，也不是文学史知识的压缩本、思想文化的启蒙讲堂，更不是纯粹的文学鉴赏，而应是程度不同地包含上述内容，突出对"好文章"的引导性、示范性解读，达到举一反三、触类旁通的效果。二是要有真本领，即有比较扎实的语文功底，善读善写。只有教师有一桶水，才能给学生一碗水。所以，教师要具有深厚的文学文化、语言文字、阅读写作等功底，深入浅出、潜移默化地熏陶和感染学生，从而全面提高其语文素养。三是要有责任心，愿意刻苦钻研教材，精益求精。学无止境，艺无止境，教学无止境，教师要常教常新。

其次，要注意四个方面。一是统观全教材，明确编辑体例，了解编辑意图；二是熟悉整册课本，明确该册的教学重点和难点；三是钻研教材内容，研究教学策略；四是灵活处理教材。

（三）正确认识教师和学生

大学语文课程的工具性质决定了大学语文教学实质是师生之间的交往过程。这种交往的本质属性是教师和学生的"二主"性，即交往的双方，教师是主导，学生是主体，彼此共同组成教和学的活动过程，没有高低强弱之分。这种交往的基础属性是互动性和互惠性，即大学语文教学中的师生交往是师生的平等对话，师生积极参与互教互学，共同构建和谐的合作关系。

三、大学语文教学设计的基本模式

教学设计根据一般程序，可以设计系统分析模式。这一模式的基本环节有陈述目标、分析任务、确定学习者状态、列出操作目标、编制参照标准、选择教学策略和教学材料、进行形成性评价和调整教学等。学习者、目标、策略和评价是教学设计的四大基本要素。

大学语文教学设计中可资借鉴的模式多种多样，仅介绍如下三种以供参考。

（一）ARCS动机设计模式

动机是指推动人从事某种行为或活动的念头。学生学习的动机是教学活动能否成功进行的保证。因此，在教学设计中，一个非常值得重视的问题是对学习者学习动机的研究和测量。美国教育学家科勒提出了一个称为ARCS的动机设计模式。这一模式有四个实施步骤。

（1）了解学生实际存在着何种学习动机，以确定在特定活动中需要特别调整的某种动机因素。比如在习作练习时，学生有了写作兴趣，却缺少将文章写好的信心，动机设计便可着重放在增强其将文章写好的自信心上。

（2）提出动机方面的具体目标。此步骤规定教师要看到与动机因素相关的受教者的行为。具体目标可以是涉及知识的、能力的、情感的、语文素养的或心理动作的等。比如在心理动作方面，注意力的分配、学习任务的时间分配、练习活动中的参与程度等，可证明学生的某种学习动机。

（3）选择策略。动机激发策略的选择，应考虑到多方面的问题：一是时间经济有效，二是与学习目标吻合，三是学生可以接受，四是适应教学方法手段。

（4）评价。辩证唯物主义强调动机和效果的统一。评价不仅要看学生的学习所得，即学习目标的达到程度，也要看动机激发的效果。

（二）发现教学设计模式

布鲁纳（J.S. Bruner）是美国哈佛大学的心理学教授。他强调学习时结构（Structure）的重要性，认为教材结构与学生认知结构必须互相配合。他提倡发现学习（Learning By Discovery），鼓励学生自己去思考、比较、对照、运用各种策略，以发现教材所含的重要概念。

布鲁纳认为在教育上仅传授知识不能算是完整的教育，应让学生自己探索、推理、思考、解决问题、发现事实或法则、享受学习结果之快乐，进而培养学生的好奇心，鼓励学生创造与探索未知世界，培养革新、创造、负责、手脑并用的现代人。他提倡的发现教学法强调结构的重要性，教师必须配合学生的认知发展阶段，使学生发现教材包含的结构。因此，教师引导学生学习时，并不是要使学生学习一大堆零散的知识及事实，而是让学生发现教材与教材之间、事物与事物之间发生着有意义的关联结构，学生了解"结构"之后，因其具有概括性、类似性，可以发生较大的学习迁移，有助于学生将来面临其他类似情境之处理。

布鲁纳认为教材结构与学生的"认知结构"必须互相配合，只有这样学生才能更好地了解教材。他认为一个科目或相互有关联的一些科目的教学，最终目的在于使学生对教材结构有通盘了解，即能够使其他许多事物有意义地关联在一起。

据此，布鲁纳设计了"发现教学"的四个步骤。

（1）提出问题。教师选定一般原理，给学生提供适当的感性材料，使学生带着问题学习，并提出疑难问题。

（2）创设问题情境。问题情境是一种特殊的学习情境，设计情境中的问题，既要符合学生已有的知识水平、能力，又需要学生经过一定的努力才能解决，从而使学生形成对未知事物进行探究的心向。

（3）提出假设。利用所给定的材料，在寻找答案的过程中，充分利用直觉思维提出各种有益问题解决的可能性，罗列出释疑时可能碰到的困难等。

（4）评价、验证并得出结论。对各种可能性运用分析思维进行反复的求证、实验、讨论，寻求答案，提高学生运用知识分析问题和解决问题的能力。

（三）以系统为中心的设计过程模式

以系统为中心的设计过程模式的前提是：

（1）一般是指比课堂教学和教学产品要大和复杂系统的设计，涉及教学计划、教学材料、教学人员培训计划、教学包、管理计划以及教学设备设施等许多方面；

（2）教学系统开发后，有广泛的使用价值；

（3）需要设计小组来完成设计任务，设计小组成员的范围较大，包括设计、学科、媒体、评价等方面的专家以及用户和管理人员，有时也吸引教师和学生参加；

（4）以问题解决的思想为导向。

这类模式非常重视前期分析，它从收集数据开始，以确定教学问题所在和解决问题方案的可行性和必要性，以保证系统设计是有的放矢。下面具体介绍这类模式中比较有代表性的一个——IDI模式。

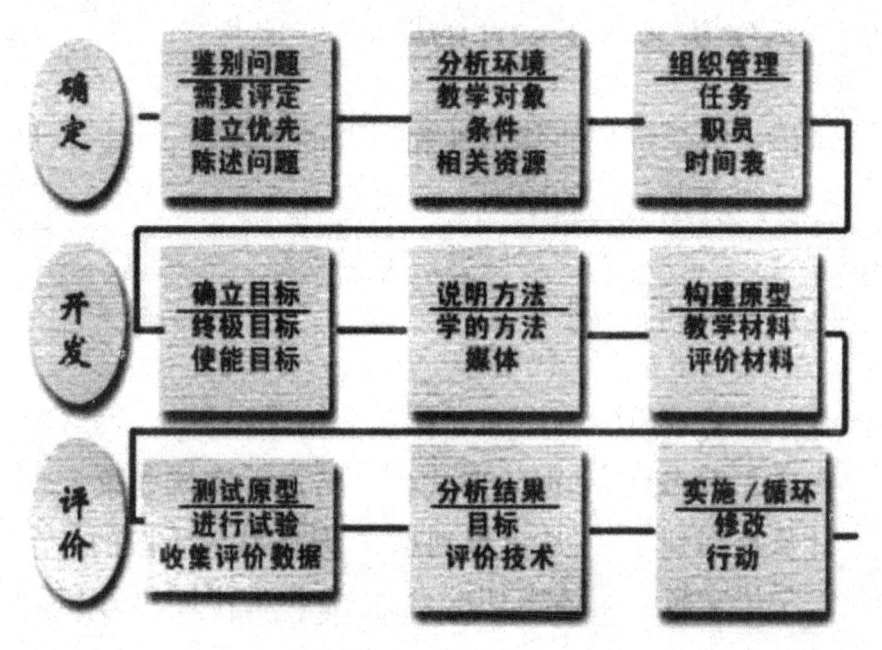

图 1-1　IDI模式

如图1-1所示，IDI模式鲜明地指向了问题，它包括三个阶段、九个步骤和二十几个要素。在开始的确定阶段中，第一步便强调要鉴别问题，作需要评定，把教学问题用可测量的术语陈述出来；第二步是分析环境，对教学对象的特性和与设计相关的条件、相关资源作数据采集和说明；第三步是组织管理，它是IDI模式所独有的，指出了差的管理会导致设计工作的失败。在开发阶段中，第四步是确定目标；第五步是选择并决定教与学的方法和媒体；第六步提出要构建原型，建立一个不甚昂贵、能够进行试验和修改的完整详细方案。在最后的评价阶段中，第七步强调要对原型进行试验,并注意尽可能地在与以后使用场合相同的条件下进行;第八步是对以上试验结果作形成性评价的分析,检查目标是否达到、方法是否有效与实用、评价技术是否科学;最后一步是在结果分析的基础上决定是实施方案,还是修改方案。修改可能回到中间的某一步,甚至回到最初的鉴别问题上,重新作需要评定。

四、大学语文教学设计的原则

大学语文教学过程的复杂性和内容的丰富性,决定了大学语文教学设计须遵循一定的原则。

(一) 整体性原则

大学语文教材中的每篇课文作为一个知识有机联系的整体,反映的内容丰富多彩,呈现的形式各具特点。这就要求大学语文教学设计从目标到程序、从重点到难点、从方法到手段的各个环节都应与大学语文教学整体密切配合,从教学的不同角度来考虑,从教学思想、教学内容、教学目标、教学媒体和教学评价等方面进行全面的整体性研究。

(二) 综合性原则

语文是人类最重要的交际工具,是人类文化的重要组成部分。工具性、人文性和综合性的统一,是大学语文课程的基本特点。字词句篇、语修逻文、听说读写、知情意行互为表里、相辅相成,使大学语文课程具有很强的综合性。设计大学语文教学,必须综合考虑大学语文能力的整体推进、协调发展,综合安排相互渗透的三维训练,使学生掌握基础知识,提高基本技能,完善健全人格,提高人文素养。另外,大学语文教材的选文,内容涉及广泛,可谓是天文地理、鸟兽虫鱼、古今中外、思想爱情等无所不包,体现了大学语文教学的文学性、知识性、社会性、国际性和科学性等特点。因此,设计大学语文教学,必须体现大学语文学科的综合性特点。

(三) 实践性原则

大学语文课程的最本质特征就是它的实践性。大学语文教学的主要任务是帮助学生在语文学习实践中不断提高语言文字的理解和应用能力,不断丰厚文化思维的多样性,全面提高语文素养和人文素养。大学语文教学设计应围绕着实现这一任务来进行,使学生在实践过程中熟练掌握大学语文这一交际工具。

(四) 情感性原则

苏霍姆林斯基曾说过:"没有情感,道德就会变成枯燥无味的空话,只能培养出伪君子。"大学语文教学设计应在充分考虑学生认知因素的同时，充分发挥情感因素的积极作用，切实把握教材的情感基调，使创设的教学情境与课文特定情感所营造的氛围融为一体，以便学生从教材的优美篇章中接受健康、崇高的道德情感熏陶。

（五）差异性原则

以学生为主体的大学语文教学，要充分顾及学生个体的差异性，允许学生自主地选择适合自己的思维方式与学习方法，尊重他们对同一教材的不同理解、体验和感悟。大学语文教学设计方案应能集合学生的各种学习经验，并能根据学生对教学内容独特、多元的反应及时进行调整。

大学语文教学设计对大学语文教学活动所涉及的诸多因素进行分析，既运用了教学设计的一般原理，又遵循了大学语文教学的特殊规律，为把握大学语文教学的一般程序和基本模式提供了依据。

第二节　大学语文教学设计的基本内容

大学语文教学过程的现代视野是将教学看作一个由教师、学生、教材组成的三因素系统过程，这个过程中的每个因素对于成功教学都至关重要。当前大学语文教学改革的主要观点是以学生为主体进行系统的教学设计，使学生能够自主学习、主动发展、拓展创新。大学语文教学设计的基本内容主要包括教学目标设计、教学起点设计、教学内容设计、教学过程设计和教学措施设计等。

一、教学目标设计

（一）设计教学目标的意义

教学目标是指具体教学活动所要达到的要求或标准，它既是教学活动的出发点和归宿点，也是教学设计系统的灵魂和核心。因此，设计教学目标是教学设计首先要考虑的问题。设计教学目标的意义主要在于导学、导教和导评。

1. 导学

教学目标是学生进行学习活动的指南，学生是在既定教学目标指引下进行学习，并将教学目标化为自己的学习目标，从而产生强烈的主体意识和参与意识。在学习过程中，目标导向的教学测量和评估也会给学生提供如何学习的重要消息，并使其反思自己的学习活动，选择相应的学习方法，进行自我评价、自我激励和自我调控，不断增强学习效果。

2. 导教

教学目标是教师确定教学内容、选择教学方法、安排学习材料、调控教学环境等的基本依据，它决定着教学活动的走向、进程和要达到的预期效果。大学语文教学的主要目标有两个：一是培养和增强学生正确理解和使用语言文字的能力，以帮助其适应未来激烈社会竞争的需要；二是提高和丰富学生的文化修养，以塑造其完满人格，为建设我国新时期的精神文明服务。有了具体的教学目标，就能调控教学活动，理清教学思路，选择理想的教学策略、教学媒体，以便低耗高效地组织教学。

3. 导评

教学目标是检测与评价教学效果的重要根据。无论是在教学过程中进行的形成性评价还是在教学终点实施的总结性评价，其标准都是教学目标的实现。教学目标具体规定了教学活动的预期效果和质量要求，是教学评价的基本尺度。

（二）设计教学目标的步骤

1. 把握大学语文教学大纲

大学语文教学大纲明确规定了大学语文课程的性质、目标、内容的框架，并提出了教学和评价建议，体现了对学生在知识和技能、情感态度和价值观等方面的基本要求，教材则是教学大纲的丰富和具体化。教学目标设计应立足于对大学语文教学大纲和教材的认真分析和整体把握上。大学语文教学大纲注重目标和内容的统一，针对具体教学目标的教学内容的选择会更科学、更实用。理清教学内容的基本结构和知识体系，分析某一特定内容在整个知识体系中的位置和作用，看其可以培养学生哪些方面的能力以及这些能力对学生发展的促进意义，能够为设计教学目标提供理论依据。

2. 分析学生的学习状态

任何目标的达到都需要一定的内部因素和外部因素，而内部因素起着决定作用。因此，教学目标的确定受制于学生的学习准备情况和学习特点。对于学生的学习准备情况要从知识、能力和情感等方面来考虑，以设计适合学生学习特点的教学目标。教学目标设计还要充分顾及学生学习的现实状态和理想状态之间的差距，揭示出教学中存在的问题，剖析问题存在的主要原因，寻求问题的解决方式，以此来制定相应的发展计划，为设计目标提供现实依据。

3. 确定教学目标的分类

教学目标是规定教学方向的重要指标体系。确定教学目标分类的主要目的是显现目标的清晰度和可操作性。布鲁姆（B.S. Bloom）根据目标分类的研究成果，将目标分为认知、技能和情感三类。

（1）认知目标。认知领域的目标，以学习知识和开发智力为主要任务，强调知识、技能和能力之间的关系。认知目标由低到高分为六级。

第一是知识（Knowledge）。知识包括三个类型：首先是陈述性知识，如有关述说事由或阐明某事发生的原因与说明语词的含义；其次是程序性知识，如序列、类型和结构，是有关怎样进行实践活动和心理活动的知识；最后是策略性知识，有关根据不同问题开展教学活动的知识、方法、步骤或途径等皆属之。这是认知领域最低层次的学习活动，主要是对已学知识的回忆，所要求的心理过程主要是记忆。

第二是理解（Comprehension）。理解是指把握材料意义的能力，主要包括三个方面：首先揭示，即用自己的话对某一知识信息进行概述；其次转换，即用不同的话或不同的方式、方法来表述所学知识；最后推断，即分析事物，预测其发展变化。理解虽然高于知识，但对事物仍是一种初始知晓与了解。

第三是应用（Application）。应用是指具体运用已学的知识，如对概念、原理、方法和理论的运用以及对规律的认识与利用。应用须有背景材料构成问题情境。问题情境须具备两点，一是新问题，二是构成特殊情境的材料是学习者的常识或已有的知识。学以致用，是较高水平的理解。

第四是分析（Analysis）。分析是指将一项知识信息的整体材料分解开来，并理解各部分之间的联系及组织结构，如理清文章思路与脉络、写作特点、语言风格、作品内涵等。分析，既须知道材料的全部内容，又须理解知识材料结构，代表了比应用更高一层的智能水平。

第五是综合（Synthesis）。综合是指将知识信息的各部分重新组合成整体材料的能力，如写一篇文章、提出一个可行性实验计划、统摄多种资料、解决一个探究性问题。综合强调的是创新能力，需要突破常规的思维模式去整理学过的知识，从而提出自己解决的新方案。

第六是评价（Evaluation）。评价是指对特定的学习材料给予价值判断的能力，包括材料的内在判断和外在判断。评价是最高层次的认知学习活动，它要求明确表示价值判断，超越原有的学习内容，如分析一次实践活动，能指出此活动的实践价值；阅读一篇文章，能指出选词、造句、表达和写作技巧等方面的优点与不足。

认知领域目标中的知识层次，是对学习材料的记忆，其他层次则从属于智力技能，它们往往交叉或重叠，并不能截然分开。在大学语文教学设计中，按六级设定教学目标，应该针对具体情况灵活掌握。设计者还可以根据教学的不同需要，把这些目标作进一步地划分，构建新的更加具体的目标群，充分利用认知心理学的研究成果，把认知目标表述得更易操作。

（2）技能目标。从认知领域中我们了解到智力技能获得的不同层次，而智力技能的层次性规定了语文教学的顺序性。例如，大学生要想学会写作，就需要在阅读范文的过程中（理解），掌握文章的写作方法与技巧（运用），并在学习运用单一表达方式的基础上（分析），综合运用多种表达方式（综合），最后对自己的习作进行修改（评价）。在技能领域的目标中，我们应着重了解动作技能的不同层次。语文教学中的动作技能，主要指动作行为的协调和发展，常用于大学语文课程的设计中。目前，六级分类方法采用得较为广泛。

第一级，知觉。知觉是指运用感官获得信息以调节动作和指导行为的能力，包括视觉、听觉、触觉、动作和协调能力等，如观察、理解、听读、描述、背诵和抄写等。知觉是借助感官注意到事物性质或关系的历程。

第二级，准备。准备是指为适应某种特定的经验尝试和行为所作准备的程序，包括心理上、身体上、情绪上的准备，如大学语文教学的难度、动作进程中的灵敏度以及实践练习的注意力等。

第三级，反应。反应是指在教师的引导下，学生模仿范例，尝试有关动作行为，如描述观察所得、模仿教师操作的正确演练等。

第四级，自动。自动是指经过一定阶段的练习，反应已成习惯定式，能够熟练完成动作行为的能力，如能准确无误地听说写、能边读边思课文等。

第五级，活动。活动是指能用较少的时间和精力，顺利而有效地完成一系列动作技能，如能正确分析文章的内容、结构和特点，能较快较好地写出一篇习作，能根据已掌握的阅读技巧总结出科学的阅读方法，广泛应用于阅读等。

第六级，创新。创新是指在学习技能过程中形成创造性动作行为方式的能力，如教学情境中的创造性表演、创造性的实践活动方式、改进实验操作方法等。

（3）情感目标。情感领域的目标是否达到，难以观察和确定，大学语文教学设计可以借鉴这一领域的分类方法。

第一是接受或注意。这是说主体愿意接受、注意或参与某一特定事项活动，如意识到语文学习的重要性，能够认真听讲、参加实践活动等。接受或注意仅是情感的起点，属于知识内化的低层次。

第二是反应。反应是指积极主动参与某一学习活动，如乐于参加一项小组讨论、力争较好地完成布置的作业、自愿阅读课外读物等。

第三是价值评价。价值评价是指将某一现象、行为或事物与一定的价值标准相连，表现出学习行为的持久性，如一贯刻苦学习语文知识、提高语文能力、不懈地参与各项语文实践活动等。

第四是组织。组织是指能将不同的价值标准组成一个体系，并能分出轻重缓急，从中选择自己认为重要的价值标准，如最先完成某项作业或其他任务。

第五是性格化或价值的复合。这是指由一种内化的价值体系而形成的性格化特征，如人生观、世界观、价值观以及积极向上的合作精神、良好的学习习惯等。

与认知目标、技能目标相比较而言，情感目标不是通过一时的活动就能达到的。想要使学生拥有一个良好的、稳定的学习态度，必须依赖于长期努力。

应该看到的是，在大学语文教学活动中，不同类型的学习活动有时会同时发生，例如一个特定的教学内容中渗透认知、情感、态度、技能、人文素质等。因此，应综合考虑不同类型的目标，使学生的语文素养和人文素质得到全面发展和提高。

首先，列出综合目标。大学语文可以说是一门综合人文知识的课程，它涉及文学、历史、哲学、思想及宗教等领域，其所选课文大多为古今中外优秀文学作品，也涉及文学史知识，具有文学性、知识性、社会性、科学性、文化性等特点。所以，大学语文教学设计需要重视实施综合目标，即教学应以提高学生的综合人文素质为宗旨，以培养学生的文学审美能力为核心。这些综合目标，一般用概括性语言进行描述。

其次，列出具体目标。具体目标一般需要用具体的话语进行描述。描述时强调用行为动词表述教学目标，这样便于操作和评价，例如可用"通过学习《春江花月夜》，学生能准确概括出它的艺术特点"来替代"了解作品的艺术特点"的表述等。具体目标重点突出，它用一系列反映学习结果的小目标群来解释每一个综合目标。具有高度清晰性的具体目标，应涵盖学习结果的检测方式和评价标准。

（三）陈述教学目标的方法

如何准确地、清晰地表述确定的教学目标，是教学目标设计中至关重要的一环。教育家们为此提出了陈述教学目标的四个要素。

1. 教学对象

教学对象就是学生，学生是学习的主体，教学目标是针对这些特定的学习主体确定的，所以学生就是教学目标陈述的主体。例如，通过学习《长恨歌》，学生能够准确理解主题的复杂性。这样的描述，既确定了行为主体——学生，又使师生明确了学习任务和结果。

（2）主体行为

学生在学习有关知识、能力、态度、素养、情感、思想等时发生的前后变化，教师要用清晰准确的语言表述出来。例如，背诵李白的《宣州谢朓楼饯别校书叔云》，能用自己的语言表述出"抽刀断水水更流，举杯销愁愁更愁"的艺术手法。这样教师就容易确认目标是否达到了。

（3）完成条件

说明学生完成某项学习任务所需要的条件，即应该表述出学生在何种特定的情况下完成什么学习任务。"使用工具书""借助参考书""根据课后提示""小组合作学习""利用网络"等，都是可供参考的表述方法。条件限定了影响学习结果的范围，它包括学习者所处的环境、设备、信息等因素。

（4）达到标准

说明学生完成学习目标的最低标准，以评价学习结果所达到的程度。一般表述是准确性如何、完整性如何、质量要求如何，例如能准确背诵和默写诗篇、能思路清晰地表述自己的观点等。

上述陈述教学目标的四个要素，仅为大学语文教学设计提供一个参考的基本模式。大学语文教师要根据自己的教学实际情况，灵活运用或创造出更好的模式。

二、教学起点设计

（一）设计教学起点的意义

教学起点设计是大学语文教学设计过程中的主要内容之一。确定教学起点，首先需要对学生的起点行为作出合乎实际的分析。起点行为是指教学开始之前学生所掌握的知识技能，通常是指与学习新课题有关的、不可或缺的知识技能，这是开展教学活动的基础。确定教学起点，对于整个教学设计有着重要的意义，具体来说有如下几点。

1. 有利于教师准确地把握学生的现实状况

教学起点的确定是以学生现有的知识技能为依据的，起点的高低应充分估计学生的接受能力，以能激发起学习兴趣、促进学生正常发展为标准。只有准确全面地了解学生，教师方能正确制定教学目标、选择教学内容、安排好教学进程，保证教学活动在恰当的起点之上顺利展开。

（2）有助于教师确定教学难点

教学难点就是学生掌握知识和技能的困难所在。在从教学起点达到终点目标的全过程中，教师应根据学生知识和技能的薄弱环节，有针对性地选择教学策略与教学方法，激发学生学习的兴趣、学好的信心，促使他们主动参与、攻破难点、建构起点行为与新知学习的内在联系。

（3）为教学活动顺利展开提供良好开端和基本框架

教学任务分析从重点目标入手，一步步地逆向剖析，直至起始目标的实现。从教学起点到终点目标，是在一定的内在条件与外在条件共同作用下逐步达到的。此过程中呈现的从属目标和知识、技能正是各阶段教学的具体目标，这些从属的具体目标便成为教学活动展开的基本框架。

（4）为甄别个体差异、因材施教提供依据与保障通过起点分析，教师可以把握已经确定的教学起点上的某一学生的准备状况，并在教学活动开始之前，对其采取某种补救措施。

（二）设计教学起点的步骤

1. 进行起点行为分析和学习任务分析

确定教学起点的依据，一是起点行为分析，二是学习任务分析。通过起点行为分析，可以了解学生学习之前已具有的知识、技能和态度。通过学习任务分析，可以明确达到终点目标各阶段应掌握的知识和技能。

（2）进行预备测验和目标测验

预备测验就是预备知识测验和技能测验，所测验的内容常是前一阶段的学习内容，所以有人称其为后测。后测的目的是帮助教师确定哪些地方没有达到应有的教学效果，并了解学生是否掌握了新的知识与技能。设计者在教学分析图上设定一个教学起点，将起点以下的知识与技能定位为预备知识，并以此为根据编写测验题。预备测验既可检验前段学习效果，又可了解起点行为的水平，可成为设计教学起点的实践依据。

目标测验是为了解学生对目标知识和技能的掌握程度而进行的测验。这样的测验是在学习新知之前进行的，所以有人称之为前测。前测的作用主要是确定学生已掌握了多少将要学习的知识、技能。它不仅能使教师了解学生的起点行为水平，以便更好地把握教学的重点或难点，而且可通过预测和终结性测验的成绩对比，给教学提供一个适当的起点，有效地建立起新旧知识的联系。

（3）了解学生的知识、技能水平及学生对新学内容的态度

起点分析除必要条件分析外，还要进行与新知学习有关的支持性条件分析，目的在于了解学生对新学知识技能的占有量和对所学内容的态度。首先，分析知识结构，合理的知识结构是进一步理解新知的前提；其次，分析已有技能的熟练程度，不同的教学起点对技能熟练程度的要求不同；最后，分析学习态度，学习态度同样会影响教学效果。这里说的学习态度包括学习者的兴趣、自信、动机等，它是一种比较稳定的学习倾向。学习态度的个体倾向性直接影响着个体的学习效果。这些因素是构成学生现实学习水平的主要方面。此外，个体的认知发展水平以及智力差异，也同样是设计者需要了解的。

（4）确定或调整教学起点

通过测验可了解教学起点确定得是否恰当，是否应作调整。此外，还可选择问卷、谈话、观察、课堂提问、作业、考试等多种方法，识别学生的起点行为，了解学生的学习现状，合理设计教学起点。

三、教学内容设计

（一）设计教学内容的意义

设计教学内容的过程就是教师认真钻研与分析教材，精心选择与整理教学内容，合理安排、呈现知识结构的过程。设计教学内容是教学设计的一项重要任务。其意义在于以下两个方面。

1. 教学内容是教学目标得以实现的载体

教学内容选择的范围、角度以及呈现方式分别承载着知识目标、技能目标和情感目标。只有在一定知识、技能的体系内选择具有代表性的内容，并在充分把握学生较稳定的个体倾向性基础上进行教学，才能达到预期的目标。因此，选择适当的教学内容，是实现教学目标的必要一环。

2. 教学内容是准备学习材料、安排环境和选择教学条件的依据

教学目标虽然决定着学习材料、环境和教学条件的选择，但这种决定作用是通过内容的具体要求而实现的。教学内容既为这三方面的设计确定了方向，也为教学目标的具体化奠定了基础。

（二）教学内容设计的方法与步骤

1. 内容分析

教学内容设计的依据是内容分析，找出各自的属性和它们之间的内在联系。

（1）步骤分解。内容分析是将内容分解成学生为完成学习任务而必须执行的不可逾越的步骤。它既包括观察步骤（即外显步骤），又包括心理步骤（即内隐步骤）。在此过程中，设计者应着重分析学习者需要学习哪些知识和技能、应达到何种程度、培养怎样的能力和态度、使其身心获得怎样的发展等，既要观察到行为的变化，也要察觉到心理流程。

（2）条件分析。条件分析主要是指对某一内容所需的前提条件进行分析。它分为外部情境条件分析和内部心智条件分析。条件分析可以使设计者胸中有数，了解完成整体教学内容需要哪些必要的前提条件、这些条件所需要的教学资源是否具备等。有时不仅涉及必要的前提条件，还应考虑到支持性的前提条件。学生的动机、态度等支持性条件对教学内容的完成能起促进作用。

内容分析的目的，是为了明确实际需要学习的知识项目，理清教材的知识体系。知识体系是指各项知识之间的结构关系，如列出与新课学习相关的概念、事实，把所列内容理出顺序、排出急缓次序等，为内容设计打下基础。

2. 知识分类

从教学内容设计角度，知识可划分为陈述性知识、程序性知识和策略性知识。

设计者应根据不同类型知识学习的特点来设计教学内容。

（1）陈述性知识学习。陈述性知识是有关"是什么"的知识，主要通过理解和记忆来获得。美国教育心理学家奥苏伯尔将陈述性知识学习分为符号表征学习、概念学习和命题学习三类。

第一是符号表征学习。符号表征学习是有关事物的名称或符号意义的学习，它的主要内容是词汇学习，即记忆事物的符号和符号代表的个别事物。符号表征学习的关键在于意义的获得，即从实物与认知内容的联系过渡到符号与认知内容等值关系的建立。

第二是概念学习。概念学习是掌握同类事物的共同特征的学习，即把见到的事物的共同特征提炼出来，加以概括，形成概念。这些共同特征既可以用定义的方式向学生呈现，也可以由学生自己从许多同类事物的不同例证中发现。

第三是命题学习。命题学习是指认识若干概念之间的关系，了解概念联合构成的意义，它以掌握概念为前提。命题学习有两类：一类是简单命题，用事实知识命题，只表示两个以上的特定事物之间的关系；另一类是复杂命题，用组合知识命题，这就需要组织语言、安排句子之间的层次关系。

根据陈述性知识学习的特点设计教学内容，是为了帮助学生有效地贮存和提取知识。为此，教学内容设计应着重考虑两点：一是教材的组织与呈现，二是促进知识的理解和巩固。

（2）程序性知识学习。程序性知识是有关"怎么办"的知识，主要通过应用来获得。美国教育心理学家加涅把程序性知识学习分为智慧技能的学习和认知策略的学习两类。

第一是智慧技能的学习。智慧技能的学习是学生对概念符号的应用学习，主要是运用概念和规则进行一系列操作，将知识转化为技能，如将名词、动词等组合成符合句法规则的句子。

第二是认知策略的学习。认知策略的学习是对自己认知活动的调控学习，主要是支配自己的记忆、注意、思维等技能，主动激活知识，如怎样集中注意力、怎样才能记得又快又牢等。

根据程序性知识学习的特点设计教学内容，主要是为了提高学生运用概念、规则和原理解决问题的能力。因此，教学内容设计应考虑两个环节，一是确保学生对所学概念和规则的牢固掌握，二是安排多种不同形式的练习，在运用知识的过程中，促使知识的转化，帮助学生掌握解决实际问题的技能。

（3）策略性知识学习。策略性知识是关于"这样办"的知识，说的是学习知识的方法。这类知识主要通过训练来掌握。策略性知识分为一般学习活动的策略和复杂学习过程的策略。

第一是一般学习活动的策略。一般学习活动的策略是指用来提高学习效率的方法与途径。比如教学生"理清文章思路线索""整体把握文章框架结构"等，学生能根据已有的知识来选择学习策略，反映自身的认知活动。

第二是复杂学习过程的策略。复杂学习过程中，设计的是概括性的策略知识，应用这类知识应具有灵活性。如阅读教学中，教师可以概括出多种阅读规则，应用这些规则时，可以随着不同的学习对象和学习目标而变化，而且它们还会受到学生认知水平的制约。只有经过反复训练，方能收到策略迁移的效果。

根据策略性知识学习的特点设计教学内容，加强策略教学的训练，引导感悟、积累、体验，能促使策略能力快速迁移，不断提高学生的认知效率。

完成了教学内容设计中的内容分析和知识分类，便可进而设计教学内容方案。

（三）设计教学内容方案的策略

进行教学内容方案设计的目的在于引起学生的学习兴趣，并使教学内容设计更具有可操作性。因此这一步呈现的方式，应注意以下策略。

（1）操作性策略

操作性策略是指把学习内容转化为可操作的具体步骤。例如阅读一段文章，可以按以下的程序设计：

（1）阅读全段，弄清此段语句的组成；

（2）抓住重点词（关键词），弄清其含义；

（3）分析句义，弄明白各句子之间的关系；

（4）分清主次，弄懂语句间的关系；

（5）概括段意，弄清各句共同表达的中心意义；

（6）理清层次，弄清作者的思路；

（7）弄明白写作的特点及各句表情达意的方式；

（8）联系课题，分清该段与全文的关系。

这样做，学生既可读懂一段课文，又可掌握读段的方法。

2.具体性策略

具体性策略主要用于比较抽象或概括的描述。例如，屈原《涉江》中状写自己自幼就酷爱"奇服"，腰佩着"陆离"的长铗，头戴"崔嵬"的切云冠，身披着缀满明月珠与宝玉的服饰，显示出自己的独立不群、不同凡俗的句子是"带长铗之陆离兮，冠切云之崔嵬。被明月兮佩宝璐"。古人的这些服饰，现代学生大脑中是没有表象可供他们进行联想和想象的。这时，教师就要用具体性策略，尽可能联系生活实际讲得详细一点。

3. 趣味性策略

趣味性策略是一个比较宽泛的概念，凡是对理解学习内容具有"催化"的作用、能充分调动学生求知欲的方法，比如生活化、合作化、探究化、游戏化、故事化等方法，都属于此类。

四、教学过程设计

（一）设计教学过程的意义

教学过程就是教学流程或教学程序，是一个多层次、多因素的复杂系统。目前，设计者对教学过程复杂性的认识日趋深入，尝试从多角度研究设计教学过程，分析教学发展进程中各个阶段、各个环节之间的内在联系、相对独立、整体推进，直观描述教学过程中教师、学生、教学手段等要素之间的相互关系，为教师提供可资参考的教学设计方案。语文教学过程设计是一种整体的动态设计，在整个语文教学设计中具有统领作用。

大学语文教学过程是以教师为主导、学生为主体、训练欣赏为主线，实现传递、发展和教育三大功能的特殊认知和实践过程。它体现了教学过程的以下三个特征。

1. 双边性

教学过程是师与生、教与学双方的认识活动过程，是在教师指导下，学生自主、合作和探究学习的过程。在此过程中，教师进行教学语文的实践，并逐步加深对大学语文教学规律的认识。学生通过大学语文学习，也会提高对大学语文学习重要性的认识，增强学习语文的兴趣和学好语文的信心。教师发挥主导作用，学生居于主体地位，教与学相互依存、相互渗透、共同提高。设计教学过程，更应注意对学习活动过程的研究，使学生的积极性得到真正发挥。

（2）特殊性

大学语文教学过程是一种特殊的认知过程。首先这种特殊性表现在认识对象上。大学语文教学过程是学生在教师的指导下通过大学语文教材获得书本知识和间接经验的过程。也就是说，学生的认识对象是反映在教材中的知识和间接经验。其次表现在认识任务上。大学语文教学过程中，学生不仅要按照既定目标掌握书本知识，还要掌握科学的思维方法和学习方法，在发展智力和能力的同时，形成正确的人生观和健全的人格。再次表现在认识主体上。教学过程的主体是学生，学生具有很大的可塑性和彼此间的差异性。针对学生的个性差异，设计不同活动过程的实施方案，可使全体学生的身心都得到全面发展。

（3）实践性

大学语文教学过程也是一种有目的的认识活动过程,其目的之一是掌握语文这一工具。这一工具的掌握,是在特定的教学组织形式下有计划地引导学生主动实践的过程。设计教学过程应安排必要的作业练习、实验操作、生活体验等多种实践活动,使学生获得感性认识,验证所学知识,并且在实践中提高综合运用所学知识和解决实际问题的能力。

(二) 设计教学过程的原则

1. 系统有序原则

系统有序原则要求按照大学语文学科知识体系的内在逻辑结构和学生的认识发展规律,循序设计教学过程。

大学语文教学过程是一个系统、连贯、循序的过程。教师首先要全面了解大学语文教学大纲,深入细致地研究大学语文教材,掌握其逻辑结构,恰当安排各知识点之间的衔接与过渡,系统而有条理地进行知识教学。

学生的认识是由易到难、由简到繁、由具体到抽象循序发展的,因此应按照学生这一认识发展的规律来设计具体的教学活动,从而提高技能、发展和完善品德。

(2) 学用结合原则

学用结合原则要求在大学语文教学过程中,适当设计多种形式的变式练习,增强教学活动的实践性。大学语文教学的目的是培养学生运用所学知识解决实际问题的能力,全面提高学生的文化素养,增强其语文能力。因此,必须重视学生学习能力、实践能力的培养,不仅学会,更要会学、会用,真正学以致用。

(3) 审美愉悦原则

审美愉悦原则要求教师在设计教学时,利用各种教学条件和教学手段,使之相互配合、相互补充,增强学生学习的愉悦性。

从美学角度研究,大学语文教学过程是一个特殊的审美愉悦过程。大学语文教材的每篇文章无论是从语言文字角度还是从思路结构及艺术手法等角度进行赏析,均具有很强的审美性。教师应用适当的教学方式把这些美呈现给学生,实现学生从对教学的审美观照开始的感知、感受、感悟等审美心理活动,满足学生的审美需要。

(三) 设计教学过程的步骤

教学过程也称教学结构,最早提出和论述教学过程问题的是赫尔巴特的四段教学结构和莱因的五段教学结构。他们明确指出应该把教学作为一个过程来研究,从而奠定了教学过程设计的理论基础。

教学过程设计同大学语文教学发展一样,经历了一个曲折而又逐渐深化的过程。在当前大学语文教学改革的新形势下，大学语文教学过程设计又重新确立了学生的主体地位，把教学过程看作是学生的自主学习过程，定出时空教学活动的各个环节和具体排列顺序。下面以阅读教学为例，来说明大学语文教学过程设计的常式和变式。

1. 四段教学常规结构模式

四段教学常规结构模式主要依据大学语文知识本身的内在联系和学生的认知心理规律来设计。

（1）预习感知。这是对知识的感知阶段，要求学生借助课文提示和学习资料，初读课文，识字解词，了解文章大意。教师可设计预习题，并检查预习情况。

（2）分析理解。这是对知识的消化和评价阶段。教师可运用讲、读、议、练等多种方式，促使学生对课文进行分析、讨论、评价、总结，在师生共同参与、互助合作学习中，加深学生对课文的理解。

（3）练习应用。这是对知识的运用阶段。在教师指导下，学生从听、读、说、写训练中获得知识，并通过知识迁移应用于实践，转化为解决实际问题的能力。

（4）复习巩固。这是对所学知识的牢固贮存阶段，并继续拓展新知学习领域，进一步掌握和理解新知，建立新旧知识的联系，促进新旧知识的内化。

2. 多种变式结构

阅读教学的模式，除了四段教学常规结构模式外，还有许多种变式。下面主要介绍两种。

（1）情境型结构。依据情境教学的"感知——理解——深入"三个不同的阶段，教学过程可设计为如下四步。

首先是创设情境，激发学习兴趣。设计阅读教学的起始阶段，可选择语言描述、事物演示、生活再现、音乐渲染等多种方式创设教学情境，导入新课，目的是激起学生强烈的学习兴趣。

其次是再现情境，引导自主学习。再现课文所描绘的具体情境，通过点拨、设疑、对比等方法的设计，最大限度地调动学生主动探究的情感，使其想象力、创造力得到发展。

再次是体会情境，朗读赏析。通过指导朗读，把学生带入作者所描绘的意境之中，引导学生体会境中之情、境外之音，用自己的语言抒发内心的真切感受。

最后是领悟情境，读写练习。领悟情境中的语言、形象、气势、神韵，进入"情动而辞发"的境界，以读带写，以写促读，使读与写、认知与情感和谐发展。

（2）学导型结构。根据这一结构模式的"引导——讨论——练习——讲解"四个环节，教学过程亦可设计为四步。

首先是启发引导，探究新知。在阅读新教学内容之前，可根据课文内容提出学习要求，让学生带着问题去阅读，在阅读中获取新知，培养学生解决问题的能力。

其次是组织讨论，归纳结论。可采取四人小组活动的方式，针对疑难问题进行讨论，使学生在交流、切磋中求得对问题的深入理解，以此来培养学生合作的意识和探求新知的能力。

再次是变式练习，纳入新知。安排多种形式的必要练习，使学生在练习中进一步理解教材，掌握和巩固新的知识、技能。

最后是质疑讲解，总结提高。在引导、讨论、练习的基础上，针对质疑给予点拨、释疑、总结等，把读、议、练的成果提高到新的水平。

此外，还有"出示问题，尝试分析，组织讨论，反思质疑，教师讲解"的探究型结构和"启发引导，教给学法；自读课文，领悟学法；自做练习，运用学法；教师小结，归纳学法"的自学式结构等。

在大学语文教学改革中，大学语文教学过程设计的新模型不胜枚举，它们都为大学语文教学改革注入了活力。无论常式还是变式，共同的特点是始终把握学生在大学语文教学改革中的主体地位，变注重教法为注意学法，变教学为导学，强调学生自主学习能力的培养，强调学生文化素养的提高，强调学生语文知识的综合运用。

五、教学措施设计

教学措施设计是教学设计的中心一环，大学语文教学活动组织开展得如何，在相当程度上取决于教学措施的设计是否科学、合理、有效。教学措施设计包括设计教学方法、教学媒体、教学环境等内容。

（一）设计教学方法

大学语文教学方法是大学语文教师为达到一定的教学目的而引导学生有序有效地完成大学语文学习任务所采用的方式和途径。

教学改革中已创造了多种教学方法，教学论专家以系统论、信息论、控制论以及认知学习理论等作为教学方法研究的理论基础，从不同角度进行分析，提出了多种分类方法。苏联教学论专家巴班斯基把教学作为一个认识活动过程，将教学方法分为三大类：一类是组织进行学习认知活动的方法，一类是激发形成学习动机的方法，一类是教学过程中检验的方法。根据不同教学内容的教学任务，有人还将教学方法分为这样三类：一是引导感知和理解教材的方法，二是巩固和提高知识、技能的方法，三是检查和评价知识、技能、情感态度获得的方法。依据知识信息的传递特点，教学方法又分为：一是直观的方法，如多媒体课件演示、参观、图解等；二是口述的方法，如精美语言的描述、简洁精练语言的讲解、娓娓道来的谈话等；三是实践的方法，如实验、练习、作业等。

这些分类方法，对大学语文教学方法的分类都有启迪作用。周庆元在其所著的《语文教学设计论》中，依据语文学科自身的特点，顾及语文教学法发展的历史和现状，将语文教学方法分为如下四类。

（1）运用语言的方法。运用语言的方法包括讲述法、讲解法、评析法、串讲法、谈话法、问答法、讨论法、默读法、朗读法、背诵法、吟咏法、复述法等，主要采用讲、议、读的活动形式，凭借语言传媒，促进学生的记忆和理解。

（2）直观感知的方法。直观感知的方法包括观察法、参观法、演示法等，主要采用看和听的活动形式，凭借实物、模型、图像等传媒，强化学生的感知。

（3）实际操作的方法。实际操作的方法包括提纲法、摘抄法、作业法等，主要采用动手的活动方式，凭借肢体来训练学生应用知识的技能。

（4）综合交错法。综合交错法如讲读结合法、读写结合法、文图结合法等，采用多种活动方式，凭借多种媒体，调节学生多方面的心理技能。

面对众多的语文教学方法，大学语文教师需要作出自己的选择，进行优化组合，以提高教学质量，同时节省时间和精力。大学语文教学方法设计应遵循以下要求和步骤。

首先，明确标准。这是大学语文教学方法设计的起码要求。根据大学语文教学过程中各个因素之间的内在联系，应把握以下选择标准：一是符合大学语文的性质、教学规律、目标和任务；二是适合课题的思想内容、现有的教学条件和时间；三是考虑学生的学习特点和教师自身的可能性等。

其次，合理筛选。这是指根据不同教学方法的特点，对使用范围及效果等可供选择的教学方法进行分析、比较，恰当使用。巴班斯基就曾对自己列举的各类教学方法在形成学生的认知和操作能力，发展学生的知、情、意、行品质以及教学时速等方面的效果作过比较，从中了解到在某一具体教学情境下最适用的教学方法，巧妙组合，灵活运用，教学效果最科学有效。

最后，有效运用。要想有效地运用教学方法，除考虑到科学、合理以外，还应做到创造性地使用它，力避生搬硬套。只有知己知彼，才能做到随心所欲而不逾矩。

（二）设计教学媒体

媒体指交流与传播信息的工具，如报刊、广播等。加涅把教学媒体定义为"传递教学信息的手段"。根据这一定义，举凡教材、音像、电视、计算机、操作设备及其他物理手段，皆可称作教学媒体。它既包括语言、文字、粉笔、黑板等传统教学手段，又包括录音、录像、电影、电脑等现代媒体手段。现代媒体的运用，冲破了课堂教学的时空局限，为教学提供了丰富的信息资源，增加了教学的密度和容量，创造出了多姿多彩的文化知识情境，为学生个性的发展和素质的提高提供了广阔的空间和必要的条件，有效地促进了教学的开展。其主要作用有三个：一是引发学生学习的动机、兴趣和情感；二是促进学生对知识的理解、记忆和掌握，形成对知识的积累；三是有效地组织操作、实践，形成各种基本的学习技能。

1．媒体在大学语文教学中的作用

（1）提供各种范例。媒体可以提供标准的动作行为示范，如诵读经典诗文的发音、停顿、重音等操作行为。

（2）展示必要的超越时空的教学资料。媒体可以提供有关历史资料、科技资料、科学现象等直观可感的材料。如讲解《声声慢》《长恨歌》等课文时，可以截取相关的影视作品来帮助学生理解主题、感悟作品艺术魅力等。

（3）创设具体可感的教学情境。媒体可以提供情节生动、形象逼真的模拟画面。如讲授张若虚的《春江花月夜》时，给学生展示作品中的一个个或优美、或广阔、或深远、或浩瀚的意境等，使学生获得直观真实的材料，便于记忆和理解。

（4）展示发展过程。媒体可以提供某一事物运动或变化的完整过程。如学习屈原的《涉江》，利用媒体可以清晰准确地展示作者情感态度的内在变化，再借助语言的描述，学生就会理解得透彻、记忆得牢固、感悟得深刻并体味到深厚的文化内涵。

（5）利于释疑解惑。媒体可以提供某一事物的情状或发生发展历程。如学习曹操的《短歌行》，觉得它行文忽起忽落，意思不太连贯，但通过媒体的使用，可以展现这首诗的好处恰恰在于词断而意连。诗歌开头八句用悲凉的调子唱出了久积的忧思，如"对酒当歌，人生几何"不仅仅是感到人生短促，更重要的是统一天下的壮志未酬，他希望有更多贤才帮助他。下面十六句反复地写他未得贤才的忧虑和已得贤才的喜悦。最后八句表明要虚怀若谷，希望群贤毕至，情绪自信而昂扬。全诗脉络贯通，意思相连，淋漓尽致地展示了作者复杂而不平静的内心世界。

2．教学媒体设计的一般要求

教学媒体既然已成为改进与加强大学语文教学的有效手段，已成为教学设计中不可或缺的重要因素，设计教学媒体时就必须考虑到以下几个方面。

（1）教学媒体与大学语文教学内容统一。设计教学媒体应依据大学语文教学目标和教学内容，考虑采用的教学媒体是否有利于达到特定的教学目标、是否有利于呈现特定的教学内容、哪些媒体能为教学目标和内容提供最佳的学习条件。

(2）教学媒体与大学生的认知水平和思维特点相容。大学生的抽象思维能力和形象思维能力都已基本定型，认知水平较高，所以选用教学媒体就要充分考虑是否有利于给他们提供充分发展、提高和完善的可能，同时激发他们学习的兴趣。

（3）教学媒体与教学方法配合。无论教学媒体还是教学方法，都是为实现教学目标服务的，因此，二者科学配合方能获得最佳的教学效果。

3. 现代教学媒体设计的模式

我国著名的教育心理学家皮连生在《教学设计》中提出了运用现代教学媒体进行辅助教学的模式。现代教学媒体作为教学中的辅助手段，教师可借助现代教学媒体向学生传递教学信息，从而完成师生的交流反馈。教学媒体的使用主要有演播法和插播法两种方式。

（1）演播法。演播法就是在教学过程中，借助现代教学媒体演示图像，播放录音、录像等，传达教学信息。演播法一般可设计下列几个步骤。

首先是提示。播放前，教师作必要的说明或简单的介绍，并提出思考的问题等。

其次是播放。播放过程中，教师可提出某些要点，引起学生注意。

再次是讨论。播放后，组织讨论，或由教师对播放的内容作重点讲解和巩固性提问。

最后是小结。播放后，让学生谈学习体会，由教师进行小结，并适当布置一些作业。

（2）插播法。插播法就是在讲解中穿插播放音像教材的有关片段，提供必要的感性材料或例证，作为抽象概括的基础。

插播法一般可按照讲解——播放——讲解——播放——小结的步骤进行。

在播放的过程中，教师应随时引导学生留意有关内容，特别是对重要的画面和不很清楚之处，应及时提示或说明。讲解主要在于指导学生留意看和听，提供一些不能直接视听的事物或知识，并对视听结果作出结论。

（三）设计教学环境

设计良好的教学环境，是教学措施设计中的一项重要内容。教学环境是一种特殊的环境，是教学活动所必需的各种条件的综合，包括物环境和人环境。物环境是指光线、色彩、温度、湿度和各种教学设备、设施等物质因素。人环境是指师生关系、认知情感、教学气氛等心理因素。教学心理因素的重要性并不亚于物质因素。良好的教学心理环境，主要取决于良好的教学心理气氛。心理气氛是指群体在共同活动中表现出来的占优势的、较稳定的全体情绪状态，如群体中人们的心境、情绪体验、人际关系、对工作学习及周围环境的态度等。这一概述指明了设计教学环境需要考虑的主要因素，它涉及教师与学生两个方面。

1. 教师的教学行为

教师的教学行为以及教学过程中的师生关系，是影响教学的重要因素，因此创设宽松和谐的教学环境，要先建立教学过程中师生之间民主的、平等的关系。最主要的一环是教师转换角色意识。教师要明确学习的主人是学生，教师只是学习活动的组织者和引导者等新理念。这样，师生才能充分发挥彼此的主动性和创造性，民主、平等、对话、交流、合作、探究的师生关系才能建立，学生才能以极大的热情主动参与大学语文教学过程，大学语文教学才能真正成为教师指导下学生学会学习、学会思考、学会探究的学习过程，良好的教学气氛才能形成。

2. 学生的情感认同

学生饱满的学习情绪和积极的情感是形成良好教学气氛的前提条件。教师应重视设计恰当的体态语言，以收到对学生情感认知的熏陶感染、潜移默化之效。体态语言是指姿势、仪表、表情乃至眼神等无声语言。无声语言所显示的意义要比有声语言多得多。在师生面对面的交流中，信息内容只有少部分靠有声语言获得，其他都是通过无声语言行为来传递的。而大学语文课的形象性、情感性、文化性、审美性和丰富性，决定了体态语言在教学中的特殊作用。因此，应该重视设计体态语言，以便借助它补充、强调、调控和激励来引导学生的情感倾向，促进其情感认同，使其产生亲近感、安定感、信赖感、共鸣感，有效地形成良好的教学氛围。

3. 学生的创造性思维活动

积极地开展创造性思维活动，是形成良好教学气氛的决定性因素。人的思维活动始于"问题情境"，教师应依据教学目标的要求、教学内容的特点，精心设计问题思路，恰当地、适时地启动问题的开展，在设疑启思中培养学生的问题意识。教师应设计一些新颖独特的、多侧面的、不同层次的问题，更应设计一些能启发引导学生质疑的问题，致力于培养学生的创造性思维能力。创造性思维的主要特征是思维的求异性。求异思维是一种多角度、具有创意的思维方式，它能通过对同一问题探究不同答案的思维过程求得对问题全面、完整、深刻的认识和理解。设计运用求异思维方式，能有效地利用教学中的知识信息，激发学生的求知兴趣，使其以主人翁的姿态参与教学过程。这无疑有助于良好的课堂教学气氛的形成。

第二章 大学语文教学目标设置

射箭有靶子，叫作有的放矢。所以，好射手赢得美名并非由于他的弓箭，而是由于他有箭靶子这个清晰准确的目标。教学也要有靶子，这靶子就是教学目标。没有教学目标，教师上课就如同走路无方向，瞎子摸溪滩。

轮船在大海中航行，必须有目标，朝着目标前进，才能到达最终目的地。教学，是教师带领学生在知识的海洋中航行，同样也要确定目标。

第一节 大学语文教学目标设置程序

当代教育心理学把教学目标定义为预期的学生学习的结果。它是学生在学习过程中自我激励、自我评估、自我调控的重要手段，在课堂教学中支配、调节和控制着整个教学过程，是教学活动的出发点和归宿，是教师选择教学内容、运用教学方法、选择教学策略、使用教学媒体以及调控教学环境的基本依据。学生学习行为的改变，当是评价教师教学效果的首要依据。

确定大学语文教学目标的依据如下所示。

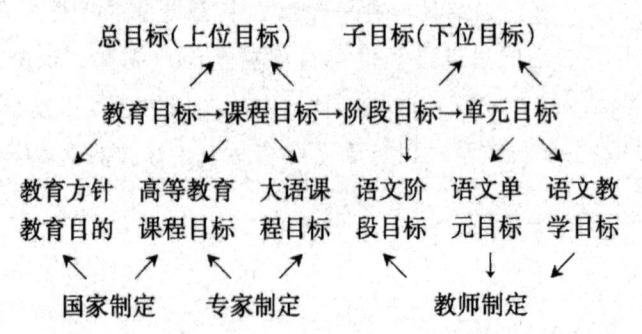

```
         总目标(上位目标)      子目标(下位目标)
              ↗    ↖            ↗    ↖
      教育目标→课程目标→阶段目标→单元目标
         ↓       ↓       ↓       ↓       ↓
      教育方针  高等教育  大语课  语文阶  语文单  语文教
      教育目的  课程目标  程目标  段目标  元目标  学目标
         ↖       ↗       ↖       ↗       ↓      ↙
        国家制定    专家制定      教师制定
```

设置大学语文教学目标可以遵循三大步骤，即确定教学目标的类型、分析教学目标的水平、陈述具体教学目标。

一、文道统一，确定教学目标的类型

美国教育心理学家布鲁姆及其同事把学生学习的结果分为认知领域、情感领域和动作技能领域三个大类，每一类又有不同水平的能力表现，如表2-1所示。

表2-1　不同领域教学目标的各级水平

认知领域	情感领域	动作技能领域
知识	接受（注意）	知觉能力
领会	反应	生理能力
运用	价值化	技能动作
分析	组织	有意活动
综合		
评价	价值体系的个性化	

大学语文教学目标往往对这三个领域都有涉及。例如学生能够认识生字词并解释其含义，或能运用在课文中所学知识解答问题或表达思想（如作文练习），属于认知领域；能对课文内容形成某种稳定的态度倾向，属于情感领域；能熟练地朗读、书写这些生字词，属于动作技能领域。但在大学语文教学过程中，除朗读指导和书法指导外，涉及最多的学习结果通常只在认知领域和情感领域。这两个目标领域与我国传统语文备课理论中强调的"文道统一"观点是一致的。

值得指出的是，大学语文教师备课时应注意不要片面地把"文道统一"理解成"课文语言形式与思想道德内容的统一"，而应该把"文道统一"理解成"课文语言形式、思维、文化内涵与思想感情的统一"。大学语文教师的作用在于通过课文这一例子，引导学生获得认知领域和情感领域的行为改变。大学语文教师在备课时，应该确定课文对学生预期影响的领域范围。

以《春江花月夜》为例，通过课文学习，学生能够运用文中排比句在重叠中显示变化、对偶句在变化中显示整齐而使诗意婉转而情浓的修辞手法，属于认知领域的学习结果；能够唤起自身对《春江花月夜》的韵律美、情感美、意境美的审美之情，属于情感领域的学习结果；能够通过对发音器官肌肉的控制来熟读背诵，属于动作技能领域的学习结果。因此，备课时设置大学语文教学目标的第一个程序是"文道统一，确定教学目标的类型"。

二、层次分明，分析教学目标的水平

教学目标的水平是指学生在学习过程中处理学习材料时的不同能力表现。

（一）认知领域

认知领域的目标主要是发展学生的语文学科知识。具体而言，认知领域的目标可分为六级水平。

（1）知识

"知识"水平的目标注重对有关信息的储存和回忆。这一水平涉及的目标包括几个方面。一是特定知识，如术语和事实；二是处理特殊问题的方法或途径的知识，如序列、分类、标准和方法等；三是一般或抽象的知识，如原理、理论或知识框架等。其学习的特征是记忆，包括再现和再认，这两个过程都涉及对储存在大脑中的有关信息或事实的回忆。"知识"水平的目标表现在大学语文教学中，具体表现为生字生词的认读和课文基本事实的获取等学习行为，一般说来，主要在感知性认读阶段即课文预习阶段实施"知识"水平的教学目标。

（2）领会

"领会"水平的目标强调对已经储存的信息进行整理，即通过对学习材料的重新组合，把握材料的意义，使已经记忆的信息变成更容易理解的形式。其学习的特征是转换、解释或推断。

所谓转换是指用自己的话或用与原先表达方式不同的方式表达自己的思想。例如，"《左传》又称《春秋左氏传》或《左氏春秋》，相传为春秋末年鲁国史官左丘明撰写，是我国第一部叙事详备的编年体史书"可以转换成"我国第一部叙事详备的编年体史书是《左传》，又称《春秋左氏传》或《左氏春秋》，相传为春秋末年鲁国史官左丘明撰写"或"《春秋左氏传》或《左氏春秋》就是《左传》，是我国第一部叙事详备的编年体史书，相传为春秋末年鲁国史官左丘明撰写"。

所谓解释是指能独立地用有意义的方式说明或概述信息（有意义的方式可以是文字、符号、图像、图表等）。它强调准确"释义"，不拘泥于"陈述"，也不等同于"再现"，例如用示意图画出《林黛玉进贾府》中所描述的荣、宁二府的格局布置。

所谓推断是指根据某一陈述进行推理，得出结论。或预测变化的趋势（即预期后果），如给未讲完的故事续写结尾；或根据信息的组成要素、结构（要素的组成关系）及功能（结构与环境的相互作用）等进行分析，如分析句子的主干和枝叶；或按照信息的组成要素、结构（要素的组成关系）及功能（结构与环境的相互作用）等进行综合，如将顺序错乱的若干句子排列成合乎逻辑的一段话。

领会超越了单纯的记忆，代表最低水平的理解，在回答领会层次的问题时，学生要对学过的知识进行加工或变换，以证明对知识的理解。因此，"领会"水平要高于"知识"水平。"领会"水平的目标表现在大学语文教学中，具体为释词析句、划分段落、概括段意、归纳中心等学习行为。一般说来，主要在理解性研讨（分析课文）阶段实施"领会"水平的目标。

（3）运用

"运用"水平的目标强调处理信息，即将习得的材料应用于新的具体情境，利用学过的知识去解决特定问题，这些问题可能与原习得情境略有不同或相当不同。如有可能，则要求学生创造性地解决某一特定问题。其学习特征主要表现为问题的新颖性和独特性，它代表较高水平的理解，包括概念、规则、方法、规律和理论的应用，例如各种模仿练习和作文。

在检查学生是否达到"运用"水平时，通常可以给他们一个新的、从没见过的问题，学生必须在没有提示的情况下，选择适当的解决问题的方法。如果问题是学生以前遇见过的，那么它只是回忆，属于"知识"水平。

学生在解答"运用"水平的问题时，可以分为两个步骤：第一步，确认以前是否遇到过相似的问题；第二步，选择合适的解决方法并解决问题。以作文练习为例，运用象征的修辞手法写一段短文：第一步，确认以前是否学习过象征的修辞手法；第二步，选择一种具体的事物表现出抽象的意义。

"运用"水平的目标表现在大学语文教学中，具体为口头或书面遣词用语丰富性、思维条理敏捷性、思想情感多样性、审美能力强弱、人文素养高低等学习行为。一般说来，主要在运用性迁移（课堂模仿练习）阶段实施"运用"水平的目标。

（4）分析

"分析"水平的目标注重把整体材料分解成它的构成成分，并清楚地理解各部分之间的相互关系及构成方式。它包括对部分的鉴别，剖析部分之间的关系并认识其中的组织原理。"分析"代表了比"领会"更高的智能水平，因为它既要理解材料的内容，又要理解材料的结构，是比"领会"更深入的学习。它常常要求学生解释复杂程序的各部分关系或一些物体被组合在一起时能产生什么特定的效果。例如，《短歌行》中，"对酒当歌，人生几何？譬如朝露，去日苦多"是否流露了及时行乐的消极思想？又如，《郑伯克段于鄢》中，作者对郑伯持肯定态度还是持否定态度？这类问题其实都是在探讨课文局部与整体之间的关系，属于"分析"水平的教学行为。

分析包括要素分析、关系分析和组织原理分析。在教学过程中可以向学生提出一个例子，要求他们回答事物内部是否具有某种逻辑关系。例如，有人认为《短歌行》流露了及时行乐的消极思想，如宋代吴兢《乐府古题要解》："魏武帝'对酒当歌，人生几何'……言当及时行乐。"本诗开头的确流露了人生苦短的愁闷，但从诗歌全局关系看则是对表达主题的一个铺垫。在这里我认为其有两层含义，一是作者忧虑自己时光有限，可功业未就，渴望贤才辅助；二是告诫天下贤能志士，人生短暂，不要徘徊，来和我一起建功立业、安定天下吧！其精神实质是昂扬向上、积极进取的。

"分析"水平的目标表现在大学语文教学中，具体为结构探讨、形象分析、意境品味、主题揭示、方法辨析等学习行为。一般说来，主要在理解性研讨、探究性阶段实施"分析"水平的目标。

（5）综合

"综合"水平的目标是指创造性地将各种要素和组成部分组合起来，形成一个新的独特整体的过程。其学习特征主要表现为思维的流畅性、敏捷性和整体性，可以将它视为更高水平的运用。综合包括进行独特的交流，如改写课文、制定计划或操作程序、推导出一套抽象关系等。"综合"水平的目标表现在大学语文教学中，具体为各种思维训练和综合审美能力训练等学习行为。一般说来，主要在应用性迁移（迁移练习）阶段实施"综合"水平的目标。例如，"三曹"在文学上的价值是什么？婉约派和豪放派的本质区别是什么，在大学课文研讨过程中常常可以运用一些创造性问题训练学生的综合判断推理能力。

（6）评价

"评价"水平的目标是指根据一定的准则，对有关信息（观点、作品、方法、程序等）作出合理的判断。其学习特征是价值判断。它要求学生阐述其思考的过程、观点的依据以及判断的标准。因此，学生要先建立一套合适的标准或价值体系，然后考察观点、思想或事件是否与标准或价值体系相符合。这一水平是前面五种能力水平的组合，它是最高水平的认知学习结果。根据采用的准则，评价可以分为内在标准（如组织的形式）和外在标准（如目的的适应性）两个层面。例如，曹操是治世之能臣还是乱世之奸雄，曹雪芹究竟是喜欢自己笔下的林黛玉还是薛宝钗呢，在大学语文教学中常常可以运用一些评价性问题训练学生的审美评价能力。

"评价"水平的目标表现在大学语文教学中，具体为人文素养、文化意识和审美能力判断等学习行为。一般说来，主要在评价性鉴赏（迁移练习）阶段实施"评价"水平的目标。

在设置大学语文教学目标的过程中，认知领域的层级水平可以简化为理解、运用和评价三级水平。理解是指学生对课文主题意义的建构，它以知识为基础，融分析与综合于一体，学生能够运用与课文表达方式不同的方式来表达课文的意义。例如在《古诗十九首》的学习中，学生要能够陈述比兴手法的定义（再现），辨析或显、或寓、或直、或曲、或托物比兴的方法的不同作用，必须以分别找出（再认）这些手法为基础；运用是指学生将课堂所习得的知识运用于相似或不同的情境中。例如学生能够运用比兴修辞手法完成一首诗或一段散文诗的写作；评价是指学生能够对课文的优劣好坏作出价值判断或选择，例如说明骚体赋、散体大赋、抒情小赋各自的特色及弊病。

（二）情感领域

情感领域的目标主要是发展学生的态度和价值观。态度是指个体对人、事和周围世界所持有的一种持久性与一致性倾向。态度的形成与文化传统、家庭环境和学校教育等因素有关。价值观则更具有综合性，它涉及人的生活方式和生存目的，并不针对特定的事物和现象。价值观的形成是一个长期的过程，同时，也受到社会、家庭的影响。价值观比态度更难测量。因为态度可以通过学生对事物或现象的接受或拒绝来测量，而学生对一些价值观如诚实、自尊、宽容等往往不会公开拒绝。

具体而言，情感领域的目标可分为五级水平。

（1）接受。这一级水平的特征是学生对一种观点或事物表现出宽容的态度，不拒绝接受有关的信息，了解教师所介绍的材料意义，但并不因此而改变自己的行为。

（2）反应。这一级水平的特征是学生越来越表现出一种积极的态度，不仅接受了有关信息，并表示愿意采取相应的行为，但实际上这种行为并没有出现。

（3）价值化。这一级水平意味着学生理解一种态度或价值观念，并认为它是有意义的，同时已将这种观念内化为自己的行为准则。在这一级水平，学生能主动表明对问题的态度或观点，并公开讨论或支持某种态度。

（4）组织。这一级水平表明，学生已经形成了抽象概念，并意识到价值与价值之间的相互关系，形成了价值观念体系。

（7）价值体系的个性化。这一级水平意味着学生的各种价值观已经被组合成内部一致的体系，其行为受内部价值体系的控制，价值体系已经成为其个体性格特征的稳定组成部分。

情感领域的目标在基础教育阶段的各学科教育中不太受重视，但它正在成为实施人文素质教育的改革重点之一。

在设置大学语文教学目标的过程中，情感领域的层级水平可以简化为注意、认同、生成三级水平。注意是指学生能从课文中找出作者所表达的情感态度或价值观，例如《春江花月夜》以传统的游子思妇为主题，抒发的却非一般的离愁别恨，诗的前半部分描写诗人由于良辰美景触发对人生的探索和追求，表现出对大自然和人生的热爱，诗的后半部分则生动地描写了美丽的春江花月之夜一对情人的两地相思，歌颂了人间纯洁真诚的爱情，使离情别绪的愁苦融入美好的希望，令全诗的基调哀而不伤；认同是指与作者的情感产生共鸣，例如唤起自己对课文中所赞美事物的相应情感；生成是指激发出自己比课文所表达的情感更多的相应情感。

（三）动作技能领域

动作技能领域的目标主要发展学生的肌肉力量和协调性。这一领域可能是三大领域中最不受教师重视的领域。对动作技能领域目标的重视程度与教育的阶段和培养目标有关，换言之，不同阶段、不同学校对这一领域目标的重视程度有所不同。例如，小学阶段比中学阶段和大学阶段更重视动作技能领域的目标，培养特殊人才的学校（如体育学校）比普通学校更重视动作技能领域的教学目标。

具体而言，动作技能领域的目标可分为四级水平。

（1）知觉能力，指对所处环境中的刺激所作的观察和理解，并作出相应调节动作的能力，包括动觉、视觉、听觉、触觉和协调能力等，如平衡、旋转、踢球、舞蹈等。

（2）生理能力，包括动作的耐力、力量、灵活性和敏捷性。这些是学习高难度技术动作的基础，构成体育的基本功训练，如长时间运动的耐力训练。

（3）技能动作，指训练完成复杂动作的能力，例如弹拉乐器、艺术表演、调整机器等。

（4）有意活动，指传递感情的体态动作，亦称身体语言，涉及姿势、手势、面部表情和即时活动等，如舞蹈或通过动作改变面部表情等。

在设置大学语文教学目标的过程中，动作技能领域的层级水平可以简化为模仿、练习、自动化三级水平。模仿是指学生在教师指导下控制自己肌肉动作的过程，例如字、词的正确发音，书法练习中握笔的正确姿势及运笔态势；练习是指学生在教师监控下重复控制自己肌肉动作的过程；自动化是指学生在没有教师指导或监控的情况下，自己熟练管制自己肌肉动作的过程。

综上所述，大学语文教师在备课时分析出各类教学目标的层级水平，能够促使每一个不同学习水平的学生都能通过课文学习获得认知结构和情意品质的改变。因此，设置大学语文教学目标的第二个程序是"层次分明，分析教学目标的水平"。

三、行为确定，陈述具体教学目标。

陈述具体教学目标是指用书面语言明确指出课堂教学中学生具体的学习结果，即对某一教学事件终了时学生确定的学习行为作出具体说明。这种教学目标又叫具体行为目标，它具有可操作、可观察和可测量的特点。一般说来，表述规范、明确的具体行为目标应该包含行为主体、行为动词、行为对象、行为情境、行为标准五个部分，通常把它们叫作具体行为目标的五个要素。一个规范而完整的具体行为目标的陈述如下：学生（行为主体）在通读完全文后（行为情境），找出（行为动词）至少三种（行为标准）课文中所运用的修辞手法（行为对象）。

（一）行为主体

行为主体指实现教学目标时学习行为的执行者，它应该是学生而不是教师，因为学生的学习行为才是具体行为目标陈述的内容。许多教参中的目标陈述通常表现为"教给学生……"或"培养学生……"的范式，其实这种陈述方式描述的是教师的行为，但教师并不是学习行为的执行者，而是教学行为的实施者。规范的具体行为目标的开头应该是"学生应该……"的范式。

（二）行为动词

行为动词用来描述学生在实现教学目标时的确定行为，它可以分为含义明确的动词和含义含糊的动词两种。含义明确的动词如"写出""背出""列出""辨别""比较"等，具有可操作、可观察、可检测的特点。含义含糊的动词如"知道""了解""欣赏""喜欢"等，较前者难于操作和评价。为了有效提高教学目标的客观性和操作性，应尽可能选用那些意义确定、易于观察的行为动词，避免使用"懂得""了解"等难以观察的行为动词。

（三）行为对象

行为对象指确定的学习行为所涉及的内容，相当于行为动词的宾语，主要具体说明教学过程中学生确定的学习事件，例如"文中所用的修辞手法"。

（四）行为情境

行为情境指影响学生产生学习结果的特定限制或范围，主要说明学生在何种情境下完成指定的学习行为，例如"读完全文后""新课学习前""课堂讨论中"等。

（五）行为标准

行为标准指学生对教学目标所达到的最低表现水准。行为标准的说明可以定量或定性，也可以二者都有。行为标准通常可以采用以下三种方式：一是用完成行为的时间来衡量行为的表现，例如"三分钟内完成"；二是用完成行为的准确率来衡量行为的表现，例如"完全无误"；三是用完成行为的成功特征来衡量行为的表现，例如"80%的学生"。

通过具体行为目标的陈述来规范学生的学习行为，可以避免课堂教学事件的盲目性和随意性，提高课堂教学效率。因此，备课时设置大学语文教学目标的第三个程序是"行为确定，陈述具体教学目标"。

教学目标是预期的学生学习的结果，如果教师能够明确学习结果的类型与水平，并且了解该学习结果出现的过程和条件，那么，他就可以依据学习结果出现的自然顺序来安排教学事件的顺序，同时创设最佳的学习条件来保证学习结果的出现。若大学语文教师在备课时能够遵循上述三个程序来设置教学目标，则能帮助其顺利创建大学语文备课的良好开端。

第二节 大学语文教学目标设置的原则

大学语文教学目标的设置要依据教学大纲，根据特定教学内容的需要，充分考虑大学生现有的知识状况而准确把握讲授要点、重点和难点。教学目标既是教学的出发点，又是度量教学结果的尺度，而教学质量实质上是用教学目的与教学结果相对照而作出评价的。因此，大学语文教学目标设置要遵循以下原则。

一、科学性原则

任何事物只有符合科学性才能正确地发展，大学语文教学也如此。大学语文教师设置教学目标遵循科学性原则主要表现在三方面：第一要依据知识本身具有的规律，不能有知识性的错误；第二要考虑学生的思维特点和掌握知识的规律；第三要遵循教学大纲和教材的编写规律。

二、针对性原则

大学语文教师要依据自己学生的具体特点设置教学目标，对不同的学生应有不同的目标、不同的方法和策略，即我们常说的"分层教学""因材施教"。针对性越强，学生学习效果越显著，学习兴趣越浓厚。以学生思维特点为例，诗歌、散文中意境的描绘可以增强学生的形象思维能力，小说严密的逻辑结构可以提高学生的逻辑思维能力。

三、全面性原则

全面性原则主要有两方面的内容：一是大学语文教师设置的教学目标，在有所侧重的基础上要力求全面，不应机械地平均用力；二是大学语文教师设置的教学目标要面向全体学生，不应只照顾大多数。

四、实效性原则

大学语文教师设置的教学目标要力争在每一节都能实现，每一节都有所收获，要立竿见影。所以，目标的设置要具体，别太大，也别太小，太大空泛，太小乏味。近年来的大学语文教学过分重视人文性或走入工具性的误区，不能将工具性和人文性很好地结合起来。语文是一种工具，包括规范的书面语及口语表达，通过语言的掌握达到对文章的理解，从而提高理解事物的能力。曾经有一段时间人们认为语文就是学习其他学科的工具，不学习语文，就无法学好其他学科，因为任何学科都需要通过语言来理解，都形诸文字。因此，大家认为语言就是工具。但是，这样的认识使语文教学走入了一个误区：丧失了文学审美鉴赏力，丧失了对文学内涵的理解力，特别是高考指挥棒更是除去了所有的对文学的真正审美鉴赏和对文学作品的感情投入。在大多数的大学语文教学中，我们往往还是在执行"工具"的功能——字词句的串讲、中心思想、写作特点等，加上几句不痛不痒的分析，文章成了支离破碎的一堆字词句的组合，学生也跟着教师，"死于章句"，而对文章的深刻内涵、审美意趣、价值取向视而不见。为了扭转这种局面，有些大学语文教师尤其是学文学出身的教师又过分重视人文性，将大学语文课上成了纯粹的文学鉴赏课。对于大学语文教学中存在的这种工具与文化的矛盾，我们既不应固守中学原有的那种教学方式，也不应单纯强调大学语文教育中文学鉴赏的一面，而应在重视大学语文中不同文章范本意义的基础上培养学生的人文素质、人格理想和审美情趣，着重通过对作品背景的分析和讲解让学生真正理解作品的文化内涵，提高口语和书面语的表达能力，使他们能用比较标准的普通话进行口语表达，书面语表达中不出现错别字、病句，中心突出，层次清楚，表达流畅，用词准确。

五、计划性原则

大学语文教师设置的教学目标要有一些宏观的、大的目标，即所谓的学年、学期及单元计划。课堂教学目标的制定，都应围绕在这几个大目标的思想、要求下循序渐进地实施，如果没有依据大目标或没有制定大目标，那么课时计划中目标的实施只会是无的放矢，像没头的苍蝇，飞到哪，撞到哪，不会有大的成效。

六、文化素养原则

《中华人民共和国教育法》第一章"总则"的第七条说："教育应当继承和弘扬中华民族优秀的历史文化传统，吸收人类文明发展的一切优秀成果。"大学语文在提升大学生汉语文化素养和表达能力方面具有其他学科不可替代的作用，是大学生正确地理解和运用好祖国的语言文字，建立良好的精神世界，树立正确的人生观、道德观、伦理观的必修课程。

七、审美教育原则

语言是文化的载体，没有美育的教育是不全面的教育。这已成为教育界的共识。大学语文教学是进行审美教育的重要手段，审美教育的任务是培养人们对自然美、社会美和艺术美的感受力、鉴赏力和创造力，树立崇高的审美理想，培养正确的审美观念和健康的审美趣味。陈思和曾说过，人文教育永远在保护人成为人，保护人在容易丧失本性的经济利益中把自己变得更善良。大学语文教材中所选的篇目皆为历代文学作品中的精品，都是"美文"的典范。以诗歌为例，张若虚的《春江花月夜》这首有"孤篇压全唐"之称的七言古诗融诗情、画意、哲理于一体，将对良辰美景的描绘、对宇宙无穷人生短暂的感慨和对人生哲理的追求融合为一，创造出一种深邃空灵之美；李商隐的《锦瑟》给人一种委婉含蓄之美；杜甫的《秋兴八首》给人以悲壮深沉之美。通过对这些佳作的分析，大学语文教学可以让学生在欣赏名篇的同时了解审美形态，并用当代意识去观照历史上的真、善、美，进而从整体上提高自己对美的感知能力，接受美的熏陶和美的教育。

八、依纲据本原则

大学语文教学目标的设置，必须严格依照教学大纲的要求。对于学生的思想品质教育、审美教育、思想教育等，教学大纲都有一定的说明。大学语文教师只有尊重大纲规定，才能保证大学语文教学目标设置有力、到位。如果抛开大纲或忽视大纲要求，自行其是，随心所欲，只会使教学目标落空、漂浮，最后终会因不切实际或缺乏指导性而无所收益。如在教学中提高学生对母语的理解能力。语言是人类最重要的交际工具和思维工具。首先，通过大学语文教学，可以提高学生对母语的字面理解能力，对汉语字词、语法、修辞的感悟能力；其次，通过大学语文教学，可以启发学生在理解字面意义的基础上珍爱人间真情、明白人生的道理。孟子的"老吾老以及人之老，幼吾幼以及人之幼"（《孟子·梁惠王上》）是中华民族的传统美德，韩愈的《祭十二郎文》中的字字句句都是肺腑之言且浸透着骨肉亲情，宗璞的《哭小弟》中的姐弟之情等，这些作品都能启发学生去珍惜人间真情。爱情问题始终是大学生比较感兴趣的话题。爱情是美好的，无爱的人生可以说是残缺的人生。吴组缃的《箓竹山房》从独特的角度表现了一个传统女性无爱的人生历程，揭露了封建传统文化对人的摧残。爱情是十分圣洁的，但过分沉溺于爱情又是十分有害的，如白居易的《长恨歌》中所描写的李杨爱情悲剧。对大学生来说，"金风玉露一相逢，便胜却人间无数"的爱情是十分珍贵的，但过分沉溺爱情会影响学业。秦观的《鹊桥仙（纤云弄巧）》中所提出的"两情若是久长时，又岂在朝朝暮暮"，更有助于当代大学生树立正确的爱情观。大学生处于特定的年龄阶段，很容易自满自足，大学语文教学可以帮助他们对自己有一个客观的认识。如《庄子·秋水》告诉我们：在广袤的宇宙中，个人的认识和作为都要受到种种客观条件的限制，每个人都不应该囿于个人有限的认识而自满自足。

九、依据大学语文自身习得规律原则

大学语文习得尤其不同于其他学科的明显特点，教师必须准确地把握。哪些知识先讲授，哪些知识后讲授，哪些知识需要反复训练，还有哪些知识需要强化，这都要求大学语文教师能充分依据知识本身的内在联系，结合学生的学业状况而作出恰当的安排。例如，大学语文在知识的宽度、厚度和精确度上要加宽、加深并力求精准，该背诵的要背诵，该反复练习的要反复练习，该探究的要深入探究。如要提高写作水平就要反复练笔，不仅课堂上要口头练习、小组练习，课下也要写日记、写随感、写随笔、记录灵感等，这样学生的写作水平才能得到有效提高。

十、可操作性原则

教学目标具有导教、导学、导评三大功能，因此设置教学目标要利于这些功能的有效发挥，即教学目标要具有可操作性。大学语文教学目标设置要具体、清晰、明了，笼统含糊的教学目标会使教师在进行教学时失去明确的参照标准，容易出现随意性和盲目性，造成目标与结果之间的距离感、过程和效果的偏差感，此外还会使教师和学生在选择和使用实现教学目标的方法或手段时受到很大制约，因为目标不明确、缺乏可操作性，怎样达到目标就难以确定了。鉴于此，教学目标的设置、定位要准确到位，使教师能够在教学实践中实现教学目标，从而达到良好的教育教学效果。

第三章　多媒体在大学语文教学中运用

第一节　现代教学媒体概述

随着现代科学技术的发展，越来越多的科学技术被应用到语文教学领域，既给语文教学注入了生机与活力，也给语文教师带来机遇和挑战。

一、现代教学媒体的概念

教学媒体是教学活动不可或缺的部分，它是教师和学生之间进行信息交流的凭借，是实现教学目标的手段和工具。教育一产生数字媒体就随之产生了，只是在不同的历史时期有不同的内涵罢了，随着社会生产力的发展、科技的进步，教学媒体也在不断的发展进步。到了现代工业社会，教学媒体发生了本质上的变化，一些现代科技手段被广泛地应用于教学之中，大大提高了教学效率，使得教学向着最优化方向发展。

现代教学媒体具体是指那些应用于教学的现代科技手段（幻灯片、投影仪、计算机等），它是相对于传统的教学媒体黑板、粉笔等而言的。

二、现代教学媒体对语文教学的意义与作用

（一）现代教学媒体能够激发学生学习语文的兴趣，调动学生学习语文的积极性

相对于传统教学媒体黑板、粉笔等而言，现代教学媒体运用声、光、电等现代科技手段将教学内容生动形象地表述出来，使学生的视觉、听觉等感觉器官受到多重刺激，这要比传统教学媒体的效果生动、有趣得多，有利于激发学生的好

奇心和求知欲，有利于调动学生学习语文的积极性和主动性。

（二）现代教学媒体能够促进语文教学的最优化

语文教学的最优化，强调的是在最短的时间内，完成最大教学任务。现代教学媒体的运用通过将语文教学内容进行再创造与再加工，将原来冗长的文字叙述，通过声音和形象表现出来，使教学内容更加集中简练，突出教学内容的难点和重点，使学生能在较短的时间内掌握更多的知识，提高学习效率。同时，现代教学媒体通过对学生视觉和听觉的双重感觉通道的刺激，可以加快学生对知识的理解和掌握，教师能够在较短的时间里传授大量知识，缩短教学时间，提高教学效率。据此，正是现代教学媒体在语文教学中的应用，使语文教学在较短的时间内完成最大的教学任务，促进了语文教学最优化。

（三）现代教学媒体能够促进语文教学改革

现代教学媒体在语文中的应用，本身就是语文教学手段的一次革新，是语文教学的一次大的变革。它促进了语文教学结构的变化，使教师对学生的反馈信息了解更加准确和快速，教师据此能够及时稳妥地对语文课堂教学活动做出适当地调整采取灵活多变可行的教学方法，使语文教学质量得以保证。另外，从教师的个人角度来看，大量优秀教学录像的出版和发行，使语文教师的教学有了参照的对象，扩大了教师的视野，为他们的教学改革提供了先进的理念和模式。因此，不论是从课堂内外还是从教师群体和个体来看，现代教学媒体在语文教学中的应用，都促进了语文教学的改革。

（四）现代教学媒体能够扩大教学规模，落实大语文教育

采用现代教学媒体，如广播电视、卫星电视、计算机网络等，向不同的地域传输课程，只要有相应的终端设备就可以接收观看，这样就突破了原有课堂教学空间和时间上的局限性，使语文教育走出了课堂、进入了社会、步入了家庭，落实了大语文教育观。一个教师可以同时为成千上万人上课，扩大了教学规模，大大节省了人力、物力和财力，提高了教学效率。

第二节　现代教学媒体的分类及运用

一、现代教学媒体的分类

对现代媒体的分类方法很多，这一节我们是从媒体对感觉通道的刺激来分类的，这不是真正严格意义上的分类，只是为了叙述方便罢了。

（一）视觉媒体

视觉媒体就是通过投影和幻灯单一的刺激个体视觉器官的媒体，主要有幻灯和投影仪。在语文教学中恰当使用幻灯和投影，可以使课堂教学更加生动、灵活、有趣。语文教师要根据教学目标、教学内容，制作幻灯片和投影片，充分发挥二者的功能。

（1）可以部分代替板书

在传统的语文教学中，教师的板书通常是写在黑板上的，在课堂教学中占用了大量的时间。而利用幻灯片和投影仪将事先准备好的幻灯片和投影片投到屏幕上，就大大节省了板书所占用的时间，教师可以利用节省的时间，去充实课堂教学内容，扩大教学信息量的交流。同时，由于信息量的加大，促使学生的思维处于一种积极的状态，大大提高了课堂教学效率。

（2）配合课文教学

在语文的课文教学中，有些地方是教师无法用语言进行表达或者无法表达清楚的。利用幻灯片和投影可以弥补这方面的不足，将课文中的故事情节、人物活动用幻灯片和投影生动形象地显示出来，增加教学的直观性；不仅能够提高学生的学习兴趣，而且还能够增强记忆的效果。例如有的教师在教《景泰蓝的制作》这篇课文的时候将整个景泰蓝的制作流程用幻灯片显示出来，再结合教师的语言描述，使学生很快地掌握了景泰蓝的制作流程，理清了作者的思路，提高了教学效率。又如有的教师在讲解诗词的时候，用幻灯片将诗词中所体现的画面表露出来，让学生看到了画面回想起诗词，看到了诗词回想起画面，语言和画面的有机结合，不仅增强了学生对诗词意境、语言的理解，同时也强化了学生的记忆。

（二）听觉媒体

听觉媒体是通过声音来传递一定信息的媒体，主要有广播、录音等，二者在语文教学中的运用十分广泛。

（1）听力训练

1. 收听广播。收听广播是培养学生听力的一种最简洁有效的方式。只要一个小型的收听设备在手，就可以经常收听广播。现在的电台节目丰富，可以收听的节目很多，这就为训练学生的听力提供了广阔的空间。经过一段时间的训练，学生的听力会有显著的提高。

2. 收听范读。收听范读也是培养学生听力的一个良好途径。优秀的范读录音不仅能激起学生的情感共鸣，而且对于培养学生的语言感受能力、提高学生的语言鉴赏能力具有重要的作用。对于教师而言，好的范读可以节省教师讲解和分析的时间，提高课堂教学效率。

（2）口语训练

心理学实验表明，让被试及时了解自己的行为、成绩，有利于被试成绩的提高和行为的纠正。在语文教学中，将学生的朗读复述等言语活动用录音机录下来，然后再放给学生听，并参照标准的范读录音使学生了解自己在语调、语气、情感等方面的问题，进而加以纠正并加强相关训练，久而久之，学生的口头表达能力会提高一个新的层次。

（三）视听媒体

视听媒体是促使个体通过视觉和听觉双重感觉通道来获得信息的一种媒体，主要有电影、电视、录像等。电影、电视可以生动地再现课文的内容，能够激发学生的兴趣，帮助学生在生动活泼的氛围中理解课文、获取语文知识、提高语文能力。录像具有电影和电视相同的功能，但同前两者相比具有更大的灵活性，成本也相对低廉。

（1）电影、电视在语文教学中的运用

电影和电视都是视听媒体。它们不仅可以提供教学活动的画面，而且还能够伴随一定的声音。语文教师在语文教学活动中可以充分利用电影和电视提供的广阔的空间来弥补课堂教学中传授的有限知识量，增加信息含量。

教师和学生还可以自己制作电视和电影教材。通过对密切结合课文拍摄的影视进行观赏，可以帮助教师弥补有些用言语表达不清的地方，减少工作量。同时对于学生而言，在声音、图像的双重刺激下，不但可以加深对课文的理解，而且可以增加知识量，开阔自己的视野。

（2）录像机在语文教学中的运用

1. 配合课文教学。同电影相比录像机在语文教学中更为实用，这是因为一则电影大多不是为了语文课堂教学而拍摄的，不易选择；二则电影拷贝要比录像带的成本高得多。而录像带的拍摄制作过程和成本要比电影简单和低廉，所以在语文教学中，特别是课文教学中，大多数的教师都采用录像带。同电影一样，录像机在语文课堂的使用，也可以加深学生对课文内容的理解，强化学生对课文相关内容的记忆与把握。

2. 训练学生的语言表达能力。同录音机一样，录像机也能够对学生的口头表达能力进行训练。还有一点是录音机所无法比拟的，那就是录像机还可以对学生的身体语言进行训练。通过对学生日常交谈的摄录，然后通过录像机将之放出来供学生观看，使之明了哪些身体语言是不恰当的和哪些是影响表达的态势语言。学生明白了自己身体语言的错误，有针对性地进行改正，效果要比教师的直接指导好得多。

（四）语音实验室在语文教学中的作用

语音实验室是一种集多种现代科技手段于一室的教学空间。在这个空间里多种教学手段综合运用，对于提高学生的语言能力具有不可低估的作用。教师可以通过线路对全班进行控制，对全班或者部分学生讲话。学生可以个别向教师进行发问，也可以录下教师的讲话，再放出来复习巩固提高。

在语文教学中，语音实验室提供了良好的条件。首先，它环境安静，各个学生可以互不影响，有利于注意力的集中，学习效率的提高。其次，由于教师可以和个别学生对话，而不影响其他的学生，有利于因材施教，促进学生的个性发展。最后，教师通过现代教学手段指导学生的语言学习，纠正语言学习中的不规范行为，有利于教学效率的提高。

（五）电子计算机媒体在教学中的作用

电子计算机是20世纪40年代出现的事物，虽然时间不长，但发展迅速，在短短的几十年里应用到很多领域。教学领域中使用计算机是教学媒体的一次重大的飞跃。今天计算机已经被广泛应用于教学的各个领域，它强大的信息存储能力和交互能力，已经在教学中得到了验证。

（1）计算机在语文教学中的应用有利于因材施教

现代心理学和教育学的研究表明，学生具有各自的心理特点，他们在不同时空中的心理状态也是不同的。因此，要想促进学生的个性发展，采用千篇一律的教学方法是不能够达到目标的。然而在现实生活中，由于各种条件的限制，教师不可能进行因材施教。计算机在语文教学中的应用，使因材施教成为可能。它立足于学生实际情况的个性化设计，减轻了教师的工作量，提高学生个性发展的可能性。

（2）计算机在语文教学中的应用能够培养学生的思维能力和解决问题的能力

通过计算机教学，学生不仅能够学到广阔的知识，而且能够培养学生的逻辑思维能力。计算机的程序语言是一种严密的程式，学生必须进行严密的逻辑思维才能够满足计算机的要求，否则，计算机就会提示错误，在对计算机的操作过程中学生的逻辑思维能力得到发展，解决问题的能力得到提高。

语文课件在语文教学中的运用是计算机在语文教学中运用的一个重要方面，这将在第三节给予论述。

二、教学媒体选择的原则

不同的教学媒体有不同的适用情境和适用对象，若想达到最佳使用效能，就必须根据教学目标、内容和学生的身心特点从众多的现代媒体中选出一种或几种媒体，这样才能满足教学的需要，充分发挥教学媒体的作用。我们认为有如下几个原则可供参照。

（一）目的性原则

教育教学活动是有目的有计划的活动，其中的任何一项活动都是有意为之，而不是随意安排。在语文教学中使用教学媒体也是有目的的，那就是要充分发挥现代媒体的优势，在较短的时间内完成一定的教学任务，达成一定的教学目标，提高教学效率。因此，必须根据语文课程教学目标来选择教学媒体。丢开语文教学目标，为了所谓的渲染气氛，调动学生的积极性而使用语文教学媒体，只能是形式主义和花架子，其结果往往适得其反。所以，语文教师必须在把握研究课程教学目标基础上，选择合适的语文教学媒体，营造一定的氛围，调动学生的积极性，突破重点难点，这样才能充分发挥教学媒体的作用，提高教学效率。

（二）互补性原则

这是基于现代教学媒体同传统教学媒体之间的关系提出来的原则。尽管现在广泛地使用现代媒体，但是传统教学媒体并不是没有用武之地，它们有着现代媒体不可替代的优势，它们在培养学生语文素养的过程中仍然起着至关重要的作用。因此，我们在使用现代媒体的过程中，不应抛弃传统媒体，不要忘了还有板书、各种图示材料的存在，要将现代媒体同传统媒体结合起来，互相促进，共同提高教学质量和效率。

（三）辅助性原则

尽管现代教学媒体有诸多优势，但是它们只是工具，只是现代科学技术同语文教学相结合的一个产物，没有它们语文教学活动也能正常开展下去，所以它们永远也替代不了语文教材，无论它们提供的教学内容、情境多么绚丽多姿，它们也只是在以某种角度阐释教材，是为了帮助学生理解教材。同时，那种以为有了现代教学媒体就可以弱化教师的功能与地位的想法是不足取的。这是因为，教学媒体是语文教师根据多方条件选择出来的，没有教师的主观选择，也就谈不上现代教学媒体在语文教学上的应用。所以，无论何时何地、何人使用，现代教学媒体只是一种辅助手段，如将其提升到至高无上的地位，就只能是本末倒置。

（四）实际性原则

媒体的选择是受到诸多条件制约的。学校环境、教室环境、教师的条件、学生的特点都是选择媒体时必须考虑的。从教师方面说，选择媒体时要充分考虑对媒体的驾驭能力，不选择自己不熟练或者不懂的媒体。同时也要考虑，媒体的使用成本问题，不要给学校带来一些不必要的负担，同等条件下，要选择那些使用成本较低的媒体。还要考虑学生的实际情况，如年龄特征、认知结构以及群体规模等要素。总之，只有充分考虑多方条件，才能选择出合适的媒体来为语文教学服务。

第三节　课件制作的理论基础和方法

一、课件的概念

CAI 就是"计算机辅助教学"。它是 Computer Assisted Instructing 的英文首字母缩写。CAI课件的含义为：在一定的理论指导下，将教学目标、内容、实现教学活动的策略、教学的顺序、控制方法等，用计算机程序进行描述，并存储于计算机，经过调试成为可以运行的程序。

二、课件设计的理论基础

（一）心理学理论基础

课件的设计必须遵循一定的心理学理论，符合学生学习的心理规律。现代心理学的学习理论为课件设计提供了理论基石。下面我们从四个现代心理学流派来看看他们是怎样为课件提供理论基石的。

（1）行为主义学习理论

行为主义学习理论，主要有两个流派：一个是桑代克的联结学习理论，另一个是斯金纳的操作条件反射学习理论，在这里我们只介绍后者。

斯金纳在实验的基础上，创建了操作条件反射理论。在斯金纳的操作条件反射实验中，在经过精心设计的"斯金纳"箱中，偶然碰到杠杆，自动机械装置就会送下食物，经过多次尝试，老鼠学会了通过压杠杆获得食物。斯金纳通过对老鼠行为的研究，认为学习是一种联结，这种联结是通过强化得来的。强化有正强化和负强化之分。

根据这一理论，加涅和布里格思提出了四条有利于课件设计的原则：一是接近原则，即反应必须在刺激之后出现；二是重复原则，重复练习能加强和促进记忆；三是反馈与强化原则，与反应正确性有关的信息可以促进学习；四是提示与衰减原则，在减少提示的条件下，朝着期望的反应引导学生，从而完成学习。在CAI课件设计中，基于框面的、小步骤的分支式程序设计，多年来一直成为CAI课件开发的主要模式，并且沿用至今，这正是行为主义影响的明显例证。

（2）班杜拉的社会模仿学习理论

班杜拉认为学习并非产生于强化。个体以旁观者的身份，观察别人的行为表现即可获得学习。另外，个体在观察他人或者进行团体学习时，模仿他人的行为动作也是一种学习。总之，班杜拉认为在社会环境中，环境因素、个体对环境的认知以及个人行为三者彼此互相影响，最后才能确定人的行为。人的学习不仅受到自身内驱力的作用，还受到外界环境的控制。同时，个体的行为也能影响到他人。

（3）认知学习理论

认知学习理论认为，个体的学习不是简简单单的由外界刺激就可以产生的，它是个体依据自己兴趣、爱好、态度等以及原有的知识经验、认知结构，在主动地对外界信息进行选择的过程中形成和发展起来的。该理论强调的是主体在学习中的主动性和积极性的作用和发挥，学习应该是在外界刺激和个体心理结构的共同作用下产生和发展起来的个体行为。在 CAI 课件设计中，注意学习者的内部心理过程，开始研究并强调学习者的心理特征与认知规律，不再把学习看作是对外部刺激被动地作出的适应性反应，而是把学习看作是学习者根据自己的态度、需要、兴趣、爱好，利用自己的原有认知结构，对当前外部刺激所提供的信息主动作出的、有选择的信息加工过程。

（4）建构主义心理学

建构主义学习理论的基本观点认为，知识不是通过教师传授而得到，而是学习者在一定的社会文化背景下，借助其他人（包括教师和学习伙伴）的帮助，利用必要的学习资料，通过建构意义的方式而获得。由于强调学习是学习者在一定的社会文化背景下，借助其他人的帮助，因此建构主义学习理论强调以学生为中心，认为"情境"、"协作"、"会话"和"意义建构"是学习环境中的四大要素或四大属性。因此，在 CAI 开发中，开发者必须对预期使用者的学习情况进行充分的调查了解，包括他们的知识水平、思维能力、学习能力、计算机知识的掌握情况，对他们学习中可能会出现的困难进行深入的分析。也就是说，要始终把学习者摆在主体的位置。在此基础上，以学习者主动建构最好的方式去开发和制作 CAI 课件，课件应积极为每一个学习者创设学习的情景，让学习者通过观察、试验、归纳、类比等方式，加深对所学知识的理解和消化。

（二）教育学理论基础

巴班斯基的教学最优化理论以整体论作为自己的理论基础，它强调的是发挥各个部分的优势，体现整体的功能，在教学中，使教师和学生在花费最少的时间和精力的情况下，获得最好的教学效果。他认为，教学是否达到最优化有两个基本标准：一方面要在具体的条件下，尽可能发挥最大的效率，使学生获得最大的发展；另一方面，是教师必须在尽可能少的时间内去完成教学的要求。一个好的教学方案的形成一般来说要从教师、学生以及教学目标出发，在此基础上选择具体的教学方法、教学手段，通过最优化的标准分析，用最少的时间去完成教学任务，促进学生尽可能大的发展。

以巴班斯基的最优化理论为基础，后来逐渐形成和发展起来了教学设计理论。该理论对教学系统进行系统分析，深入探究教学过程中的各个因素，包括目标的设定、最优化的教学方法、最优化的媒体选择和资源利用，适当的学习内容和适宜的学习进程，通过有效性评价来实现教学的反馈控制，从而，形成了教学设计的系统方法。

（三）软件工程理论

通俗地讲，软件工程就是一门旨在研究软件开发与维护的普遍原理和技术学科，其研究的范围包括技术方法、软件工具、科学管理等诸多方面。实践证明，在软件开发过程中，软件开发技术、方法、工具等计算机系统方面的技术因素固然重要，但是把整个过程作为系统工程进行科学管理则更为重要。

三、课件设计的步骤

（一）选题

并不是所有的教学内容都可以拿来作为CAI课件的制作对象，也不是所有的内容都需要制成课件，要根据课件本身的特点和教学内容的特点等来决定选题。

由于课件制作费时费力，因此那些应用其他的一些教学媒体就能达到同样效果的教学内容就不能作为课件制作的对象。要选择那些用常规教学媒体不能达到应有教学效果的教学内容作为课件制作的对象，充分发挥课件的优势。同时要结合本校的实际条件和不同年龄段的学生心理特点和语文学科自身的特点来选择合适的专题。

（二）编写设计脚本

在选题之后，就要根据教学内容和学生心理特点、以及结合本校的实际条件和课件本身的特点进行脚本设计。脚本设计阶段是课件开发的中间环节，是将课件的教学内容、教学策略进一步细化，具体到课件运行中每一屏的呈现信息、画面设计、交互方式以及学习过程的控制。课件脚本的编写将直接影响到课件的运行效果和课件的开发周期。脚本卡片的格式分为四部分：卡片头、屏幕显示部分、制作要求说明部分和跳转说明部分。一是卡片头包含课件名、知识点和卡片序号。卡片序号记录了卡片在课件流程中的位置。二是屏幕显示部分包含屏幕最终画面的全部信息。最终画面是指当前屏幕上的所有信息（各种信息可能不是同一时间出现）都显示以后，等待交互或准备切换为另一屏幕时的画面。屏幕显示内容一般包括如下几方面。第一是文本，是指以文字阐述的教学内容和提示信息。第二是图形，这里把视频图像、图片、动画、表格等非单纯文字信息都以图形来代称。图形分为背景、教学图形和装饰三类。教学图形是表现教学内容或教学意图的图形，背景和装饰是为美化界面、优化视觉效果、增加视觉美感的图形。第三是交互，是课件设计的重要内容。对课堂教学用多媒体课件来说，实现交互主要是教学过程控制的需要。对学生直接操作使用的课件，实现交互主要是知识结构、教学策略设计的需要，课件中各种信息的超链接组织与管理是通过交互实现的。第四是导航，是在多媒体课件中为学生学习提供的一种引导措施，通过导航引导或帮助，使学习者在知识信息的海洋中不会迷途，提高学习效率，有效达到教学目标。导航对演示型多媒体课件来说，主要是为教师灵活使用课件、方便地进行操作而设计。三是跳转说明部分是对课件流程控制的说明，它给出了各脚本卡片在课件运行时的逻辑关系，通过跳转说明描述了课件中教学信息的超文本链接方式。四是制作要求说明屏幕上出现的文字、图形、声音、图像等多媒体信息各自的特点、位置、呈现顺序和呈现时间，脚本设计时，应对各种信息的显示要求进行详细具体的描述。制作要求说明的越详细具体，越能充分反映脚本设计者的创作原意，越容易使课件制作者按原设计思想完成课件制作。制作要求说明部分包括较多的项目。其中，文本（包括交互和导航中的文字）要明确指导出字的颜色、型号和字体；"出入方式"是指各媒体信息呈现时和隐去时的特殊效果，如淡出、划入等；"引用文件"是指文字、图形、动画、声音等存储在其他文件中时，制作课件过程中可以直接引用的文件路径和名称；"顺序"是各信息要素呈现的先后次序（用阿拉伯数字表示），最先显示的要素标为"1"，与其同时显示的其他信息要素也标为"1"，以后的显示顺次标记为2、3……；"时间"分为两种，一是绝对时间，即各信息媒体要素从出现到隐去（或消失）所持续的时间，用正数表示；二是相对时间，指顺序标号相邻的两要素呈现时的时间间隔，用负数表示。

（三）课件开发

开发阶段就是将前面各个环节的工作在计算机上实现的过程，其质量直接关系到CAI的效果，在这个阶段中需要完成的工作有CAI课件的多媒体素材的准备、课件的编制等。多媒体素材的准备过程中，要充分利用各种资源，将课件中所要用到的各种文本、图形、图像、动画、声音、视频等进行搜集整理或加工制作，素材的质量是影响课件质量的重要因素之一，因此需要以认真细致、精益求精的态度对待。课件的编制过程就是综合利用各种多媒体开发平台、程序设计语言等设计CAI课件的运行代码，这一过程的工作量很大，也很灵活，是课件的编制的核心阶段之一。由于有的课件制作工程比较庞大，这一过程极有可能需要分工合作。

（四）调试

软件中的衔接方面有可能不是那么流畅，需要多次调试，直到满意、符合要求为止，才可以投入使用，因此，当课件的编制完成后，即可以将其交给专业教师在教学实践中进行试用，并及时搜集教师和学生在课件使用过程中的反馈意见，对课件进行必要的改进，这个过程一般要反复进行多次，才能最后使课件成型。

四、课件应用的课堂类型

作为一种教学辅助手段，课件要在课堂上加以应用，通过课件的生动性和交互性的特点，达到提高教学效果的目的。在语文课堂教学中，语文课件常常应用于教学演示、练习、教学游戏和测试之中。

（一）教学演示型

这是一种最为常见的课件应用类型，在语文课堂教学中，语文教师利用课件的特点，既可以将教学内容生动、形象、直观地表现出来，又可以控制自如，实现人机交互。此种教学课件适用于传授语文知识，它强调的是先把教材内容传递给学生，然后在根据学生的学习特点传给学生一些基本概念和学习方法，同时，还要给学生提供一些诊断和补救的方法。

（二）游戏型

游戏型的课件，是根据教学目标的要求，将学生置于一种游戏的环境中，使得学生在游戏中学到知识，开阔视野。游戏型的课件由于将学生置于一种竞争的氛围之中，有利于调动学生学习的积极性。学生能从中体验到成功和快乐的喜悦，它使本来枯燥乏味的学习变成了生动有趣的学习，真正做到了寓教于乐，如成语接龙、对对子游戏，都有利于提高学生的学习兴趣。但要注意的是，制作这种游戏课件，一定要同教学目标、教学内容相结合，经过精心、科学的设计方可投入使用，万万不可将其设计成电子游戏类型的。失去了教学目标和教学内容支持的游戏课件，只能成为训练大脑协调的工具，那就失去了课件在教学中的意义。

（三）练习型

这种类型的课件，不是为了向学生传授新知识，而是为了复习巩固旧知识。它通过向学生呈现一定数量的习题，让学生逐个回答，回答正确给予肯定，程序将为之显示下一个问题，如果回答错误，则给予一定的提示，帮助学生找出正确答案，然后继续呈现下一个问题。或者在学生答完所有的试题之后，提供一个数据统计，正确的多少，错误的多少，并列出错误的试题，使学生清楚自己不足的地方，为下一步的学习提供指导。在这一过程中，学生不仅复习巩固了知识，而且学生的能力也得到相应的发展。这是一种较为简单的语文课件，制作过程不太复杂，但要求制作者录入的文本数量特别大，同时对于试题之间梯度掌握的难度也是很大的。

（四）模拟型

这种类型的课件，是在现实情况不允许或者不容易实现的情况下，利用程序模拟出一定的情境和现象，供学生观察分析，并得出规律的一种类型。在语文教学中，一些教师常常采用这种类型，帮助学生理解文学作品中一些人物形象和诗词的意境等，取得了较好的教学效果。

（五）测试评估型

这一种类型，是教师通过一定的课件了解学生的知识掌握和能力发展情况的一种类型。在语文教学中，此种类型的课件，适合于基础知识的测试与评估，采用的是标准化测试，使之充分发挥课件的优势。学生在计算机上进行答题，测试完毕后，成绩即可知晓，可以减少教师的工作量，但对于非标准型的试题，如阅读试题中的书写部分和作文部分虽然也可以通过课件来进行测试评估，但对于课件的制作要求是很高的，需要教师既要了解语文学科的基本规律，又要掌握课件制作软件的系统知识才能够圆满完成。

五、语文CAI课件的使用误区

在CAI课件的使用过程中，由于对课件的特点及功能认识不清，存在着一定的误区，这些误区的存在严重地影响了课件功能的正常发挥，因此，有必要将这些误区加以阐明，避免使课件使用走向歧途。

（一）冰冷的人机对话妨碍师生之间的对话

一堂成功的语文课，不仅是通过"科学的方法"让学生接受教师传授的知识，而且教师还要时刻关注学生的表现及反应，根据实际情况调控课堂行为，控制课堂节奏，通过师生之间、学生之间的情感交流、思想碰撞，激活学生思辨的火花。而多媒体课件的运用，构成了"教师——多媒体——学生"三者的交流，知识的传递要通过多媒体才能实现，教师关注更多的是多媒体的操作和教学内容的演示，而忽视了学生掌握知识和培养技能的信息反馈，师生之间的情感交流，同样学生关注的是多媒体课件的演示，这样人性化的师生情感交流被冷冰冰的"人机交往"所取代，严重妨碍了师生课堂情感的互动。这其实就是把以前的以教案为中心转向现在的以课件为中心,结果只能使学生在度过了最初的好奇心之后,反而失去对所学内容的兴趣,老师也很难再有精力去观察学生的接受情况,失去了师生交流对话的课堂将是一潭死水,难有生机与活力呈现,是违背教学本质的体现。因此,使用多媒体课件进行教学,不能违背教学的本质,要充分注意师生之间的情感交流和信息反馈。

(二) 忽视传统授课手段而形成课件依赖

有一种情况比较普遍,那就是在整堂课中,教师把多媒体作为"粉笔+黑板"的代替品。用多媒体来代替教师的板书,虽说可以扩充教学容量、减少教师的课堂工作量,但一方面是大材小用,造成资源的一大浪费,另一方面,全面抹杀了黑板这种传统媒体的作用——其呈现的漂亮的书法、优美的绘画对学生的熏陶和启迪,而这些是课件上的文字、画面都无法取代的。

(三) 文学模糊性的丧失导致理解的表层化

文学充满了意象、意境,意象、意境是作家的感知、情感和理智等心理因素与所写的景物、景象有机融合所构成的复杂的经验世界。它传达着作家的情感和生命体验,同时也引发读者从自我出发进入情感和生命体验,这就形成了文学意象的丰富性、开放性、复杂性乃至超象性等特点,具有相当大的模糊性和空白性。因此接受美学认为阅读接受是作家作品与读者之间的双向互动动态流程,读者的再想象、再创造十分重要,文学作品的价值不仅在作品本身,而且包括读者在阅读过程中对它的补充和丰富。因此,引导学生进入意象品味,即使不借助现代媒体形象,学生的感受和理解也定会是深切而难忘的,而且可能是多方位的。反之,仅仅依靠直观感性的媒体形象,很容易造成学生解读文学作品时停留于感官化,致使内涵丰富的意象变为感性的、平面的形象;而且瞬间的感性形象刺激太频繁会阻断学生思维的连续性与思路的深入,使学生感情浮泛,思维浅层化。这样运用多媒体,往往最容易忽视文学的模糊性,简单地以媒体直观形象取代文学意象,导致了文学模糊性的丧失,也就丧失了文学解读的本体意义。

(四) 声、像、画的欣赏代替了语文实践

语文教学的目标是培养和提高学生的语文素养,其核心是语感的培养。"语感"的习得,得通过反复的语文实践来实现,仅靠多媒体屏幕上的声、像、画的欣赏是不可能的。语文教学要指导学生正确理解和运用祖国的语言文字,使他们具有基本的阅读、写作、口语交际的能力,要调动学生学习语文的主动性和积极性,引导他们动脑、动口、动手……这一切都离不开语文实践,都必须也只能通过语文实践来完成,教师制作的多媒体课件是不可能胜任这个重要任务的。

（五）语文多媒体课件容量过大，增加了学生负担。

语文多媒体课件的使用，增大课堂的教学信息容量，教学内容变得更加充实和丰富，这是多媒体课件的一个重要优势。但若掌握得不好，就容易出现"满堂灌"的传统教学模式。一些教师在制作多媒体课件时，忽视了学生的接受程度，填充的内容过多，结果把多媒体课件变成了向学生灌输知识的机器，将传统教学的"人灌"变成了"机灌"，增加了学生的负担，同时掩盖和埋没了教学重点。多媒体课件应力求精练和简洁，以起到突出重点，提纲挈领的作用。

总之，在语文教学中一定要正视CAI的辅助地位，滥用、乱用都将事与愿违。CAI只是一种工具，具有一定局限性，需要其他媒体去弥补，更重要的是它的使用不能背离教学本质，尤其不能背离语文教学的本质，只有如此，CAI才能发挥优越性为语文教学服务。

第四节　现代媒体教材的编制

一、电视教材

（一）电视教材的定义

电视教材不同于一般意义上的电视节目，一般意义上的电视节目面向不同的观众，而电视教材面向的主要是学生。它是以培养社会所需人才为目标，以课程内容为负载对象，以图像、声音的形式体现出来的，并且通过电视录像技术进行编制、制作、重放录像片。

（二）电视教材的编制

电视教材的编制过程是一个复杂的过程，具体包括稿本的编写、具体的制作两个大过程。

（1）电视教材稿本的编写

电视教材的稿本是指用来描述电视教材的内容以及各个过程是如何进行的文字形式。它的质量好坏决定着电视教材的质量，所以说电视教材稿本是电视教材制作过程中最重要的部分是不足为过的。电视教材的稿本编写分为文字稿本编写和分镜头稿本编写两个部分。

1. 文字稿本的编写。文字稿本是电视教材的内容部分，它是整个电视教材制作的核心部分，它的好坏不仅决定分镜头稿本的优劣，而且最终决定着电视教材的质量，因此，必须重视文字稿本的编写工作。

文字稿本编写的第一项工作是选择所要表现的内容，从语文教学来说，就是要选择一定的语文课程教学内容作为电视教材的内容。并不是所有的内容都可以作为电视教材的内容，只有那些更能发挥媒体优势的课题才能作为电视教材的内容，能够用其他比较经济的媒体进行教学也能达到同样效果的内容，就不能列为选择的对象，那样会造成人力、物力、财力上的不必要的浪费，得不偿失。同时也要考虑这一内容的实用价值，将那些重要的课题列为选择范围之内是能够取得较好的使用价值和经济价值的。

第二项工作就是选好电视教材的表达形式，它主要是受两个方面的制约，一方面是学生的心理发展水平，另一方面是选择的内容，从这两个方面综合考虑来决定电视教材的表达形式。

第三项工作就是选择素材，也就是选择表现主题的画面材料。这些材料有的可以就近就地取材，比如现成的电影片段、电视片段，这样的材料经济实惠。如果没有这样的现成材料，那就得自己亲自动手，进行拍摄取材。不管采取什么途径得来的材料，都要注意材料的典型性、科学性和鲜明性。

第四项工作是对收集来的素材进行编辑处理形成电视教材结构，具体说就是按照一定的逻辑顺序将素材组织起来。在设计教材结构时，一定要以主题为线索，做到过渡自然，结构的各个部分之间紧凑，要有创新、不落俗套，最终使之成为一个和谐统一的整体，在最短的时间里容纳最多的知识量。

第五项工作是文字稿本的编写。这是电视教材编写工作稿本的最后一部分。它具体包括画面文稿的编写和解说词的编写。画面文稿是指生动直观的画面，编写者要通过对素材的选取来构思这些画面，选取的画面要力争准确生动、富有表现力。而解说词则是一种抽象的表现，它要同画面相配合，但又不能简单重复画面的内容；它是对画面的概括和补充，它应该简洁、明快、生动而又有节奏感，且位置恰到好处。

2.分镜头稿本的编写。这是导演在文字文稿的基础上，根据自己对文稿的理解，将文字文稿的画面部分分解为几个要拍摄的镜头的一种稿本。电视教材的基本单位是镜头，镜头就是摄像机从开始拍摄到停止拍摄的一系列画面的组合体，一部电视教材是由许多镜头组成的，也可以说电视教材是由镜头组成的。导演对这些镜头在文本上的组织处理就是分镜头稿本的编写。分镜头稿本通常是由以下几部分组成。

镜号，就是镜头的顺序号，电视教材的导演为了拍摄和后期编辑的需要，将教材中的各个镜头按照先后排好一定的顺序，但在具体的拍摄中并非严格按照顺序进行拍摄。

摄像机号，就是拍摄电视教材中的所有摄像机的编号，这样做的目的是分工明确，各司其责。

景别，也就是镜头的种类，为了突出所拍摄对象的某一个部分，可以采取近景、远景、中景等景别。在这一部分还要写上景别之间的变化。如近——远、远——近等。

技巧，具体包括镜头的运动技巧和镜头之间的组接技巧。

时间，镜头画面持续时间的长短，一般以秒计算。

画面，既可以采用文字的叙述，也可以采用画图的方式对镜头画面进行描述。

解说，在文字稿本解说词的基础上，加以改动和处理的解说词，它同画面的结合、同文字稿本的结合更紧密些。

音效，同画面结合相当紧密的音响效果。

音乐，是配合画面内容所采用的乐曲。

备注，这部分是留给导演记事、改动时使用的。

（2）电视教材的制作过程

电视教材的文字稿本和分镜头稿本准备好以后，下一步就进入了电视教材的具体制作过程。它是在导演的直接指导下，各个部门协同工作的过程，是一个复杂的过程，具体可以分为准备阶段、拍摄阶段、编辑阶段和配音阶段。

1. 准备阶段。在这一阶段中导演和职员要做好拍摄前的各项准备工作，如选择好拍摄的地点和时间，拍摄所需的摄像机和各种素材、经费的预算等工作。

2. 拍摄阶段。这是具体的拍摄工作。在选择好的时间和地点进行拍摄时，要进行必要的记录，这是为后期的编辑工作铺路搭桥提供便利条件。同时，要根据分镜头稿本和现场的实际情况，采用各项摄像技术，保证画面的质量，具体说就是保证画面的平、稳、清、匀、准。

3. 编辑阶段。编辑是通过电子编辑系统，按照分镜头稿的要求，将镜头一个一个的组接起来形成电视教材的过程。这一过程既是电视教材制作中的关键过程，也是艺术再创作的过程。因此，对这一过程必须加以重视。要根据实际情况，选择合适的编辑系统和编辑方式，在此基础之上，逐步完成以下几个环节。

4. 准备工作。整理所有需要的素材，同分镜头稿本进行核对，看看是否齐全，然后根据素材的检查情况，重新整理和修正分镜头稿本。

5. 编辑操作。这一环节是严格按照修正后的分镜头稿本的要求将镜头一个一个的组接起来。

6. 检查、修改。经过编辑操作以后，还要反复查看，看看编辑点是否准确、流畅、自然、平稳，如有不妥，可以进行插入编辑加以修正，直到感觉满意为止。

7. 配音阶段。这是整个电视教材制作工作的最后一个环节，它是根据电视教材的画面内容，配以一定的解说、音效和音乐，创造一个音画和谐的空间。

解说词一般要求准确生动与画面同步结合。

音效是在进行拍摄的现场，环境和事物所发出的声音，它既可以在现场同期进行录音，后期整理制作，也可以在后期进行拟音补充制作。它对于渲染气氛、增强现场感具有重要的作用。

音乐不仅可以对画面内容进行补充和深化，还可以提示画面内容，协调电视教材的内容和结构。音乐必须同画面紧密配合，过渡要自然，有助学生对画面的理解和深化。

（三）电视教材的使用技能

电视教材因其画面和声音的动态结合双重渠道传递教学信息，且减少了教师的工作量，而受到广大教师的欢迎，被广泛地应用于远距离教学和课堂教学之中。在此，结合课堂教学实际谈谈电视教材的使用方法问题，主要有两种方式方法。

（1）单独播放电视教材

就是将某一个电视教材作为整堂课的教学内容，从头至尾播放电视教材。在播放的过程中，可以充分利用录像机的暂停功能，穿插教师的分析和讲解。为了强调电视教材的某一个部分，可以反复播放该部分的内容；还可以事先告诉学生观看的重点和注意的问题，然后播放电视教材，而在整个播放的过程中教师不作任何解释与说明，播放完毕后，教师进行总结说明，或让学生进行讨论总结。

（2）将电视教材作为一堂课教学内容的一部分进行播放

当有些内容教师不易表达清楚明了的时候，或者学生缺乏直接的感性经验时，采用电视教材能够弥补教师表达上的缺陷和解决学生的实际困难，这种方法的采用，有利于活跃课堂上的气氛，提高学生的兴趣，维持学生的注意力。教师在具体运用的时候，必须掌握好播放时机，在播放的时候可以根据具体情况决定讲解与否。播放完毕后，要进行恰当的总结和说明，以便促使学生加深对内容的理解。

二、录音教材的编制

同电视教材相比，录音教材制作容易、经济适用，使用和复制方便，因此，在中小学语文教学中使用比较普遍。录音教材的制作过程包括以下三个方面。

（一）选题

这是录音教材制作过程中最先要解决的问题，选题的恰当与否决定着录音教材效果的发挥。要根据课程标准、学生的实际情况和学校的条件，选择那些适合用声音来表现的教学内容，确定为录制录音教材的内容。

（二）编写稿本

选题以后，还要根据所选的内容、课程标准及本校的实际条件，编写稿本，做出录制的具体计划。具体包括表现的内容、表现的手法、人员的确定、器材的准备和确定、时间的安排、经费的预算等，在整个录制的过程中的步骤项目都要编写在内。

（三）收集资料

根据所编的内容，收集各种各样的资料，包括磁带、广播、文字材料等，将它们分类整理，以备编辑合成时使用。

第四章　大学语文教学策略

第一节　大学语文教学策略的制定

大学语文教学策略是大学语文教师以提高教学效果为目的、以达成教学目标为指向、以教学情境为出发点的有关检查、评价、监督、控制、调节教师的各种教学理念和教学行为的程序性知识系统。

一、总体策略

（一）替代性策略

教学的替代性策略倾向于通过提供全部的或部分的教育目标，教学内容的组织、细化、排序、强调、理解、检验以及迁移的建议，较多地为学生加工信息。在大学语文实际教学时，采用替代性策略进行教学大致遵循以下五个步骤。

（1）从旧经验引导新学习

虽然教学的目的是希望教学生学习新的大学语文知识，但新的大学语文知识的学习必须以旧知识为基础。因此，在大学语文教学开始时，教师首先要做的是根据学生的旧经验将其引导到新学习。从旧经验引导新学习的做法相当于正式比赛之前的热身运动。这样可以使学生在学习之前先形成大学语文学习心理准备状态，以便正式学习时对新知识特别注意。

（2）明确地讲解教材内容

大学语文教师对新教材的讲解，是整个教学过程中最重要的一个步骤。根据学习的信息加工理论，该步骤的教学相当于个体吸收新知识时从输入到输出的整个处理过程。

(3) 辅导学生做及时练习

大学语文教师对教材内容讲解完毕后，每个学生是否都能如教师所预期的那样学到了新的知识呢？学习的新知识是很容易被遗忘的，容易遗忘新知识的原因是学习的时候重复练习做得不够，致使在短时记忆阶段过后，转眼即告遗忘，要想避免学后迅速遗忘，做及时练习是很有效的方法。

(4) 从回馈中进行错误校正

学习后及时练习的最大价值，除了加强记忆之外使学生获得回馈：了解自己学习的结果，并对自己的正确行为加以肯定，对自己的错误做法加以校正。在及时练习阶段结束之后，如果教师发现多数学生已正确地学到了新知识，就可以放心结束这一节的教学；如果教师发现多数学生没有学到新知识，就必须检讨教学的缺点，并回头再带领学生温习一遍。否则，如果学生未能学到本单元的知识，接下去的新单元教学将更为困难。

(5) 让学生独立完成作业

大学语文教师要有意识地培养学生们养成在课后利用图书馆或网络资料自己独立完成教师指定的作业的习惯。

替代性策略的优点在于：可以使学生的学习较好地集中在预定的学习目标上，有较高的学习效率；学生可以在短时间内学习更多的内容，先决知识不足和学习策略有限的学生可以借助这种方法获得成功的学习。替代性策略的缺点在于：学生的智力投入较少，信息处理的深度不够，容易导致被动接受，由于教学安排得过于周到和缺乏独创性，所以对学生来说挑战性不大，一些学生的学习动力不大。

（二）生成性策略

所谓生成性策略，即鼓励或允许学生通过生成教育目标、内容的组织、细化、排序、强调、理解、检验以及向其他方面的迁移，从教学中建构他们自己特有的意义。在大学语文实际教学时，采用生成性策略进行教学大致有以下三种形式。

(1) 教师引导下的发现学习

大学语文教师按照学生的能力准备相应的具有良好结构的教学材料，使学生们能够通过探究发现其中的原理或规则。教师对学生的学习给予辅导，在学生自行探究学习之前，清楚说明问题性质和学习目的，但是避免直接告诉学生正确答案，正确答案留给学生去自行探究发现得出。

(2) 小组协作学习

协作学习以小组形式展开，包括讨论、竞赛、分工合作等多种方式。协作学习有利于小组成员集思广益，从而扩大个人的学习成果。在小组协作学习的过程中，教师也可以参与其中，但是不宜做小组的主导，而且在小组协作进程中不宜发表意见。只是在学生们遇到困难无法继续下去的时候，教师应提供适当的指导、启发或提示。最后的答案应该由学生们自己发现得出。

（3）寓求知于生活的教学活动

大学语文教师要有意识地使学校的教学活动与学生的现实生活相结合，从而使他们学到的知识更具实践意义。比如，在大学语文课上让学生多阅读当代的文学作品，因为这些文学作品是当代生活的反映和体验，会使他们读后产生共鸣或思考。在写作学习方面，让学生像作家创作一样，自选题目、自行撰稿、自行编辑，最后将作品印发出来，让大家公开批评。

生成性策略的主要优点是：学生在学习过程中可以积极主动地建构认知结构，对信息的处理比较深入，有利于知识的记忆和迁移，能使用和改善自己的学习策略，提高自己的学习能力，还可以激发学习兴趣。当然，这种策略也有它的局限性：对学生的认知能力有较高的要求，要有较高的智力投入，这可能导致一部分学生认知超载和情绪低落；需要学生花费大量的时间进行学习，学习周期较长；学习的成功依赖于学生以前具有的有关内容知识和学生具有的学习策略水平；按照这种方式获得的学习结果具有较明显的个人风格，对学习内容的理解带有较浓的个人色彩。

二、制定大学语文教学策略的依据

大学语文教学策略具有指示性和灵活性，不同的大学语文教学目标需要使用不同的教学策略。对于综合性、文化性和实践性很强的大学语文课程来说，没有任何单一的策略能够适用于所有的情况，需要依据具体的教学实际制定教学策略。制定大学语文教学策略的依据主要有以下几个方面：

1. 从教学目标出发；
2. 根据学习理论和教学理论；
3. 符合学习内容的客观要求；
4. 适合教学对象的特点；
5. 考虑教师本身的素养条件；
6. 考虑教学条件的可能性。

三、大学语文教学组织策略

（一）全班授课

全班授课也称班级授课制。教师同时面对全班学生进行教学，所有学生每次的学习内容、学习进度以及采用的教学方式都是一样的。全班授课可以使教师同时为许多学生提供教育，具有一定的规模效益，效率较高，教师容易控制和调整教学的进程。但是，由于学生人数众多，全班授课难以适应学生在学习速度、学习方式和个性方面的差异，而且也不太适宜大学语文动作技能方面的教学和实现情感领域的教学目标。

（二）小组学习

小组学习主要指的是教师根据大学语文教学或学习的各种需要，把全班学生分成若干个小组，小组成员之间协同完成某项学习任务。小组学习有助于增强学生之间互帮互助的学习行为，扩大个人学习成果，有利于实现情感领域的教学目标。同时，小组学习对于提高学生组织语言表达自己见解的能力、培养学生的文化品味和审美情趣等健全人格具有重要意义。但是，小组学习对教师和学生的要求都较高，要求有良好的组织工作和学习准备，对激发所有的小组成员都积极参与小组活动也有一定难度，教师在教学进度方面也往往不容易控制。

（三）个别化教学

个别化教学指的是在同一时空里教师只与单个学生发生教学关系的一种组织形式。教师向学生传授知识，布置、检查和批改作业，提出各种要求等，都是个别进行的，即教师对学生一个一个地轮流施教，教师在教某个学生时，其他学生按教师对自己的要求进行学习。个别化教学的特点是学生年龄不一、程度不齐，教学内容各自有别，教学进度也不一致。个别化教学能根据学生的特点因材施教，使教学内容、进度等能较好地适应每个学生的接受能力，便于培养学生的自学能力。但采用个别化教学，一个大学语文教师所能教的学生数量相当有限，它显然只能为培养少数人服务，无法满足大规模人才培养的需求，即教学规模小、教学成本高、教学效率低。所以，大学语文教学基本上不采用此策略。

第二节 大学语文教学策略制定的原则

制定大学语文教学策略要从以下四个方面考虑分析。

（一）大学语文教学指导思想

在大学语文教学策略研究、制定和实施过程中，对教与学关系的不同思想认识导致不同策略的出台。例如，魏书生在民主教学思想指导下创造了"六步教学"策略，钱梦龙在"以教师为主导、以学生为主体、以训练为主线"的指导思想下形成了"三主四式"语文导读策略等。所以，每种教学策略的确立都是在一定的教学指导思想下设计出来的。可以说，没有教学指导思想就没有教学策略。教学指导思想是教学策略的灵魂，教学策略是教学指导思想的载体。

（二）大学语文教学策略的实施程序

大学语文教学策略是针对一定教学目标而组织的程序化设计，有其自身的逻辑性和序列性。并且，策略本身就具有条理性和层次性。例如，按照教学活动的进程把教学分成准备、实施与评价三个阶段，每个阶段都有一系列的策略，每个策略都体现了层次性、条理性、逻辑性和序列性等。条理清晰的大学语文教学策略的核心任务是要进行四种转化：把他人知识转化为学生自己的知识，把凝聚于知识中的智力活动方式转化为个体的认知能力，把蕴涵于知识经验中的思想道德观念转化为个体的思想品德，把潜藏在字里行间的审美情意转化为个体的意蕴。

（三）大学语文教学策略的行为技术

要保证大学语文教学策略的实施程序在执行时具有有效性和可靠性，就必须提出一套明确、易行的行为技术或操作要领。例如，布鲁纳规定：矫正学生的学习结果或者对学生提供其他帮助，必须是在学生得到试验结果并拿它跟希望获得的结果进行比较的时刻，若过早，学生不理解，若过迟，则无法对下一步活动起到指导作用。

（四）大学语文教学策略的效用评价

大学语文教学策略的选择和设计中至关重要的一个要素，就是效用评价。大学语文教学策略是一个复杂的、多层次的、可调节的动态系统，其特性的形成和体现有赖于教学策略内部的有效性评价，它随时随地检测、调节甚至校正着教学策略实施的结果和途径，通过评价、比较和修正，使教学策略实现其优选性。大学语文教学策略效用评价的标准，在于它与教学目标的一致性、与教学情境的协调性、与教学对象的沟通性、与教学过程的同步性及对教师施教的便利性，从而使教学策略体系内部高度协同一致，达到人文性和工具性的统一、审美性和语言性的整合以及思想情感和人物形象鲜明等要求。建立一套有效的评价体系在教学策略内部至关重要，否则，教学策略的优选性和预期的教学效果可能无法体现。

鉴于以上制定大学语文教学策略的四个方面，大学语文教学策略的制定主要遵循以下原则。

一、思想性与技巧性原则

大学语文教学策略首先是在一定的语文教育思想、教学理念的指导下转化为方式、程序、手段等具体行为来体现的，所以说，大学语文教学理念是教学策略的前提和方向，而大学语文教学策略是更好地达到大学语文教学目标的保证和"推进器"。只有教学策略的设计没有教学理念的指导，大学语文教学就会迷失方向；只有教学理念的支撑没有教学策略的配合，大学语文教学就会剩下空洞的躯干，成为一具"僵尸"。

二、目的性和适用性原则

目的性是指教学策略对于实现教学目的的适合与有效程度。适用性是指教学策略对于教学内容、教学主体、教学过程及其规律的契合与适宜程度。随着教学改革的推进，新的教学活动产生了新的教学策略。例如，小学识字教学就有分散识字、集中识字、注音识字、部件识字等多种教学策略，大学语文小说教学则有读文本、读影视、读评论等教学策略。教学策略的适用程度取决于其反映教学过程规律的程度，取决于它遵循正确的教学原则要求的程度。

三、共性化与个性化原则

教学策略要遵循教学规律，符合教学的共性。教学要素是教师、学生、教学内容、教学方法和教学环境。不同的教师、不同的学生、不同的教学内容、不同的教学方法、不同的教学环境都会影响教学策略的制定。所以，我们难以发现完全一模一样的教学实践过程。每个教师都能在学习、借鉴、加工、吸收他人经验的基础上，结合所处环境发展和创造出带有鲜明个性化色彩的教学策略。例如，李吉林的情境教学法，就是在借鉴外语情境教学的同时，结合中国语文教学实际以及自己的教育教学思想，吸收中国古典文论中"境界"学说进行创造性的改造、加工，从而形成的具有自己独特风格的教学策略。

四、稳定性与灵活性原则

教学策略一旦制定，即具有相对稳定性。但在实施过程中，教学的多变因素需要教学策略不断调节以适应其变化，以求能更好地达到教学目标。

第五章 大学语文课堂教学导入、讲解以及提问

第一节 大学语文课堂教学导入

一、大学语文课堂教学导入技能

导入是一堂课的开端,是教师在新的教学内容或活动开始时引导学生进入学习状态的行为方式。大学语文是使学生能正确地运用规范现代汉语进行交流、通过学习古今中外的名家名作了解世界文化的多样性和丰富性、继承中华民族优秀的文化传统、培养高尚的思想品质和道德情操、提高语文素养和综合人文素养的一门必修课。课堂教学就成为了实现这一教学目标的关键,导入则是课堂教学中必不可少的环节。

（一）大学语文课堂教学导入技能的作用

俗话说:"良好的开端是成功的一半。"在大学语文教学中,导入如同戏剧的"序幕"、乐曲的"引子",它起着酝酿学生学习大学语文情绪、引领学生进入学习大学语文状态、引起学生学习大学语文注意力、引导学生明确学习大学语文目标、引导学生进入学习大学语文情境等的作用。

（1）引起学生学习大学语文注意力

注意是人的心理活动对一定对象的指向和集中,是进行任何学习活动的前提条件。它分为有意注意和无意注意两种形式。有意注意状态下的学习效果明显优于无意注意状态下的学习效果。因此大学语文课堂教学导入技能的首要作用就是能将学生的注意力从与本堂课学习目标无关的方面吸引过来,调控到当下的学习行为中,指向特定的教学任务和学习程序,在大脑皮层和有关神经中枢形成对新

内容的"兴奋中心"。

（2）激发学生学习大学语文兴趣，引起学生学习大学语文的动机。

古人云："教人未见其趣，必不乐学。"兴趣，是点燃智慧的火花，是探索知识的动力。大学语文课堂教学导入能起到激发学生学习它的兴趣和引起学生学习它的动机的作用。学习兴趣是学习动机中最现实、最活跃的成分，是知识的"生长点"，是进行大学语文课堂教学的有利因素。学生对学习大学语文有兴趣，就会持续地、专心致志地钻研字、词、句、段、篇等学习内容，从而增强学习大学语文的动机，提高学习大学语文的效果。

大学语文课堂教学导入技能的运用，就是大学语文教师根据学生的身心特征、知识程度、学习目标等，或用丰富优美的语言渲染学习环境氛围，或用生动有趣的实验引发学生的求知欲望，或正确、巧妙地用热点话题、焦点时事激发学生的学习兴趣，或制造情节的高潮悬念引人入胜，或旁征博引名言警句、谚语俗语令学生兴趣盎然，或教、学、做合一令学生满足学习需要等。这样，大学语文课堂教学导入技能就能充分起到激发学生学习大学语文兴趣、引起学生学习大学语文动机的作用。

（3）培养学生多种思维能力

思维能力是人各种能力的核心，是内隐的。语言是思维的外化物，是外显的。思维和语言是合二而一的东西。大学语文课堂教学一是要教会学生思维，让学生的思维具有敏捷性、灵活性、广阔性和深刻性；二是要教会学生用语言（包括口头语和书面语）表达。语言表达得好，思维就条理清晰；语言表达得不好，思维就条理混乱。

大学语文教学因其内容的丰富性、广博性、深刻性和综合性等特征，其导入可以充分起到培养学生形象思维能力、抽象逻辑思维能力、求异思维能力、比较思维能力和系统思维能力等的作用。如果大学语文教师在课堂教学导入时运用形象化的语言或铺陈、或渲染营造出奇妙的学习空间和氛围，可以点燃学生形象思维的火花；如果运用贴切的概念、判断和推理，就可以加强学生的抽象逻辑思维能力；如果设计富有启发性的问题，就可以培养学生的求异思维能力。总之，大学语文教师对课堂教学导入技能的娴熟使用点燃了学生的思维火花，加强了学生思维的广阔性和灵活性，能够启发学生从不同角度思考问题，使学生在思维过程中体会思维的乐趣，保持高昂的学习情绪。

（4）引导学生明确大学语文学习目标

学习目标是一节大学语文课的核心。大学语文课堂教学中，师生所有的学习活动、学习手段、学习方法及学习程序的设计等都是紧紧围绕着大学语文学习目标开始和结束的，所以，大学语文课一开始，教师就应在分析教材的基础上抓住教材的重点内容，用简明扼要的语言展示大学语文的学习目标，达到画龙点睛的作用，使学生一开始就能明确自己的学习目标、学习进度、学习要求和学习结果。大学语文学习目标明确了，学生的思路就能紧跟教师的思路，形成教师主导、学生主动的课堂教学氛围，取得显著的教学效果，大幅度提高教学质量。

（5）"定向"整堂课

一堂课的开讲，犹如小提琴演奏，弓一上弦，第一个音符就定下了乐曲的基调；又好像下棋，第一着的出动直接关系到全局的输赢。大学语文课堂教学的导入，让学生迅速了解这堂课讲什么、目的是什么、学习重点是什么，从而启动学生思想的机器，对学生的学习起着"先声夺人""先入为主"的作用。

总之，大学语文课堂教学导入技能是在大学语文教学活动或新教学内容开始时，教师巧妙地引导学生进入大学语文学习状态的一种技巧性能力。这种能力的作用正如德国教育家阿道尔夫·第斯多惠所说的："教学的艺术不在于传授本领，而在于激励、唤醒、鼓舞。"又如陶明浚在《诗说杂记》中所说的："若起不得法，则杂乱浮泛。"精妙的导入技能是大学语文教师丰富的经验、渊博的学识所创造出的智慧结晶。它如同一把学习的金钥匙，能够开启学生的心扉，营造快乐和谐的学习氛围，诱发学生的求知欲望和学习兴趣，使学生达到"课未始，兴已浓"的求知状态。

（二）大学语文课堂教学导入技能的主要表现形式

大学语文课堂教学导入技能主要有八种表现形式：诗词吟唱式导入、简笔画导入、乐曲欣赏导入、影视作品导入、诵读式导入、问题式导入、情境描述式导入、开门见山导入。

（1）诗词吟唱式导入

诗词吟唱式导入，就是教师通过吟唱方式把古诗词优美地吟唱出来以进行教学导入的行为。

诗词吟唱式导入不仅渲染了学习情境，激发了学生的学习兴趣，而且让学生在美好的视听效果中深切感受到古诗词之美，从而激发他们学习的欲望和情感，促使他们主动接受古典文学熏陶、丰富文化底蕴、提高文化素养、养成高尚的思想道德情操。

例如，在教学《诗经》名篇《蒹葭》时，我请一位男生吹笛子，两位女生吟唱《关雎》进行铺垫。"关关雎鸠，在河之洲。窈窕淑女，君子好逑。参差荇菜，左右流之。窈窕淑女，寤寐求之……"学生们起初很惊讶，接着陶醉在清脆美妙的吟唱中……吟唱完了，学生们热烈地鼓起了掌，学习情绪一下子就高涨起来了，立刻就有一些学生用比较脍炙人口的几种曲调吟唱起了《蒹葭》。这一节课教学效果出奇的好。

一石激起千层浪。一个小小的导入居然引发了学生们对整部《诗经》所表达的主题思想、语言风格和写作特点等的强烈兴趣。他们自发组织进行了"《诗经》吟唱比赛""《诗经》诵读比赛""《诗经》文化追踪"等活动。通过丰富多样的活动，班级中大部分学生对诗歌的主题、形式和内容都作了进一步理解和探析，还掀起了配曲吟唱诗歌、继承和发扬中国传统文化的热潮。

（2）简笔画导入

大学语文的内容丰富多样，大部分作品都可以在黑板上描绘勾勒成一幅幅生动形象的简笔画，尤其是情景交融的散文、小说中鲜明生动的人物形象、田园诗歌的意境等。在上课之始，教师用彩色粉笔在黑板上勾勒出一个意境、一个场景或一个典型的人物形象等进行导入，这就是简笔画导入。

简笔画导入能让学生在赏心悦目的学习状态下、在视觉审美的基础上，感悟语言文字的魅力，感知语言文字的语表意义、语里意义以及语言文字组合起来的丰富情味，感受语言文字的分寸感和审美感等，培养规范使用汉语言文字的能力。

例如，在学习张若虚的《春江花月夜》时，我在黑板上一边勾画诗歌中一望无际的潮水、与潮共生的明月、花草遍生的原野和月色下的树等意象，一边吟诵诗句："春江潮水连海平，海上明月共潮生。滟滟随波千万里，何处春江无月明。江流宛转绕芳甸，月照花林皆似霰。空里流霜不觉飞，汀上白沙看不见……"直观的简笔画把学生带进了那个如梦如幻、烟波浩渺的世界。

（3）乐曲欣赏导入

乐曲欣赏导入，是指上课之始，教师播放与教学内容紧密相关的或相匹配的经典乐曲导入新课的教学行为。

乐曲和文字同是表达情感、抒发作者思想的符号系统，二者具有相似性，可以相通。扣人心弦的乐曲、旋律优美的乐曲、婉转凄凉的乐曲、激情澎湃的乐曲、悠扬欢快的乐曲等，均可以感人耳、动人心、煽人情，渲染学习气氛，增强学习凝聚力，帮助学生进一步理解感悟作品蕴涵的丰富思想感情和深厚文化底蕴。例如，张若虚的《春江花月夜》、李商隐的《无题（相见时难别亦难）》、白居易的《长恨歌》、戴望舒的《雨巷》等都可以使用这种导入技能。

（4）影视作品导入

大学语文中很多文本已经搬上了影视舞台，利用影视作品导入，不仅给学生造成了强烈的视觉冲击效果，而且渲染了学习的氛围，激发了学生学习的热情，能够帮助他们领悟到语言文字的准确美、简洁美、理趣美、深邃美等。教师在上课开始之时，利用多媒体播放与讲课内容紧密相关的影视作品片段来导入新课的教学行为就是影视作品导入。

例如，在上《席方平》《茶馆》《长亭送别》等课时，我采用影视作品导入，使影视阅读和文本阅读相结合，声音和画面相结合，激发兴趣和深入探讨相结合，促使学生深刻理解了作品的主题思想、艺术特点及语言风格等。

（5）诵读式导入

诵读是中国几千年来语文教学的传统且有效的方式。俗话说："熟读唐诗三百首，不会作诗也会吟。""书读百遍，其义自见。"诵读式导入，就是在上课导入环节，教师或示范性诵读作品，或播放诵读磁带导入教学内容的教学行为。

诵读式导入具有五个方面的作用。第一是通过诵读传递作家、作品的感情，达到以情感染学生的教学效果。第二是通过诵读培养学生感悟语言的能力。大学语文教材中的每篇作品都具有语言文字优美精确、语法修辞生动形象、构思布局巧妙等艺术特点，教师的诵读能以声感人，学生能在其中理解作品的主题意蕴，并把教材情感传递转化为自己的情感体验。第三是通过诵读培养学生在重音、停顿、语气和语调等方面的诵读技巧。第四是通过诵读提升学生的审美能力。诵读使文本文字直接外化为有声语言，声音美、语调美、节奏美、句式美、修辞美等都能促进学生审美能力的提升。第五是通过诵读陶冶情操、完善人格。海德格尔曾说过："语言就是人的生命活动。"诵读往往是一种高尚的精神享受。在诵读的语境中，流畅的声音、悦耳的词语、生动的语言、深邃的思想、高尚的情操、美好的憧憬等都会沁入学生的心田，激荡学生的胸怀，陶冶学生的性情，提升学生的精神境界。

（6）问题式导入

美国心理学家、教育学家布鲁纳说："教学过程是一种提出问题和解决问题的持续不断的活动。"苏联教学论专家达尼洛夫认为，教学过程就是不断激化矛盾并解决矛盾的过程。问题式导入就是教师在教学开始提出一个符合学生语文认知水平、富有思维启发性、与新学语文内容紧密相关的问题，在学生多样猜测及推理之后推进到新的语文教学内容的一种教学行为。

例如，在教曹操的《短歌行》时，我设计了一个尖锐的问题："曹操是白面奸臣，是'宁教我负天下人，休教天下人负我'之人，那他的'对酒当歌，人生几何'是不是真的表达了一种及时行乐的消极思想呢？请大家带着这个问题进入今天的学习中。"

问题式导入可以起到两个作用：一是通过教学问题，把学生吸引到问题情境中，使其注意力高度集中地感悟语言文字，展开思维，推理判断；二是用设疑的方法导入新课，制造了一种神秘的情节悬念、一个思维的困惑，从而造成学生渴求新知奥秘的强烈愿望，起到一石激起千层浪的推进效果。

（7）情境描述式导入

情境描述式导入，就是在课程一开始，教师通过生动形象的语言给学生描绘渲染一个问题情境、一个优美的意境或者一个激烈冲突的情境等、导入新课教学的一种教学行为。

例如，《郑伯克段于鄢》的情境描述式导入为："春秋时代，在统治集团内部，因为母亲的喜欢与厌恶，亲兄弟之间展开了一场你死我活的残酷权力斗争，最后，弟弟在斗争中败下阵来，被杀，倾全力支持弟弟的母亲也被关押了起来，得势的哥哥发出了'不及黄泉不与母亲相见'的誓言。那后来怎样了呢？怎样才能既不违背权力者的誓言，又能让母子相见呢？"

大学语文教学中通过描述一个生动的情境导入教学，可以起到沟通教师与学生的心灵，充分调动学生的既有经验，使之在兴趣的驱动下主动参与探究及解决问题的活动中，品味语言、推理事件、深刻理解文本内涵的作用。

（8）开门见山导入

开门见山导入是指教师通过简洁明快的讲述或设问，直接阐明学习目标、要求、内容及教学程序的教学行为。

开门见山，直接点题导入，可以使学生迅速抓住学习的主题，注意力高度集中，快速进入学习状态，从而节省教学时间。但使用这种导入形式时，如果教师语言平淡，语气语调平缓，容易平铺直叙，难以达到让学生在短时间内进入学习状态的良好效果。

在具体课程教学中，教师可以同时使用以上八种形式中的两种或两种以上进行教学导入，以避免某一导入形式的弊端，达到优势互补的良好教学效果。如问题式导入和情境描述式导入相结合能起到在具体情境中愉快思考问题的良好效果，诵读式导入和诗词吟唱式导入相结合能起到读、诵、唱相融合，音乐、文字同感受等审美效果。

例如，教学《春江花月夜》时，我就采用了简笔画导入和情境描述式导入。先在黑板上勾画出江水、花、月、思妇等这些美好意象后，又对照着黑板勾勒的形象，用现代文描述诗歌优美的情境："春江中的潮水连海平，海上的明月共潮生。月光闪耀千万里之遥，哪一处春江不在明月朗照之中！江水曲曲弯弯地绕过花草遍生的原野，月色泻在花树上，像洒上了一层洁白的雪。月光荡涤了世间万物的五光十色，将大千世界浸染成梦幻一样的银辉色。因而流霜不觉飞，白沙看不见，浑然只有皎洁明亮的月光存在。在江畔上谁最先见到月亮？江上的明月最初又是在哪一年照着人的？人生代代无穷无尽，江上的明月年年不变。一轮孤月徘徊中天，像是等待着什么人似的，却又永远不能如愿。月光下只有大江急流，奔腾远去。谁家游子今夜飘零江湖？那明月照耀下的楼中少妇无比思念离人。白云飘忽,牵出两地离愁。月儿徘徊,把柔和的清辉洒在妆镜台上。月光似乎故意与思妇为难,帘卷不去,手拂还来。共望月光而无法相知,只好依托明月遥寄相思之情。望长空,鸿雁远飞,飞不出月的光影,飞也徒劳;看江面,鱼儿在深水里跃动,只是激起阵阵波纹,跃也无用。'扁舟子'连做梦也念念归家。花落幽潭,春光将老,人还远隔天涯,情何以堪!江水流春,流去的不仅是自然的春天,也是游子思妇的青春、幸福和憧憬。江潭落月,更衬托出凄苦的寂寞之情。沉沉的海雾隐遮了落月,碣石、潇湘,天各一方,道路是多么遥远。在这美好的春江花月夜,不知有几人能乘月回到自己的家!那无着无落的离情,伴着残月之光,洒满在江边的树林之上……"

学生一下子就被精美的语言和意境深深地吸引,融进了这幅春江月夜的壮丽画面中,感悟到作者通过春、江、花、月、夜这五种事物集中体现的人生最动人的良辰美景和诱人探寻的奇妙的艺术境界。

在此基础上,学生深深领悟了诗歌的立意及所反映的人生哲理。作者凭借对春江花月夜的描绘,尽情赞叹大自然的奇丽景色,讴歌人间纯洁的爱情,把对游子思妇的同情心扩大开来,与对人生哲理的追求、对宇宙奥秘的探索结合起来,从而汇成一种情、景、理水乳交融的优美而辽远的意境,立意新颖,融诗情、画意、哲理为一体。

这两种导入方式有机结合,起到了视觉和听觉同运动、思维和情感共丰富、想象和语言相结合、感悟和理解同进行等良好的教学效果。

总之,大学语文课堂教学导入有法,但无定法,教学过程中,只有紧密结合教学目标、教学内容和教学对象,才能科学地导入,形成良好的导入技能。

(三)大学语文课堂教学导入应遵循的原则

"何期自性,本自具足。"这是佛教中的一句名言,意思是说:何苦到外在的世界中去寻找自己的本性,你真正的本性就在你自己身上,只是没有开发出来或者被遮蔽住了而已。大学语文课堂教学导入得好就可以抓住学生的心。大学语文课堂教学导入应遵循以下几个原则。

(1)针对性原则

大学语文课堂教学导入必须针对教学内容、教学目标的需要和学生的特点而设计。从教学内容的角度说,导入内容要与教学主题一致,导入必须能把学生带入预定的课题中,使其产生想学的愿望;从教学目标的角度说,导入是为实现教学目标服务的,是一节课的开头,应与整节课的教学目标相吻合,并以之贯穿,为之服务;从学生的角度说,导入是为了让学生学得更有效,使课堂教学更有利于学生的大学语文知识和能力的全面发展。

（2）启发性原则

启，即"开之意"；发，为"达其辞"。顾名思义，启发性原则就是说大学语文课堂教学导入应能开启学生的思维。而思维往往从问题开始，又深入于问题之中，与问题紧密相连。任何学生走进大学语文课堂的时候都不是一张白纸，都是带着自己特有的语文知识、经验和认知结构来的。而当接触新的大学语文教学内容时，学生都习惯把新的信息纳入自己原有的认知结构去同化。从积极的角度看，这种同化是新的大学语文学习得以顺利进行的基础，因为学习就是学习者在原有经验的基础上主动建构的过程。但从另一个角度看，学生的大学语文学习若只是满足于此、停留于此，学生的思维水平就难有实质性的突破和提升。好的导入应该给学生设置思维上的矛盾冲突，着力于形成智力挑战，挑战学生的思维假定，让学生感到原有的认知结构无法解决新的大学语文问题。于是，原有的认知结构被打破，学生必须重新在更高层次上建构自己的认知结构。教师在导入时设置问题，就是要有效地干扰学生的认知结构，达到提高学生大学语文学习水平的目的。

（3）趣味性原则

北宋大儒张载曾说："教之而不受，虽强告之无益，譬之以水投石，必不纳也，今夫石田虽水润沃，其干可立待者，以其不纳故也。""社会达尔文主义之父"斯宾塞也说："硬塞知识的办法经常引起人对书籍的厌恶，这样就无法使人得到合理的教育所培养的那种自学能力，反而会使这种能力不断退步。"所以，激发学生学习大学语文的兴趣既是导入的任务之一，也是教师在设计导入时应遵循的原则之一。大学语文学习当然需要意志、需要毅力、需要克服困难，然后苦尽甘来，如同"吃得苦中苦，方为人上人"的古训一样。但是，避重就轻也是人之本性。如同行为经济学所揭示的那样，每个人都喜欢及时的快乐，而将痛苦的事情后推。学生若认为大学语文学习很枯燥乏味，从心理上就会排斥对大学语文的学习；反之，学生若认为大学语文学习饶有趣味，就会积极、主动、自觉地学习它。大学语文课堂教学导入若能做到引人入胜，教学和教学内容就能以一种新鲜活泼的面貌呈现在学生面前，学习对学生来说就不是沉重的心理负担，而是愉悦的、高效的审美过程。

（4）艺术性原则

福楼拜说过，越要前进，艺术越要科学化，同时科学也越要艺术化。大学语文教学既是科学，又是艺术，这是不争的事实，所以大学语文课堂教学导入要能运用艺术性的手段紧紧扣住学生的心弦，像磁铁一样把学生牢牢吸引住。例如，运用语言的艺术：若为创设情境，教师的语言应富有感染力，使学生有身临其境之感；若为配合直观演示，教师的语言应通俗易通、确切、精练；若为推理导入，教师的语言就应平实、严密、逻辑性强；若为设置悬念，教师的语言就应生动风趣且具有感染性、启发性。

二、大学语文课堂教学导入技能训练

"理论是容易而且简短的，但是除了它所给予的满足以外，没有别的结果。反之，实践是困难而且冗长的，但有极大的效用……凡是应当做的都必须从实践去学习。师傅并不用理论去耽搁他的徒弟，而是从早就叫他们去做实际工作。比如，他们从锻炼去学锻炼，从雕刻去学雕刻，从画图去学画图，从跳舞去学跳舞。"同理，大学语文课堂教学导入技能同样需要经过训练方能熟练掌握。

（一）训练目标和评价标准

大学语文课堂教学导入技能训练在总体上有两个致力的目标：一是教师能应用导入法设计教学导入，二是教师能对专家、学者或同事给予的评价，正确认识，积极改进。

大学语文课堂教学导入技能的评价标准如表5-1所示。

表5-1　大学语文课堂教学导入技能的评价标准

评价项目	评价等级				权重
	优	良	中	差	
导入目的非常明确，选用的内容和方法很得当					0.25
能面向全体，感情充沛，激发学生的兴趣，集中学生的注意力					0.25
语言表达清晰，富有感染力					0.25
时间把握紧凑、得当（1~5分钟）					0.25

（二）训练内容和案例评点

（1）训练内容

导入技能的训练内容主要有诗词吟唱式导入、简笔画导入、乐曲欣赏导入、影视作品导入、诵读式导入、问题式导入、情境描述式导入、开门见山导入等的训练。

（2）案例评点

1. 教学《射雕英雄传》（节选）的导入

师：同学们，你们认为金庸的武侠小说《射雕英雄传》中的郭靖是英雄吗？我们的一代天骄成吉思汗是英雄吗？

（学生自由发表意见）

师（归纳总结学生发言）：郭靖是金庸的武侠小说《射雕英雄传》中着力塑造的儒侠形象。他重情重义、爱国爱民，誓与襄阳城共存亡。他堪称英雄。成吉思汗创造了十二个世界之最：创建了"世界上版图最大的帝国"，发动了"人类历史上规模最大的战争"，是"千年来世界最富有的人""人类历史上最大的成功者"……被称为是"世界古今盖世之英雄"。我们说两人都是真英雄，可是当这两个"英雄"站到一起时，郭靖认可成吉思汗是英雄吗？成吉思汗面对郭靖的"英雄定义"——"为民造福、爱护百姓"，又是否能泰然自若地确信自己就是英雄呢？我们带着这样的问题进入今天的学习。

（评点）这则导入，设计的问题紧扣教学目的和教学内容，起到了吸引注意力、激发思考、引发兴趣的作用，同时语言简洁明快，论说层层递进，富有感染力和启发性。

2. 教学《围城》（节选）的导入

师：出自钱钟书《围城》中的名言"城外的人想冲进去，城里的人想逃出来"几乎是妇孺皆知。小说的这句名言从具体的人生体验中提炼出来，是对普遍的人性经验的冷峻思考，它所揭示的人的事业围城、爱情围城、婚姻围城等人生万事的"围城"现象，暴露了现代社会的生命困惑和精神危机，具有现实的认识价值。有人称《围城》宛如"小说中的宋词"，字字洞天，句句宏阔，峭拔挺劲，繁富远迈。今天我们就走进《围城》来品味它的语言魅力。

（评点）这则导入运用《围城》小说中妇孺皆知的名言，启迪了学生的哲学思考，激发了阅读兴趣，吸引了学习注意，呈现了学习目标，明确了学习要求。导入的语言深刻精辟，为学生的口头表达能力训练提供了范例。

3. 教学《哈姆雷特》（节选）的导入

师（放影片片段）：同学们，大家正观看的片段是莎士比亚代表作《哈姆雷特》中鬼魂告诉哈姆雷特自己被杀的真相："儿啊！我是你的父王，我是被我的弟弟葛夫害死的，他趁着我睡着时，拿着毒草汁渗入我的耳里，使我悲苦的灵魂无法安睡。儿啊！你的母亲不能为我守节，证明她的虚伪，你可以为我报仇，但决不能加害于你的母亲，就让她听天由命好了，让她受天良发现的责备好了。"（结束放映）于是，哈姆雷特开始为父复仇。哈姆雷特在报仇的道路上是一帆风顺还是坎坷不断呢？被称作是莎翁四大悲剧之首的《哈姆雷特》"悲"在哪儿呢？是人物性格的悲剧还是复仇本身就是一个悲剧呢？有人说："一千个读者就有一千个哈姆雷特。"究竟莎翁给我们塑造了一个怎样的人物形象呢？让我们带着这些问题进入今天的学习阅读和探究。

（评点）这则导入把影视作品导入、问题式导入有机结合在一起，既营造了一种兴奋的推理判断场景，又渲染了一种积极思维的氛围，还提出了深刻尖锐的人生问题，渲染了一种悲剧意境，达到了激发学生学习兴趣、定向教学目标的作用，由"导"到"入"自然衔接、滴水不漏。

(三) 训练中应注意的问题

(1) 导入时问题的适宜度

教师导入提出的问题，要与学生的能力相适应，能引发学习动机和认知需要，过难或过易的问题都是不适宜的。也就是说，问题是动力，要能激发学生进入学习状态。

问题与学生能力的适应性主要表现在：两个方面：第一，问题首先能激发学生图式的量变和质变，发生同化和顺应反应，最后达到平衡；第二，问题引发的矛盾作为困难被学生个体充分意识到，从而成为学生本身意识中的矛盾。

(2) 由"导"而"入"的自然度

导入，由"导"和"入"两部分构成。"导"是过程，是手段；"入"是结果，是目的。不论用何种形式导入，要很好地完成导入任务，实现导入的功能，都必须具有合理的结构。典型的导入都包含有"集中注意——引起兴趣——明确目的——进入课题"四个方面。"集中注意""引起兴趣"是"导"的功能和任务，"明确目的""进入课题"是"入"的功能和任务。"导"时间较长，"入"时间较短。好的导入，二者缺一不可、有机结合、水乳交融、丝丝入扣、水到渠成。否则就成了两张皮，生硬、牵强，达不到预期的目的。

(3) 导入对全课的牵引度

许多大学语文教师在设计导入时，往往只把关注点放在如何引起学生的兴趣、引发教学上。激发学生的兴趣是导入的重要任务之一，但导入不能只为激发兴趣。好的导入不仅能激发兴趣，更能激发思维，成为牵动全课的主线和核心。例如，问题导入，问题就成为牵引教学活动推进和展开的线索，最后以解决问题为结束。

(4) 时间的适宜度

导入如文章的开头，能起到"当如爆竹，骤响易彻"（《四溟诗话》）的效果就行。所以，导入要简短，时间一般应控制在3分钟左右，最多不宜超过5分钟。

美国著名幽默作家马克·吐温的一次经历就能给我们深刻启迪。马克·吐温有一次在教堂听牧师演讲。最初，他觉得牧师讲得感天动地，准备捐款。10分钟后，牧师仍在继续，他有些不耐烦了，决定只捐一些零钱。又一个10分钟，牧师还没讲完，于是他决定1分钱也不捐。到牧师终于结束了冗长的演讲，开始募捐时，马克·吐温由于气愤，不仅未捐钱，还从盘子里偷了2元钱。

心理学上把刺激过多、过强和作用时间过久而引起心理极不耐烦或反抗的心理现象称为"超限效应"。这提示我们，那种过分渲染、不分主次或偏离重点、牵强冗长的导入是低效的，甚至是无效的。

(5) 学生的参与度

导入要面向全体学生。教师在组织导入的过程中要注意学生的反应，调动所有学生的学习积极性，激活所有学生的思维。

第二节　大学语文课堂教学讲解

一、大学语文课堂教学讲解技能

（一）大学语文课堂教学讲解技能

大学语文课堂教学讲解技能又称大学语文课堂教学讲授技能，它既是课堂教学中用语言传授知识、训练能力、启迪学生思维、提高文化素养的一种教学行为方式，也是教学中采用最普遍、最经常、最主要的教学方式，更是教学诸项技能中最基本的技能。

讲解技能的优点在于"省"和"有效"。"省"，指省时、省力、省钱；"有效"，指教师在单位时间内可以向学生传授知识，以使之形成能力，掌握方法，培养情感，提高思想文化素养。

讲解技能的优点还在于教师的言行举止能潜移默化地熏陶感染学生多种优秀品质的形成。例如，教师语言的魅力、人格的尊严、书写的精美、思维的敏捷、敬业精神的展现、责任感的流露、文化道德修养的展现等，这些素质修养都会对学生起到榜样的作用，产生深化、活化和美化的良好效果。

讲解技能的缺点主要表现为三方面：第一，学生处于被动接受地位；第二，学生只听不动手，无直接的感性材料和亲身体验，实践操作能力弱；第三，学生只靠听，信息保持率低，尤其是满堂灌式的讲解。科学家据实验得出：讲15分钟学生只记住41%，讲30分钟只记住前15分钟的23%，讲40分钟只记住20%。

（二）大学语文课堂教学讲解目的

大学语文课堂教学讲解目的与教学大纲和课程、课堂教学目标都是一致的，体现了讲解教学活动的教学方向。大学语文课堂教学讲解包括读、背和自然式（即席式）讲述。一般说来，读和背只能穿插运用。自然式讲述，易生动活泼，效果会好些，学生也欢迎。但是，单纯讲解有其本身的局限性，它的目的范围也是有限制的。只有讲解与问答、讨论、板书、练习等不同教学技能相结合时，讲解的目的才能进一步扩大和发挥。例如，大学语文知识综合、概括和总结阶段，讲解是必要和有效的；灵活应用大学语文知识时，通过讲解引导、定向也是有利的。

大学语文课堂教学讲解目的有以下四个方面。

（1）传授大学语文知识。大学语文知识是在高中语文知识基础上的进一步深化，比较深厚且广博，学生要能充分了解、理解、记忆和运用。

(2) 激发学习大学语文兴趣。著名教育家陶行知曾说过,教育中要防止两种不同的倾向:一种是将教与学的界限完全泯除,否定了教师主导作用的错误倾向;另一种是只管教,不问学生兴趣,不注重学生所提出问题的错误倾向。他进一步指出,前一种倾向必然是无计划,随着生活打滚,后一种倾向必然把学生灌输成烧鸭。兴趣是一切的先导。大学语文教师不是"教书",而是要运用讲解技能,促使学生形成学习大学语文的兴趣,并逐步形成志趣。

(3) 培养大学语文学习能力。大学语文具有工具性。正如斯大林在《马克思主义与语言学问题》中所说的那样,语言是工具、武器,人们利用它来互相交际,交流思想,达到互相了解。现代社会对大学生的语文能力提出了新的要求。大学语文通过讲解培养大学生听、说、读、写、思的大学语文能力。

(4) 提升人文素质。只要是个人就懂得,汉语是我们民族文化的载体,记载着中华数千年的古老文化,蕴涵着中华民族的独特性格,是中国人心灵之所,是汉魂所铸。大学语文,提升大学生的人文素质,传承和光大中国文化,这是它的使命与责任。

(三) 大学语文课堂教学讲解技能的类型

大学语文课堂教学讲解技能的类型可根据不同的标准、层次划分。这里主要阐述四种:解释型、描述型、论证型和问题中心型。

1. 解释型

解释型又称讲析、说明、翻译型,通过讲析把未知和已知联系起来,根据讲析内容的不同可分为以下三种。

(1) 意义解释式

意义解释式即教师对学习内容的内涵、意义或价值、原因等进行讲解分析。例如,《论语》《庄子》《三国演义》等的节选篇目就需要用此种讲解方式,还有文章的思想内涵、文化意蕴,古文中古今字意义的演变、语法、词类活用等也可采用意义解释式。

(2) 结构、程序说明式

结构、程序说明式即教师把学习内容的结构、程序用言简意赅的语言准确、严密、条理清晰地进行讲解的一种方式。一个好语文教师的标志就是能把文章的思路脉络准确地呈现给学生,讲课有科学程序,层次条理清晰。例如,《金苹果之争》《悲惨世界》《天龙八部》等小说的节选,教师就要采用此种讲解方式交代清楚小说的结构、故事情节的发展、作者的写作思路、人物的发展变化等。

(3) 翻译性解释式

翻译性解释式主要运用于古文的学习过程中,即教师对古文逐字逐句地串讲。

例如，《左传》《战国策》《三国演义》等作品就必须用翻译性解释式进行讲解。

2. 描述型

描述型又称叙述型、记述型，指教师在教学中把有关内容描绘和叙述出来，以增进学生的感知。教学总是在一定情境中进行的，既然有情境就必须有叙述和描绘。

大学语文中任何一篇选文描述的对象都离不开人、事、物、情和景。所以，教师讲授描述的内容就是人、事、物的发生、发展、变化过程和形象、结构、要素等。教师描述的任务在于使学生对文章中描述的事物、过程有一个完整清晰的印象，有一定的认识和了解。描述型又可分为以下三种。

（1）结构要素性描述式

结构要素性描述式是指教师注意揭示文章结构层次关系和文体要素间的关系，突出重点，抓住关键，注意运用生动形象的比喻和类比方法进行讲解的方式。例如，对于一篇小说体裁类选文，教师从情节、人物、环境等方面着手分析课文，以提高学生的阅读理解能力。

（2）顺序性描述式

顺序性描述式是指教师按文章中事物在时间、空间上发生、发展变化的先后顺序进行描述的方式。顺序性描述式可分为顺叙、倒叙、插叙、补叙、平叙等，但其时间顺序不能颠倒。此种描述要注意事物发展的阶段性，注意抓事物发展的关节点，而不是无重点、无要点，流水账似的叙述。

（3）描绘式

描绘式是指教师用比较生动形象的语言，具体地、鲜明地、逼真地再现人物、事件、景物状态和情景的一种方法和手段。它能把学生带入最佳思维状态，使学生有身临其境、如见其人、如闻其声的感觉。

由于描述型讲解的内容主要是事物的变化过程，因此所描述的知识既是形象性的、具体的，也是初级的。描述可以提供大量的材料，激发学生形象思维（如联想、想象）的发展。但是，描述难以胜任抽象知识的传授，也难以培养学生的逻辑思维（或说概念和理论思维）能力。描述型讲解是大学语文教学大量应用的一种讲解方式。

3. 论证型

（1）论说式

论说式是指教师用富于逻辑性的语言根据教材中提供的已知材料进行摆事实、讲道理、论是非，使学生在接受语文科学知识的同时，明白或懂得一定的道理。例如，论说文和科普说明文等的讲解就主要采用此种讲解方式。

（2）推理式

推理式是指教师利用学生已掌握的语文知识、材料推导出新知识的一种讲解方式。例如,对细节描写显精神、景物黏着心情、小说情节发展等的讲解就多采用此种讲解方式。

（3）证明式

证明式是指教师为论述根据已知材料提炼出的某一思想观点、自然法则、思想情感的正确性,或者用事实、科学公理作为依据来证明某立论、法则、文化思想正确而采用的一种讲解方式。例如,对写作的法则、文体的要素、小说中人物的结局、情节的发展脉络等的讲解就多采用此种讲解方式。

4. 问题中心型

问题中心型即以解答问题为中心的讲解。苏格拉底曾说过:"问题是接生婆,它能帮助新思想的诞生。""问题"即未知,它从实际中来,以事实材料为背景。"解答"即由未知到已知的认知过程,认知的关键是方法。有了有效的方法,也就有了"过河的船和桥","过河"就不再是空话。选择方法和具体解决问题,都离不开知识,也离不开思维能力。因为问题,可能是一个词、一句话、一个人物形象、一种文化思想、一种性格特征、一个场景描写等。总之,大学语文问题中心型讲解具有一定的探究性,处理得当对启发学生思维、培养语文学习能力大有好处。当然,要取得好的效果还需要把讲解与其他技能结合起来才会更加有效。

大学语文问题中心型讲解可归纳为如下的一般程序:首先引出问题并明确标准,其次选择方法解决问题,最后得出结论。

（四）大学语文课堂教学讲解技能运用的基本要求

（1）讲解要有目的性

讲解的目的性主要表现为:一是目标要明确,内容要具体;二是教学难点、教学重点要突出,教学过程要井然有序、层次分明、分析透彻。

（2）讲解要有针对性

对症下药才能药到病除。讲解的针对性越强,讲解效果就越好。讲解的针对性主要表现为:一是符合大学生的生理年龄特点、思维特点、语文知识水平和认知能力;二是切中大学生学习中的薄弱点,满足大学生学习的需要。

（3）讲解要有科学性

科学的才是合理的、有效的。讲解的科学性主要表现为:一是讲解过程结构合理,框架清晰;二是讲解过程条理清楚,层次分明;三是讲解观点正确,证据、例证充分,并能透彻分析例证与新概念之间的联系;四是讲解时间控制得当。

（4）讲解要有艺术性

讲解是语言的艺术。凡是艺术均是美的、有韵律和节奏的、和谐悦耳的。所以，讲解要做到：一是语言流畅、准确、明白、生动；二是善于启发学生思考；三是能形成知识链接；四是会收集学生的反馈信息，及时调整讲解的方式和程序；五是能同演示、提问、板书等其他技能有机配合。

（五）大学语文课堂教学讲解技能应用中存在的问题

（1）错

错，即错说错讲。我们都知道经典俗语"一千个读者就有一千个哈姆雷特"，还知道鲁迅对《红楼梦》的评价，"单是命意，就因读者的眼光而有种种：'经学家看见《易》，道学家看见淫，才子看见缠绵，革命家看见排满，流言家看见宫闱秘事'"……大学语文是提升大学生人文素质的主要课程，在解读选文的思想性、情感性、文化性和审美性时，教师要客观全面地、正确辩证地引领学生对文本进行感悟和品味，不要错说错讲。

（2）浅

浅，即知识传授不到位，重点不突出，难点没突破，照本宣科，浅尝辄止。大学语文课的意义决不仅仅在于教给学生某种知识和技能，更重要的是它通过一篇篇凝聚着古今中外作家灵感、激情和思想——代表人类创造的精神财富的文字，潜移默化地影响学生的情感、情趣和情操，影响他们对世界的感受、思考及表达方式，并最终积淀为精神世界中最深层、最基本的东西——价值观和人生观。因此，讲解要有一定的深度和广度。

（3）散

散，即没能掌握知识间的内在联系，讲授得不系统、不集中，缺少必要的概括总结。大学语文的编排体例主要有四种：第一种是按照文学史时段线索或按体裁分类，选文以中国古典文学为主；第二种是"厚德载物""修身齐家""情感空间""理想飞扬"等主题板块结构，突出人文精神主题；第三种是文学作品赏析板块加应用文板块；第四种是打破时间、空间的界限，以小说、诗词、散文、戏剧为中心编排。所以，大学语文教师在讲解过程中要注意知识间的内在逻辑性。

（4）乱

乱，即思维混乱，讲授无序，东一榔头西一棒槌。由于大学语文的人文性特点，语言的多义性特点，读者解读过程中"横看成岭侧成峰，远近高低各不同"的多视角特点，所以大学语文教师在讲解过程中要条理清晰、求同存异，要有核心思想，要有主流观点，要符合唯物辩证法。

（5）泛

泛，即讲解空泛，不深刻。大学语文选文内容深刻，思想蕴涵丰厚，文化底蕴深深蕴藏在语言文字的表述中。大学语文教师在讲解过程中一定要深刻详细、全面具体地解读选文，仔细玩味咀嚼语句背后的思想、字里行间潜藏的精细情韵，不要泛泛而谈、空洞乏味。

（6）偏

偏，即讲解偏离了教学目标。教学以目标开始，围绕目标进行，以检测目标结束。大学语文教师在讲解过程中，一定要围绕教学目标实施教学，而不能东拉西扯、哗众取宠，或偏激抨击，或把自己的观点强塞给学生等。

二、大学语文课堂教学讲解技能训练

（一）训练目标和评价标准

大学语文课堂教学讲解技能的训练目标主要有以下四个方面。

（1）能理解讲解技能的意义、作用，把握其应用要求。大学语文课堂教学讲解技能的意义在于教师运用规范化的语言，结合大学语文课堂实际，阐明教材，传授知识，组织学习，启发诱导语文学习思维，不断激发学生的学习兴趣，最终提高其文化素养。讲解的作用就是在单位时间内多快好省地实现教学目标。讲解还要遵循语速快慢适中、语言简洁准确、声音高低适度、思维清晰流畅等要求。

（2）能熟练地掌握和选择讲解的类型。教师应根据教材内容、教学对象等因素选择最佳讲解类型。例如散文和诗选择描述型讲解，这样像诗一样描述性的语言会令学生如沐春风、赏心悦目；论说类文章可以选择论证型讲解，严密论证性的语言能令学生思维严谨、推理有序；说明类文章可以选择解释型讲解，说明性语言简洁明快、要言不烦。

（3）能做到音美、意美、形美和情美。"教师的语言修养在极大的程度上决定着学生在课堂上的脑力劳动的效率。"语文教师，舌耕为业，以教授祖国的语言为神圣的天职。大学语文教师的语言应做到音美以感耳、意美以感心、形美以感目、情美以感人，用词准确，语言流畅，条理清晰，分析透彻，思维严密，出口成章，口吐锦绣，妙趣横生，意蕴无限。

（4）能辨析出他人讲解的类型并品评其优劣。通过辨析他人讲解的类型来达到巩固自己对讲解类型的深刻理解和把握，通过品评其优劣来提高自己的理论认识和实践运用能力，这是一个理论和实践相辅相成的良性循环过程。"不识庐山真面目，只缘身在此山中。""当局者迷，旁观者清。"通过这个辨析和品评过程，大学语文教师就能达到从理论高度和实践教学角度娴熟掌握和科学运用讲解技能的境界。

大学语文课堂教学讲解技能的评价标准如表5-2所示。

表 5-2 大学语文课堂教学讲解技能的评价标准

评价项目	评价等级				权重
	优	良	中	差	
选用讲解技能恰当，具有目的性、科学性和艺术性					0.25
学生能充分感知、理解和运用所学知识					0.25
能调动学生的积极性，使其主动参与课堂教学活动					0.25
语言生动、清晰、简练，思路清晰，思维有条理					0.25

（二）训练内容和教例评点

（1）训练内容

1. 用解释型讲解技能讲解《乐以天下，忧以天下》、《中国，我的钥匙丢了》和《论语七则》等。

2. 用论证型讲解技能讲解《中国人为什么不生气》《黄英》等。

3. 用描述型讲解技能讲解《春江花月夜》、《蒿里行》和《长亭送别》等。

4. 用问题中心型讲解技能讲解《红楼梦·宝钗生日》和《老人与海》等。

（2）教例评点

1. 教学诗歌《中国，我的钥匙丢了》

下面是教师在教梁小斌的诗《中国，我的钥匙丢了》时，运用解释型讲解技能进行的一段讲解。

《中国，我的钥匙丢了》，作者梁小斌，1956年生，山东荣成县人，1979年开始发表诗作，不少作品被收入多种诗歌选本，因其诗大多隐约含蓄，遂成为朦胧诗派的主要代表。和顾城的创作相近，梁小斌也总是以一颗童心看世界，以为"单纯是诗的灵魂，不管多么了不起的发现，我都希望通过孩子的语言来说出"。他对诗的这种阐释，不仅体现了他的审美理想和情趣，也可作为对他的诗作的一个明晰注脚。

《中国，我的钥匙丢了》处处显现着诗人的一颗童心，但这童心却是沉重和痛苦的。"我们的诗对于'四人帮'的控诉，完全表现为一种家破人亡的感情，仿佛原来的很清晰的世界，不知为什么被搅得浑浊不清。"这首诗就集中表现了诗人这种心灵的失落感。但诗人不是一般化地表现仅限于家破人亡的失落，而是将它投射到一个民族的历史进程之中，写出了一个民族的历史的失落。一个重大的主题，就如此被诗人用一颗童心轻轻派生于一个细小事件——"丢失了钥匙"之中。这首诗的魅力正在于此。

诗人选择了生活中常见的现象——孩子脖子上的钥匙，这是家与温暖，是正常有序生活的体现。诗人把这一生活用具意象化、精神化，使它的物质功能延伸、扩展到精神世界,这钥匙便成了打开心灵、精神乃至历史之门的象征。有了它,可通向孩子纯洁的心灵之门;有了它,可步入晴朗、宽阔的历史之门。而现在,这一切都失去了。诗人把"钥匙"这一象征意象与"中国"并列,把"丢失了钥匙"与"十多年前沿着红色大街疯狂地奔跑"相连,使诗的内涵一下扩展到一个广阔深远的历史背景之中,使人自然联想到"文革"十年的历史灾难,诗的深厚历史内涵于此产生。有了这份象征内涵,我们不难想象,这首诗正是诗人对使人精神蒙昧、心灵野蛮的历史的控诉,是对纯洁心灵、文明精神的寻找,是对人的心灵回归的呼唤。诗人使象征与写实相契合,通过对一把钥匙的寻找,从深层意义上暗示心灵道路的回归,对历史真实的寻找与思索,对健康的精神、彩色的理想、甜蜜的爱情、幸福生活的向往。

诗人以一颗童心看世界,看到的不是一篇色彩斑斓的童话,而是一部失却童话的断代史。

(评点)这段讲解解释了作者梁小斌通过"以童心看世界"来写诗的独特视角,指点了学生诗是以"寻找"和"思考"在中国丢失了的"钥匙"这一组象征性的系列意象与"中国"并列,把"丢失了钥匙"与"十多年前沿着红色大街疯狂地奔跑"相连,阐发了诗深厚的内涵——对使人精神蒙昧、心灵野蛮的历史的控诉,是对纯洁心灵、文明精神的寻找,是对人的心灵回归的呼唤。如果教师不讲解,学生只能在诗的浅层次意义上打滚,就感受不到诗的深刻文化意蕴、情感倾诉和艺术价值。

2. 教学《黄英》

下面是教学《黄英》时的一个片段。

生:自命清高的马子才还是输给了老婆黄英。如此说来,作者是不是肯定黄英兄妹的行为,否定了马子才的言行呢?

师:是的。陶家姐弟从借住马子才的荒园到盖起讲究的楼房,从靠马子才接济到享用过于世家,马子才从耻以妻富到心安理得接受,从以贫为清高的酸腐论调到默默应允等变化可以看出:作者欣赏自食其力的儒商,调侃清高狷介的腐儒,欣赏独立不依的女人,肯定家庭生活中女性应有的地位。也就是说蒲松龄笔下陶家姐弟是儒商形象,不是唯利是图、投机倒把的奸商形象。他们是在遵守"君子固穷,小人穷斯滥矣""不义而富且贵,于我如浮云""君子喻于义,小人喻于利"等儒家思想下的"自食其力不为贪,贩花为业不为俗。人固不可苟求富,然亦不必务求贫也"的新型经营者形象,是自己养活自己还能保持自己精神志趣追求的文化商人,是为我们一代田园诗人陶渊明摘去贫穷之帽,且有着像菊花一样的高洁秉性和高雅生活情趣的商人。

(评点)这段论说语解开了学生的质疑,纠正了学生思想认识的片面性,揭示了小说的文学价值，肯定了小说赞扬的思想观念，语言精练，逻辑严密，有理有据，启迪学生心智，点拨学生思想，达到了层层推进、水到渠成的论说效果。

3. 教学《红楼梦·宝钗生日》

下面是教学《红楼梦·宝钗生日》时的一个片段。

师："最奇者黛玉乃贾母溺爱之人也，不闻为作生辰，却去特意与宝钗。"这是脂砚斋庚辰本批语，也是我的质疑，你们呢？作者为什么会这样写？

（同学们各抒己见）

师（肯定学生的观点，用问题引导学生）大家从三个角度思考问题：

第一个角度，林黛玉。林黛玉自身喜欢这种热闹场面吗？在这样的场面中，她会按照贾母的喜好来选择玩的、看的和吃的吗？按照林黛玉的性格举办生辰宴会，场面会是怎样？

第二个角度，小说情节发展。这个情节是否充分展示和揭露了封建礼教下一个"完美"的"会做人"的女性形象？是否为贾母将来选定她为孙媳妇作下了铺垫？

第三个角度，贾府。王熙凤是个怎样的人物？贾母作为最高统治者，最溺爱林黛玉的人，她会为林黛玉出资二十两银子办生辰宴会吗？

（评点）教师从三个角度提出问题，既条理清晰又深刻尖锐，使学生的思维如剥洋葱一样层层推进，问题越来越清晰，思想越来越客观，认识也越来越全面。

（三）训练中应注意的问题

(1) 理论和实践紧密结合

学习与研究讲解技能的理论知识，这是掌握和提高讲解技能的前提条件。理论学习要做到：掌握讲解技能的作用、基本要求、主要类型，明确讲解技能的训练目标，不仅要明确其总体目标，而且应明确四种主要讲解类型的具体目标。

(2) 勇于练习实践

在实际教学中，大学语文教师要勇于实践各种讲解技能类型。不要怕失败，失败是成功之母，任何一种技能都是在反反复复的实践练习基础上获得成功的。量变才能质变。所以，实践练习是形成讲解技能最有效的途径。

(3) 多积累储备

俗话说"台上一分钟，台下十年功"。大学语文教师要博览群书，收集材料，积累丰富的知识，提高自己的文化修养，有"胸藏万汇凭吞吐，笔有千钧任翕张"之才，有立马可待之能。

(4) 训练语言表达能力

俗话说："当今社会三大宝，舌头、美元和大脑。"大学语文教师课堂讲授要做到要言不烦,没有口头禅,不夸夸其谈,音美感耳,意美感心,形美感目,情美动人。

第三节　大学语文课堂教学提问

一、大学语文课堂教学提问技能

陶行知创造诗歌《每事问》来鼓励每个学生学会提问题。"发明千千万,起点在一问。禽兽不如人,过在不会问。智者问得巧,愚者问得笨。人力胜天工,只在每事问。"古希腊哲学家亚里士多德也曾说过,"人的思维自惊奇和疑问开始"。所以,大学语文教师要想上好课就必须掌握提问技能。

（一）提问技能

提问,既是教师制造悬念、引发思维、促进学习、实现教学目标的一种重要教学手段,也是检查学生知识掌握、理解运用和巩固复习情况的一种重要方法,还是师生之间平等和谐的一种沟通交流途径。大学语文课堂教学提问技能是指教师在大学语文教学过程中实施提问的一种教学行为。

提问是一项具有悠久历史渊源的教学技能,我国古代教育家孔子就常用富有启发性的提问进行教学。他认为教学应"循循善诱",运用"叩其两端"的追问方法,引导学生从事物的正反两方面去探求知识。古希腊哲学家苏格拉底也是一位提问高手,他使用"产婆术"进行教学,通过不断的提问让学生回答,找出学生回答中的缺陷,使其意识到自己结论的荒谬,通过再思索,最终自己得出正确的结论。

（二）提问的作用

大学语文课堂教学中,教师对学生的提问是教学的"常规武器"。巧妙的提问能够有效地点燃学生思维的火花,激发他们的求知欲,并为他们发现、解决疑难问题提供桥梁和阶梯,引导他们去探索达到目标的途径,促使他们在获得知识的同时增长智慧,养成勤于思考的习惯。提问主要具有以下作用。

(1)提问是引起学生学习活动的最好刺激信息,具有激发学习动机和兴趣的作用。

(2)提问能促使学生定向思考学习,具有促使学生注意教材的重点、难点的作用。

(3)提问能诱发学生思考,具有培养学生思维能力和习惯的作用。学生学习经常处在静态之中,需要有刺激信息把静态学习变为动态学习。好像一池春水,一石激起千层浪;爆竹爆响,只有点火才能引爆;金钟缄默,需要撞击才能钟声悠扬。大学语文教师的提问就是投石、点火、敲钟,给学生以刺激信息,使他们学得主动活泼。

(4)提问能引导学生发现问题、分析问题和解决问题,具有完善学生智能结构的作用。

(5)提问能让学生得到充分的口语训练,具有培养学生口头表达能力的作用。

(6)提问能交流师生的思想感情,使教与学及时交流反馈信息,具有因材施教、有的放矢进行教学调控的作用。

(7)提问能活跃课堂教学的气氛,具有提高教学效率、加快教学进程的作用。所以,有位教育家说:"教学的艺术全在于如何恰当地提出问题和巧妙地引导学生作答。"提问是发挥学生主体作用、调动学生学习主动性的有效方法之一。它能变学生的静态学习为动态学习,变被动接受为主动发现,变默默聆听为孜孜探求,变满堂灌注入式的教学为启发式教学。

(三) 提问存在的弊病

近年来,由于深化大学语文教学改革,打破"满堂灌",教师们普遍重视课堂提问。但是,有些教师由于不明白提问的性质和要领,提问不甚得法,存在一些弊病。

(1)提问过于简单。如问学生"是不是""好不好""对不对""行不行""能不能"等。这类问题对于语文知识有一定深度和广度的大学生来说是无用信息,无意义,无价值,不能激发他们的思维。

(2)提问不分轻重主次,过于繁琐。如《老人与海》作者是谁?哪个国家的?他得过诺贝尔文学奖吗?他创作的主旋律是什么?他擅长塑造"硬汉"形象吗?这是他的代表作吗?"满堂灌"变成了"满堂问",这些提问混淆了教学重点,耽误了已拥有这些知识的大学生的宝贵学习时间,对他们而言没有价值,干扰信心。

(3)提问过于空泛,不着边际,或者过深过难,学生不知从何答起。如:《堂吉诃德》的艺术特色对整个欧洲小说史的影响及贡献是什么?塞万提斯为什么要写《堂吉诃德》?这些问题超出了大学语文范围,太大、太难,学生两眼望青天,不知该怎样回答、从哪里回答。这种问题是有害信息,导致学生情绪厌烦,魂不守舍,失去信心。

(4)提问过于雷同,毫无新意。如这篇小说分几个层次?各层大意是什么?中心思想是什么?艺术特色是什么?塑造了什么样的人物形象?老生常谈,千篇一律。这种提问是抑制学生思维的信息,令人讨厌。

(5)提问过于含混,模糊不清,有时教师也不知道该如何回答。如林黛玉为什么要进贾府呢？进得对吗？不进不行吗？进去了她的舅舅为什么不见她呢？这种提问是错误信息，不合小说逻辑，影响学生对小说客观化、个性化的解读。

还有，提问搞突然袭击，把提问题当作惩罚学生的手段；提问偏爱某些学生，对其他学生则不理不睬；提问搞竞赛抢答，不给学生思考的余地；提问中一问未作结论，又提一问，问来问去，混战一场，毫无效果；提问迁就学生的答案，明显错误也不指出，以示教学效果优异等。这些都是提问存在的严重问题，导致贬低了提问的教学价值。

大学语文教师的教学水平、教学能力和教学效率的高低，大部分可从他发问的性质和发问的时机、方法考查出来。大学语文教师选择的发问点、发问方法和时机，体现着其对教材理解的深度、知识的广度和对学生理解力、学习难点、心理特点、思维特点等的了解程度。只有从科学的角度出发，才能防止提问的弊病。

（四）提问的分类

在大学语文教学中，提问是为了启发学生通过自己的能力来获得大学语文知识、培养能力和提高素养。古希腊教育家苏格拉底把提问法称为"产婆术"。他说，他不以知识授予别人，而提问是使知识自己产生的产婆。即是说，借提问来启迪学生，使他们有所发现、有所领悟、有所认识，使学生自己获得知识。所以，提问是启发学生自己产生知识的"产婆术"。

（1）布鲁姆的六个层次水平分类

根据美国心理学家布鲁姆的提问设计模式，提问主要有六个层次水平的提问。

1. 知识水平提问

知识水平提问又称回忆性提问，如什么是表达方式、什么是比喻、议论文的要素有哪些等。这些问题不需要学生进行深刻的思考，只需要回忆知识就能进行判断。

知识水平提问对发展学生的思维作用不大，因而不宜多用，一般用在课的开始，或对某一问题论证的初期，为学习新的知识提供必备的基础材料。

2. 理解水平提问

理解水平提问既可以是学生用自己的语言描述、解释事实、事件和程序，也可以要求学生概括、讲述中心思想，以了解和判断学生是否把握了教学内容的实质，还可以是要求学生对事实、事件、概念进行对比，区别其本质的不同，以达到更深入的理解。

理解水平提问常用来检查学生对新学大学语文知识、技能的理解掌握情况，用于新的内容讲授之后、课堂教学结束之前。学生回答这样的问题，需要对自己已经学过的知识进行回忆、解释或重新组合。相对于知识水平提问，理解水平提问难度较大。例如，通过学习《论语·为政》《论语·里仁》《论语·子路》等谈谈儒家的核心思想内涵。

3. 应用水平提问

应用水平提问要求学生用新获得的知识或技能来解决新的问题，如辨析概念，事实，事物的形态、结构与特征等。例如，学习老庄的"曲则全，枉则直，洼则盈，敝则新，少则得，多则惑。是以圣人抱一为天下式。不自见，故明；不自是，故彰；不自伐，故有功；不自矜，故长。夫唯不争，故天下莫能与之争。古之所谓'曲则全'者，岂虚言哉？诚全而归之"核心思想对现代人的价值意义是什么？

4. 分析水平提问

分析水平提问要求学生识别条件与成因，或找出条件之间、原因与结构之间的关系。例如，为什么要学习大学语文？没有现成答案，学生回答时要自己思考分析，整理思路，组织语言，进行概括和总结，这是较高级别的思维活动。又如，请对比孔子和庄子的核心思想，孔子思想教我成长，读《论语》心得等。

5. 综合水平提问

综合水平提问涉及学生知识的广博、能力的强弱、语言的丰厚和思维的敏捷度等。例如，讨论昆德拉"生命中不能承受之轻"的含义，《红楼梦》主题探寻等。综合水平提问不仅考查学生知识的广博性，还考查学生思维能力的敏捷性，更体现着学生对事对物的情感、态度和价值观，所以这类问题能够激发学生的想象力和创造力，提高学生思维的灵活性和机智性。

6. 评价水平提问

评价水平提问要求学生对观点、思想、方法、作品等进行评判并给出评判的理由。例如，塞万提斯的《堂吉诃德》对欧洲小说史的重要贡献是什么？《论语》对我们当下生存有启迪意义吗？金庸的武侠小说讲述了一个什么样的人生哲理？《百家讲坛》这个栏目给中国人民带来了怎样的文化大餐？

（2）从改变和训练大学语文教师的提问行为分类

1. 提问数量

提问数量包含两层意义：一是大学语文课堂单位时间内教师所提问题的总数，一般情况，以3个左右为宜，最多不超过5个，多则显得凌乱无主，少则显得单薄无力；二是大学语文教师提问学生的数量及分布。问题一般放在教学开头、中间和结尾。问题在开头以激发兴趣或引导学生进入学习状态、带着问题思考；问题在中间以便保持思维的运动，突出教学的重点和难点；问题在结尾意在把课内延伸到课外，课堂结束了但是思维并未停止，学习并未终止。

2. 开放性提问

开放性提问是指教师所问问题没有固定的、唯一的或标准性的答案。此类问题意在培养学生的发散思维能力。例如,《三国演义·煮酒论英雄》表现了刘备和曹操什么样的个性特征?在整部小说中起着什么样的作用?你认为曹操和刘备哪个人更让你钦佩,为什么?

开放性提问设计要遵循四个原则:一是要使学生抛弃怕回答错了挨教师批的思想包袱,二是学生不必为答案不同而争论,三是一个问题要尽可能有多种答案,四是教师不轻易表露自己对某种答案的个人倾向。

3. 高层次提问

高层次提问同综合水平提问和评价水平提问有点相似,学生在回答时需要进行仔细的分析探究、认真的推理判断,然后得出自己的答案或作出选择。例如:《红楼梦》中,林黛玉是贾母溺爱的外甥女,却不见为她作生辰,而去特意写薛宝钗,为什么呢?

4. 探寻提问

探寻提问表现为一种连续追问。这是师生共同探讨的提问方式,以促进学生回忆或思考,从而得到回答问题的线索。

运用探寻提问可以达到以下目的:

一是帮助学生对答案进行整理,提高答案的清晰度;

二是引导学生为自己的观点提供依据;

三是帮助学生修正自己的答案,使其更准确;

四是对学生进行启发;

五是深化学生的思维。

训练探寻提问时应注意以下几点:

一是注意问题与问题间的停顿,给学生留下思考的余地;

二是语气语调要和缓,避免造成学生的紧张和慌乱;

三是不要用过长时间发问某一位学生,以免对该生造成过大压力,或使其失去兴趣。

5. 提问措辞

提问措辞主要由提问词"什么"、"如何"、"怎样"、"哪里"和引导语"你能不能告诉大家……"或"请大家思考……"和问题句组成。

(五)大学语文课堂教学提问技能

大学语文课堂教学提问设计要有一定的技巧性。教师提出的问题,要问得开窍、问得"美",能够启迪学生的智慧,确实渗透教师艰辛的劳动和创造性的才华。为提高大学语文课堂教学质量,设计各种各样的提问,现采撷数例加以说明。

(1) 牵筋式提问

牵筋式提问从教材的思路、教学重点、学生学习难点出发，引导学生把握课文的关键。也就是说，通过提问，把课文的"筋"牵出来，把课文的精华所在呼唤出来，把教学重点、学习难点拎出来，促使学生注意，引导学生思考。

（教例）《中国人，你为什么不生气》是龙应台杂文的代表作。根据教学目的，教师设计以下问题。

1. 本文指出了哪几方面存在的社会问题是我们应该"生气"而"没有生气"的呢？

2. 举例说明作者语言表达的艺术特点。

3. 你怎样理解"生气"与"不生气"？

这三个问题显示了课文学习的主要目的，把学生的注意力牵引到课文的重点、难点上来，让学生潜心思考、深入钻研。这种提问方式在大学语文教学中应该经常被采用，它"少而精"，能问到点子上。

（2）揭疑式提问

南宋著名的教育家朱熹说："读书无疑者，须教有疑。有疑者却要无疑，到这里方是长进。"（《朱子语类·读书法》）可是学生读书，往往一读而过，不留印象，究其原因则是不会"生疑"，因而领略不到文章的"妙处"，理解文章就不深，"长进"自然也就不大。在大学语文教学中，教师要善于引导学生"生疑""质疑""释疑"，培养他们发现问题、分析问题、解决问题的能力。亚里士多德也曾说过，"思维是自惊奇和疑问开始的"。当学生在学习课文而似乎没有问题时，教师就要采用揭疑式提问，促进学生思考，有疑问才会有探究，才会寻根究底，从而真正理解和掌握知识。

（教例一）讲解鲁迅的小说《孔乙己》，教师可设计如下问题。

"我到现在终于没有见——大约孔乙己的确死了。""大约"和"的确"是矛盾的，那么孔乙己到底死了没有呢？为什么呢？

（教例二）讲解钱钟书的小说《围城》，教师可设计如下问题。

"城外的人想冲进去，城里的人想逃出来。"你对这句话的寓意的理解是什么？

（3）转弯式提问

转弯式提问也叫曲问、迂回问，它问在此而意在彼，需要学生开动脑筋，通过一番思索才能回答。这种提问富有启发性，能引导学生探究和发现，激起学生思维的浪花，产生"投石击破水底天"的教学效果。教师通过曲问，对学生进行思维训练，学生回答曲问时，其思维流程也要"转一个弯"才能找到问题的答案，久而久之，学生的思维能力就能得到提高。

（教例）卞之琳的《断章》，一位教师问学生："《断章》表达了世间人物、事物的息息相关、相互依存、相互作用，请说说你对诗歌意蕴的理解。"另一位教师则问:"《断章》通过作者对'风景'刹那间的感悟,涉及了一个哲学命题,请说说你对诗歌哲理意蕴的理解。"

上述两位教师的提问,其目的都是为了让学生感悟"相对性"的哲理意蕴。但是,前者平直,"一览无余",启发性不强;后者是曲问,角度新,设置了矛盾,能引起学生思维的兴趣。曲问有多种形式,主要有问曲答直、问虚答实、问误答正三种。

(4) 辐散式提问

辐散式提问以某一个问题为中心,然后派生出许多小问题,从各个角度或不同侧面引导学生去思考。若干小问题解决了,那么中心问题也就迎刃而解了。

(教例)教迟子建的《亲亲土豆》,为了让学生理解小说命名的深刻含义,教师可设计以下若干个小问题。

1. 秦山一家是以什么为主要生活来源的?

2. 秦山面对已知的永久别离,不仅为妻子买下宝石蓝的旗袍、带回大大小小的日用品,还依旧在故乡那片丰收在即的土豆地里劳作,这是为什么?

3. 妻子李爱杰为什么会用五麻袋土豆来盖丈夫秦山的坟?

4. "李爱杰最后一个离开秦山的坟。她刚走了两三步,忽然听见背后一阵簌簌的响动。原来坟顶上的一只又圆又胖的土豆从上面坠了下来,一直滚动李爱杰脚边,停在她的鞋前,仿佛一个受宠惯了的小孩子在乞求母亲那至爱的亲昵。李爱杰怜爱地看着那个土豆,轻轻嗔怪道:'还跟我的脚呀?'"这个结尾饱含了妻子怎样浓郁的爱意?

这种提问设计,以大领小,学生回答则从小到大,小问题弄清楚了,大问题也就不言自明了。辐散式提问有利于攻破难点、突出重点,但进行提问设计时,应从课文的全局来考虑,不可漫无边际地瞎问。

(5) 创造式提问

爱因斯坦说:"想象力比知识更重要,因为知识是有限的,而想象力概括着世界上的一切,推动着进步,并且是知识进化的源泉。"在大学语文教学中,教师通过创造式提问,让学生张开想象的翅膀,去探索大千世界的一切,在正确理解教学内容的情况下,引导学生深入思考,在原教学内容的基础上进行加深和加宽,对课文中的人物、情节、场景产生再造想象,或者编织插叙,或者续补情节,或者改写人物等,启发学生展开联想,发挥想象,培养他们的创造性思维。

(教例一)教海明威的《老人与海》,可提问以下问题。

如果海明威以老渔夫桑提亚哥在奋力与鲨鱼搏斗后没能回到海港来结尾,不正好体现了"人可以被消灭,但不能被打败"的主题思想吗?海明威为什么没有这样写,而是让老渔夫回到了海港,马林鱼只剩下一副巨大的骨架呢?

（教例二）教《射雕英雄传》，可提问以下问题。

如果按照郭靖所言，成吉思汗不算是英雄，那么你认为成吉思汗是英雄吗？我们应该怎样评价英雄？郭靖算是英雄吗？在作者金庸笔下，成吉思汗和郭靖分别属于什么类型的英雄形象？

这些提问，都是根据课文的内在因素设计的，因此必须首先学好课文，在认真理解的基础上进行，切忌把教材丢在一边，那就本末倒置、得不偿失了。

（6）比较式提问

一代领袖毛泽东曾说过，没有比较就没有鉴别。所以，为了巩固旧知、开拓新知，教师往往运用正比、反比、类比等方法提出问题，促进学生深入思考，从而有所发现、有所收获，这就是比较式提问。

（教例）教曹雪芹的《林黛玉进贾府》，分析林黛玉的肖像描写，有位教师先让学生从课文中找出有关林黛玉肖像描写的三处文字，然后发问。

师：这三处文字从描写角度看，有什么特点？可联系学过的《陌上桑》课文加以比较。

生：（边读边议）这三处文字描写角度各不相同，第一处是"众人"，第二处是"王熙凤"，第三处是"贾宝玉"，角度变换，层层加深。

生：《陌上桑》中对秦罗敷的外貌进行了描写，也用了视角变换的描写手法，但是，秦罗敷的美是通过别人的动作言行衬托出来的，没有直接的描述，这点是不同的。

师：请再留意第一处的描写，"众人"打量林黛玉时，作者用了"不俗"这个词，"不俗"的含义是什么？

生：（研读课文）就是气质好，与众不同！

师：还有什么意见吗？

生：贾府众人的眼界高，看人挑剔，她们对林黛玉的第一印象是"不俗"，就是"最高分"了。

生：林黛玉不仅长得美，而且气质高雅、风度超群出众。

这种提问能让学生发现矛盾，激发思维，在比较中提高认识和鉴别事物的能力，养成分析的习惯。

（7）情景式提问

情景式提问依据教材创设情境，把学生带到设置的情境中去，切中时机地发问。它有助于学生回答问题，能丰富学生的情感体验，使学生感到学习的轻松愉快，体味到思考是人生的一种快乐。

（教例一）教秦牧的散文《花城》，对花市盛况一段，教师先指导学生朗读课文，接着依据课文引导学生想象，录音机播放轻音乐。

师：同学们，大家倾听音乐，想象花市盛况。把整个花棚想象成马戏的看棚，熙熙攘攘的人群，热闹非凡，映入眼帘的是数不清的花儿，层层叠叠，衔接而上，璀璨缤纷，美不胜收；旗帜飘扬，鲜花夺目；灯光花色，交相辉映；端详花姿，生机勃勃；人流变成花流，溢彩流金；还有各色水果，琳琅满目……听，卖花汉子们高声报价，他们个个喜溢眉梢；万朵鲜花仿佛也在浅笑低语："春来了，春来了！"在花市盘桓，我们同作者一样看着似锦繁花，姹紫嫣红，那么，我们获得了哪些感受呢？

这一问问得巧妙！学生在轻音乐声中，随着教师深情的描述，酝酿、蓄积着自己的感受，这样思考怎能不美呢？针对这种提问怎会无话可说呢？所以，把学生带到情境中提问，既可以使学生乐学，又可以增强学习效果。

（教例二）教《射雕英雄传》第四十回《华山论剑》，在学生充分阅读文本的基础上，教师引导学生展开思考，录音机播放主题曲《世间始终你好》。

师：同学们，大家倾听音乐，想象成吉思汗病危之际召见自己的儿子和义子郭靖的场景。郭靖是儒侠的典型代表。他生性单纯，重情重义，勤奋，爱国，具备中国人最认可的侠义精神。他的身世经历以及性格思想都符合孔孟的"国有道，不变塞焉，强哉矫！国无道，至死不变，强哉矫！"论述，他的具有远大理想而又积极行动的大侠品格有着巨大的楷模的力量。面对成吉思汗，他敢于直言论英雄——当世钦仰、后人追慕、为民造福、爱护百姓，成吉思汗却"让天下不知积了多少白骨，流了多少孤儿寡妇之泪"，故不配英雄。他敢于否定成吉思汗一辈子为之奋斗的事业——南征西伐，"所建大国，历代莫可与比……东南西北皆有一年行程"，但到头来自己只不过占"马鞭打个圈儿""这般大小"。那么，郭靖究竟是一个什么形象的侠呢？请同学们自己思考。

这一情景式提问多么美妙，学生学习、思考多么愉快！古诗云："山光悦鸟性，潭影空人心。"学生非草木，怎不更多情？可见教学大学语文，贵在情趣盎然。

此外，还有剥笋式提问、诱导式提问、梳辫式提问、演绎式提问、激将式提问、追踪式提问等。王筠在《教童子法》中说："为弟子讲授，必时时诘问之，令其善疑，诱其审问。"为了培养学生的语文能力，发展他们的智力，改革大学语文课堂教学，我们必须研究提问的技能，启疑开窦，问得美妙，问得开窍。

（六）大学语文课堂教学提问的原则

（1）目的性原则

目的性原则即教师应在课前设计好课堂上所提问题，问题应围绕着教学目标，根据教学重点和教学难点来发问。提出的问题应指向教材的知识因素、智力因素、情感因素、人文因素等，为学生的学习导航引路。引导之法，贵在善问，善问就在于问到点子上，问到目的上。要问知识点、能力训练点、情感渗透点，更要问得明白、问得有效。

（2）层次性原则

层次性原则即教师所提问题应适应学生的年龄、思维特点、知识水平和能力特征。所以，应设计多种水平层次的问题，面向全班学生提问，使全班每个学生的学习都能在自己的起点上得到不同程度的进步。课堂提问不在多而在精。一堂课教一篇课文，大学语文教师应围绕教学目标设计几个主要问题，循序渐进，形成一条教学的思维链。

（3）趣味性原则

趣味性原则即教师设计的问题应能引起学生学习大学语文的兴趣，具有思考性和思维价值。也就是说提问宜曲忌直，问题要拐个弯儿，富有挑战性，好比摘桃子一样"跳一跳，够得着"才有趣，不跳或跳起来仍够不着就索然无味了。

（4）启发性原则

启发性原则即教师设计的问题要有启发性，能启发学生的思维。对于什么是"问题"，吉尔福特说："每当你碰到不做进一步心理上的努力就不能有效地应付的情况时，你就遇到了问题……当你要组织新的信息项目，或以新的方式运用已知的信息项目，以解决问题时，你就碰到了问题。"可见，构成"问题"的基本条件有两个：一是要有"心理上的努力"才能解决，否则就不是问题；二是要"组织新的信息项目"或"以新的方式运用已知的信息项目"，即运用新知识或重新组合已有的知识经验去解决。这就说明，教师提出的问题要有一定的思考价值，要有一定的"坡度"，让学生有一种"山重水复疑无路，柳暗花明又一村"的思维效应，否则就失去了提问的意义。启迪学生思维，发展学生智力，这是提问的主要作用。

（5）评价性原则

评价性原则即教师要对学生的回答作出恰如其分的分析和评价。教师的评价要具有针对性、客观性和期望性。教师应对学生回答问题的情况进行实事求是的评价，是非分明，公平公正，做"科学的法官"，给学生以"求真"的教育。在评价时，教师要从掌握语文知识的广度、理解知识的深度、巩固知识的程度、答错问题的数量与性质、创新意识、口头表达能力等几个方面来综合评价。然而，在评价中无论是对学生进行肯定、鼓励还是对学生进行批评，教师都必须真诚。

二、大学语文课堂教学提问技能训练

（一）训练目标和评价标准

大学语文课堂教学提问技能的训练目标主要有两个方面：一是通过训练掌握提问技能的理论知识，二是能够运用七种主要的提问技能设计问题。

大学语文课堂教学提问技能的评价标准如表5-3所示。

表5-3　大学语文课堂教学提问技能评价标准

评价项目	评价等级 优	良	中	差	权重
提问目的明确，紧密结合教学内容，重点突出					0.25
提问时机把握恰当，问题有启发性，能激发思维运动					0.15
问题的设计有阶梯性、有层次性，能面向全体学生					0.2
问题表述清晰，语言简明易懂					0.2
提问过程中要给予学生一定的思考时间（3~5分钟为宜）					0.1
对学生的回答要给予分析评价					0.1

（二）训练内容和教例评点

（1）训练内容

根据教学目标，运用七种提问技能分别对《老人与海》、《红楼梦·宝钗生日》、《地毯的那一端》、《围城》、《中国书法》、《亲亲土豆》、《哈姆雷特》、《柳园里》和《垓下之围》等进行提问设计。

（2）教例评点

1.《红楼梦·宝钗生日》

师：曹雪芹为什么仅写宝钗生日，而不写黛玉生日呢？这是小说的一种写作表现手法吗？是小说情节发展的需要吗？是人物性格的塑造描绘吗？是对贾府统治者的揭露吗？

（评点）教师采用辐散式提问技能，抓住教学重点，在"无疑"处设疑，由点到面、由表及里、由易到难、由低到高设计问题，可谓是层次分明、步步推进，把学生零散的直觉思维转换成了抽象逻辑思维，从而有效地实现了教学目标。

2.《亲亲土豆》

师：《亲亲土豆》应该算是一篇悲剧小说——讲述了一个生活在最底层的农民

家庭的不幸遭遇。对于任何一个读者来说，癌症夺去了年轻丈夫的生命，拆散了一个温馨的家庭，这样的悲剧都是生命不能承受的重量。所以，作者完全可以写这样一个结局：在天寒地冻的冬日，凄凉的孤坟，哭倒着撕心裂肺的妻子，远处唢呐赤裸裸地哀鸣着。但是作者没有这样写，而是构造了一场平常而又特别的葬礼。作者为什么要这样写呢？

生：这是对生命的一种坦然态度。

生：这是对人性坚忍不拔、善良美好的细节描绘。

生：我认为这是对题目——亲亲土豆的诠释，土豆既是小说的一条线索，又是人物的精神寄托，客观的物被主观意象化了。

生：这是一个具有创造性的结尾，作者一改人们凄凉场景描写的思维定式，用一个细节描写，用一个夫妻间温馨甜蜜的对话来结尾，展现了夫妻间那种相知、相爱、相惜的深厚情感。

师：同学们从不同的角度对小说进行了解读，我认为你们的观点是比较准确到位的。我非常赞同，同时我认为这个结尾还揭示了一个哲学命题——人存在的价值和意义。

（评点）教师经过精细设计，将形象化的描述变成理性的思考，逐步引导学生去理性思考和探究，从而摆脱了空洞的说教、枯燥的讲授、僵硬的输入。而且教师的提问面向全体学生，刺激了学生的探究欲望，具有启发性。

3.《柳园里》

师：同学们，你们恋爱了吗？结合你自己的恋爱观谈谈对《柳园里》深刻思想的感悟。

生：通过学习爱尔兰诗人叶芝的《柳园里》，我认为爱情是女性生命的代名词，为爱而生，为情而逝，甜言蜜语是她的阳光雨露，相知相惜是她的精神原动力，一旦枯萎，永不复苏，追悔莫及。

师：诗的哪些句子让你有这样的感悟？

生：诗中的"绿叶""青草""树枝""河堰"等都是主观意象化的，象征了爱人之间的依存关系。在这个爱情世界里，男性永远是主宰者，是女性快乐幸福的沃土。反复吟咏的"年轻无知"是男性的反思，加上"那么"，深刻揭示了男性伤害女性程度之深、悔恨之痛。"只"是"唯一"的意思，表明结局是无奈的、伤痛的、悔之莫及的。

师：现在，你得到了什么样的人生启迪？

生：珍惜现在拥有的那个心爱的人，相伴相知，相惜相拥，日出日落，与她白头偕老，不自我，不孤傲，不大丈夫，拥她入怀，无限美好荡漾在胸中。

（评点）这个提问设计使用了转弯式和比较式，把对诗歌的理解、应用和分析紧密融合起来，师生流畅地进行了交流，从诗歌到自身，再到诗歌，最后再到学生自身，实现了教学目标，突出了教学重点，培养了学生正确良好的情感、态度和价值观。

（三）训练中应注意的问题

(1) 训练要有明确的目标

训练要有明确的目标，训练目标越明确，针对性越强，训练效果就会越显著。

(2) 训练过程要踏实有效

训练过程要踏踏实实、认认真真，针对每一种提问技能都不折不扣地训练。技能在训练中形成和提高，最终在训练中达到灵活运用的境界。

(3) 训练方法要理论联系实践

理论离开实践只是空中楼阁，实践离开理论则如同磨道里的驴。二者只有紧密结合，才能相辅相成、相互促进、共同发展提高。

(4) 训练形式要多样化

提问技能主要有七种，训练形式要丰富多样，花样翻新，这样训练才有趣味性和探究性。

第六章　大学语文教学语言表达

第一节　大学语文教学语言表达技能

　　教学语言表达技能是一名大学语文教师最重要、最基本的职业技能。大学语文承载了中华几千年的思想精髓、文化意蕴和文明步伐，它的语言文字可谓是字字珠玑、句句精美、段段精彩、篇篇精华，音美，形美，意也美。教学语言是大学语文教师传播丰富多样的知识和文化信息的重要媒介，是熏陶学生感悟中华几千年优秀传统文化的重要源泉，是教会学生正确理解和运用祖国语言文字的重要阵地，是发展学生思维能力和开发学生智力的主要工具。它能使学生深刻感悟到我国语言文字的丰富隽美，使学生品味到"一字寓褒贬"的语言魅力，使学生领略到"语不惊人死不休"的"推敲"意味，使学生体悟到"疏，可以跑马；密，不可插针"的奇妙意境等。因此，大学语文教师必须掌握教学语言表达"四美"技能——音美悦耳、词美意丰、句美形整、思美理清，从而科学高效地实现大学语文的教学目标。

一、音美悦耳的教学语言表达技能

　　音美悦耳的教学语言表达技能主要是指大学语文教师要使用规范标准的普通话，掌握语音美、语调美、节奏美和韵律美。耳聪才能目明，和谐悦耳的声音刺激对人有很强的吸引力。它能快速吸引学生学习的注意力，促使其进入并保持良好的学习状态，同时展开积极的思维活动。现行汉语拼音方案21个声母，39个韵母，加上4个声调的配合和轻声，大约有1300多个音节，每个音节都音韵和谐、悦耳动听。所以大学语文教师要做到教学语言的语音准确规范，发准每个字的声母、韵母、声调和语流音变等，使自己的教学语言音美悦耳。在发准语音的基础上，大学语文教师还要掌握语调美技能，也就是语调高、低、升、降和曲折度变化要准确到位，语气、停顿、重音表达要恰当适度。美的语调使学生如听潺潺溪水，如闻美妙乐曲，学习情绪积极，注意力集中，思维活跃，精力充沛。大学语文教师的教学语言不仅要音美、调美，还要节奏美。教学语言要高、低、快、慢、轻、重、缓、急错落有致，富有悦耳的节奏感。教学语言表达得太快、太慢、太尖、太沉、太低都会造成学生的思维疲劳、大脑抑制、学习情绪低落。大学语文教师的教学语言表达具有了语音美、语调美、节奏美，必然会产生韵律美。汉语言文字自产生起就讲求平仄音韵之美，任何一首诗词歌赋都音律和谐、韵味无穷。所以，音美悦耳的教学语言表达技能要求做到读音准确无误、平仄和谐相配、对偶押韵朗朗上口、抑扬顿挫悦耳动听、快慢相间娓娓道来、高低错落节奏鲜明等。

二、词美意丰的教学语言表达技能

音美悦耳的教学语言表达技能可以吸引学生集中注意力，激发学生学习的兴趣。词美意丰的教学语言表达技能却可以感染学生，让学生深刻领悟大学语文无穷的言语韵味。正如黄中建所说："教师的语言是世界上最美的语言。它像一股清泉流入沙漠，于是沙漠有了绿洲；它像一线晨光穿过云层，给林中飞鸟带来了黎明的信息；它像普罗米修斯的圣火，给人类带来文明之光，照彻上下五千年。"词美意丰的教学语言表达技能主要是指大学语文教师教学语言表达要词语丰富，不要单调平淡；要准确简洁，不要随意繁琐；要意趣盎然，不要干瘪乏味。

大学语文中的每篇选文均是精美之作，作者把情、景、理巧妙地融入精美的字里行间。其语言或铺排描绘，或工笔勾勒，或汪洋恣肆、纵横捭阖，或生动形象，幽默风趣，或清新淡雅、余音绕梁等。因此，大学语文教师教学语言表达词语要丰富多样，能引经据典，旁征博引格言警句、诗词歌赋、名言俚语等，语句表达或排比比喻，或对偶反复，或长短句结合等。如果大学语文教师教学语言表达不够丰富多彩，学生就既不能展开丰富的联想和想象，也不能深刻品味作品精深的意蕴，更不能举一反三、触类旁通感悟语言和思想的精美。例如，在欣赏张若虚的《春江花月夜》"春江潮水连海平，海上明月共潮生。滟滟随波千万里，何处春江无月明"时，我用描述性的语言给学生绘制了一幅春江花月夜的壮丽画面。

一泻千里的江水裹挟着汹涌澎湃的潮水奔涌激荡，它们仿佛和大海连在一起，碧波荡漾，浩瀚无边，波澜壮阔，海天一色，气势宏伟。这时，一轮皎洁的明月随着潮水的涌动冉冉升起，霎时，明媚的月光铺满江面闪耀于千万里之遥，哪一处春江能不在它的朗照之中呢？"平"和"生"二词，一形一动，把潮水和明月活泼泼的运动美、气势美和生命美淋漓尽致地展现出来了。

这样丰富的教学语言把声音、色彩和意味等融为一体，给学生无穷的视觉、嗅觉和听觉的感悟和体验，从而能使学生更好地感悟作家作品思想的深邃，体悟语言的魅力。

词美意丰还要求准确简洁。准确简洁是指大学语文教师教学语言表达要逻辑严密，思路清晰，层次分明，简洁精当，要言不烦，明快流畅。思维和语言是合二而一的，一个内隐，一个外显，二者互为表里、相辅相成。大学语文中任何一篇文章都是古今中外名家用严密精当的语言表达自己深邃清晰的思想所形成的精华。所以，大学语文教师在使用教学语言这个教学工具的时候一定要做到表达逻辑严密、清晰准确，带领学生摸清作者的行文思路、文章的线索脉络。混沌含糊地教学语言会让学生理不清文章的脉络和层次结构，致使大脑混混沌沌一团浆糊，如坠云雾之中。法国著名的作家福楼拜就有精辟的"一词说"理论。他曾说，"不论描写什么事物，要表现它，唯有一个名词；要赋予它运动，唯有一个动词；要得到它的性质，唯有一个形容词"。

意趣盎然就是大学语文教师教学语言表达要"意""趣"相加。"意"是教学语言表达的核心思想，要充实深刻，意味深长。"趣"是教学语言表达的形式，要言词丰满，幽默风趣。有"意"无"趣"干瘪生涩，令人生厌；无"意"有"趣"哗众取宠，令人无味；有"意"有"趣"生动风趣，令人深思。大学语文教师怎样做到"意""趣"相加呢？主要是启发诱导和幽默诙谐。有教育家说："平庸教师只是叙述，好教师讲解，优异的教师示范，伟大的教师启发。"苏联教育家斯维特洛夫说："教育家最主要的，也是第一位的助手就是幽默。"因此，首先，大学语文教师教学语言表达要做到正面启发，反面诱导，侧面诱发，使学生思维深刻，推理严密，思想精辟，情感丰富，语文知识丰厚，语文素养得到全面提高；其次，大学语文教师教学语言表达要做到幽默风趣。幽默是语言运用的艺术。大学语文教师要善于使用排比、对偶、夸张、顶真、回环等多种修辞手法，引用诗句、格言、典故、歇后语等表现形式使自己的教学语言幽默诙谐、意趣横生。

三、句美形整的教学语言表达技能

佛靠金装，人靠衣装。言而无文，行而不远。离开了"语言"就离开了"语文"。大学语文教师教学语言表达要句美形整，富有文采，也就是要讲究修饰美和灵活美。

首先，大学语文教师教学语言表达要讲究修饰美。教学语言要调动比喻、夸张、拟人、排比、回环等多种修辞手法，要准确选择运用一些动词、形容词、名词等做到表达生动形象、优美动听，给人身临其境之感、栩栩如生之貌。否则，干巴巴的教学语言既苍白贫乏像个"瘪三"，又乏味无趣像块大石头。

其次，大学语文教师教学语言表达要讲究灵活美。教学语言表达形式要灵活多样，或娓娓道来，或生动描绘，或干脆精练，或抒情议论，或整句散句相加，或肯定否定并用，或长句短句相配，或主动被动相连等。

修饰美和灵活美使大学语文教学语言表达形成或明快美、或诙谐美、或庄严美、或严谨美、或繁丰美、或豪放美等风格，有波澜起伏、声色俱佳、姿态万千之状，令学生学习大学语文的情感丰富、兴趣浓厚、感悟深刻、体味无穷。

四、思美理清的教学语言表达技能

思美理清的教学语言表达技能是指大学语文教师教学语言表达要思想崇高美好，道理清晰而富有哲理性。大学语文中任何一篇选文都蕴涵了作者丰富的情感、明确的人生态度和崇高的价值观。大学语文教师要把这些美好崇高的思想观念和精神内涵客观准确、清晰辩证地传达给学生，让他们科学客观地、正确清晰地认识作家作品的思想意蕴。例如，我在教授曹操的《短歌行》时，部分学生断章取义，把"对酒当歌，人生几何"理解成人要及时行乐、不要期待明天、今朝有酒今朝醉。他们还引用诗句来论证，"人生得意须尽欢，莫使金樽空对月""花开堪折直须折，莫待无花空折枝""得欢当作乐，斗酒聚比邻。盛年不重来，一日难再晨"。这时，我就正确地引导学生从全诗来解读这个苦短的愁闷主要是作者忧虑时光有限，而自己功业却未就，远大抱负没实现，其精神实质是昂扬向上、积极进取的。所以，我们当代大学生要有"欲穷千里目，更上一层楼""野火烧不尽，春风吹又生""会当凌绝顶，一览众山小"的理想雄心。

总之，大学语文教师教学语言语音动听与否、语言趣味如何、词汇是否丰富、说话有无条理、遣词用语是否准确精美、思想是否正确崇高等，直接影响着教学工作的成败优劣。所以，作为一名大学语文教师，必须运用好教学语言表达技能。

第二节 大学语文教学语言表达技能训练

一、训练目标

大学语文教学语言表达技能的训练目标主要有二：一是能说出四种大学语文教学语言表达技能的内容，二是能将这四种技能知识恰当运用于课堂教学中。

二、训练内容

（一）音美悦耳的教学语言表达技能

教学语言以有声语言为第一载体，必须声声入耳，所以音美悦耳是第一位的。

影响音美的四个要素是音高、音强、音长和音色。

音高，指声音的高低。一般而言，男生说话的基本频率是60～200赫兹，女生为150～300赫兹，人耳可听的频率范围在16～20000赫兹之间。但在两个极端，听音就特别难受。

音强，就是人们在听到声音时感到的响度，也就是我们通常说的声音的强弱或大、小、重、轻。人正常说话的强度在15～75分贝之间。

音长，指说话中每个字所用的时间，形成说话的速度。一般而言，汉字每个音节需0.2～0.4秒，汉语的通用表达速度为每分钟100～200个字。

音色，又叫"音质"，指的是声音的特色。音色的差别主要取决于物体振动所形成的音波波纹的曲折形式。也就是说教师讲课是选择用方言语音系统还是普通话语音系统。

教学语言的音美要从这四个要素去努力，说好普通话，自然就会产生声音美和韵律美、语调美和节奏美。声音美和韵律美是教学语言有声性的要求，语调美和节奏美是教学语言传情性的要求。

（教例）我国/素有/"诗乡""诗国"的/美称（稳健、舒缓），/唐代/是/我国/古代/诗歌/创作/的/一个/高峰（昂扬、稍快），/杜甫/是/唐代/伟大/的/现实主义/诗人（深沉、舒缓）。/他/写的诗/反映了/当时的/民间疾苦，/称为/"诗史"，/他本人/被/称为/"诗圣"（激越、轻快）。

（二）词美意丰的教学语言表达技能

词美意丰的教学语言表达技能主要是大学语文教师教学语言表达要词汇丰富、准确简洁、意趣盎然。

（教例）教师用词美意丰的教学语言表达技能对《长恨歌》进行赏析。

《长恨歌》给我们艺术美的享受的是诗中那个婉转动人的故事，是诗歌精巧独特的艺术构思。全篇中心是歌"长恨"，但诗人却从"重色"说起，并且予以极力铺写和渲染。"后宫佳丽三千人，三千宠爱在一身。金屋妆成娇侍夜，玉楼宴罢醉和春""日高起""不早朝""夜专夜""看不足"等，看起来是乐到了极点，像是一幕喜剧，然而极度的乐正反衬出后面无穷无尽的恨。唐玄宗的荒淫误国，引出了"渔阳鼙鼓动地来""九重城阙烟尘生"的政治悲剧，反过来又导致了"宛转蛾眉马前死"的爱情悲剧。悲剧的制造者最后成为悲剧的主人公，这既是故事的特殊曲折处，也是诗中男女主人公之所以要"长恨"的原因。诗人又是如何表现"长恨"的呢？马嵬坡杨贵妃之死一场，诗人刻画极其细腻，把唐玄宗那种不忍割爱但又欲救不得的内心矛盾和痛苦感情都具体形象地表现出来了。由于有了这"血泪相和流"的死别，才会有那没完没了的恨。随后，诗人用"春风桃李花开日,秋雨梧桐叶落时""夕殿萤飞思悄然,孤灯挑尽未成眠。迟迟钟鼓初长夜,耿耿星河欲曙天"等许多笔墨从各个方面反复渲染唐玄宗对杨贵妃的思念,但诗歌的故事情节并没有停止在一个感情点上,而是随着人物内心世界的层层展示以及景物的不断变化,把时间和故事向前推移,用人物的思想感情来开拓和推动情节的发展。唐玄宗奔蜀,是在死别之后,内心十分酸楚愁惨;还都路上,旧地重经,又勾起了伤心的回忆;回宫后,白天睹物伤情,夜晚辗转难眠,日思夜想而不得见,所以寄希望于梦境,却又是"悠悠生死别经年,魂魄不曾来入梦"。诗至此,已经把"长恨"之"恨"写得十分动人心魄,故事到此结束似乎也可以。然而诗人笔锋一转,别开境界,借助想象的彩翼,构思了一个"楼阁玲珑五云起,其中绰约多仙子"的妩媚动人仙境,还有一个"云鬓半偏新睡觉,花冠不整下堂来。风吹仙袂飘飘举,犹似霓裳羽衣舞。玉容寂寞泪阑干,梨花一枝春带雨"的仙女太真,还有"在天愿作比翼鸟,在地愿为连理枝"的爱情誓词,把悲剧故事的情节推向高潮,使故事更加回环曲折,有起伏,有波澜。这一转折,既出人意料,又在情理之中,故事也因此而显得更为婉转动人、撕心裂肺、恨恨无言。

　　这段教学语言,精美诗句和简洁词句相融,丰富的词汇和深厚的意趣配合,产生了一种整齐匀称、跌宕起伏的词美意丰境界,让学生既感受了爱情和政治相纠结的悲剧,又领略了诗歌"长恨"的主题;既感受到了刻骨铭心的爱情魅力,又认识到了血雨腥风的政治斗争;既感受了这首长篇叙事诗精练的语言、优美的形象、叙事和抒情结合的手法,又惊叹于诗人仅借历史的一点影子、人们的传说,用回环往复、缠绵悱恻的艺术形式,描摹、歌咏出这样一个回环曲折、婉转动人的故事。

(三) 句美形整的教学语言表达技能

　　修饰美和灵活美是句美形整的教学语言表达技能的主要内容。

　　(教例) 教师用句美形整的语言表达技能赏析李商隐的《无题·来是空言去绝踪》。

　　李商隐的《无题》诗有一个显著的特色,就是常常通过景物的描写创造出一种特殊的环境和气氛,用以烘托人物的思想感情和心理活动。在这首诗里,八句当中,就有"月斜楼上五更钟""蜡照半笼金翡翠,麝熏微度绣芙蓉"这三句是景物描写。我们常说情中有景,景中有情,情景交融。李商隐还不仅仅如此,他不但把情和景结合在一起,还把情、景、叙事这三者结合在一起。那凄清的钟声,仿佛带着女子的叹息和哀怨在晨风中回荡;那楼头的残月,好像正伴着楼中的人在思念着远方的情人。从"蜡照"句,我们仿佛看到夜深不眠、对着烛光寂思默想的女主人公那孤独的身影,我们仿佛闻到那撩人的熏香,好像有意在勾起女主人公对过去美好时光的回忆,使人倍感眼前的冷落,我们仿佛感到色彩浓艳的金翡翠灯罩、绣着芙蓉花的被褥在寂静的氛围中散发着闺室的凄凉意蕴。这些诗句,既是写景,又是抒情,还是叙事。作者自然地把三者融为一体,如一幅水墨画意蕴浑成,如一场爱情斑斓梦意味无穷,如一个凄凉悲悯的相思境,真正达到了出神入化的艺术境界。

这段教学语言运用短句和长句相结合、比喻和排比相融合等手法,温和清丽,柔婉细腻,想象丰富地赏析了李商隐把写景、抒情和叙事三者融为一体的艺术手法。

(四)思美理清的教学语言表达技能

崇高美好的思想意蕴、深入浅出的哲理性是思美理清的教学语言表达技能的主要内容。大学语文贵在一种文化的感悟与传承、一种思想的熏陶与感染、一种哲理的态度与价值、一种精神的再现与厚重。

(教例)教师教老子《道德经·曲则全》。

我们常人所见只是事物的表象,看不见事物的本质。在《道德经·曲则全》中,老子以其哲学智慧、思想观念、精神底蕴来观照现实世界中种种事物的活动。他认为:第一,事物常在对立关系中产生,我们必须对事物的两端都能加以彻察;第二,我们必须从正面去透视负面的意义,对于负面意义的把握,更能显现出正面的内涵;第三,所谓正面与负面,并不是两种截然不同的东西,它们经常是一种相互依存的关系,甚至于经常是浮面与根底的关系。在"曲"里面存在着"全"的道理,在"枉"里面存在着"直"的道理,在"洼"里面存在着"盈"的道理,在"敝"里面存在着"新"的道理,因而在"曲"和"全"、"枉"和"直"、"洼"和"盈"、"敝"和"新"的两端中,把握了其中之底层的一面,自然可以得着显相的另一面。但是,常人总喜欢追逐事物的显相,芸芸众生莫不汲汲于求"全"求"盈",或汲汲于张扬显溢,因而引起无数纷争。求全之道,莫过于"不争"。"不争"之道,在于"不自见""不自是""不自伐""不自矜"。而本章开头所说的"曲""枉""洼""敝",也都具有"不争"的内涵。

这段教学语言深入浅出地把老子的哲学思想用思美理清的教学语言表达技能表达出来,具有庄重典雅、喷薄而出、纵横驰骋、辩证论理、揭示规律之气势。犹如钻井,巨大的压力集中在钻头一点,就产生了强大的穿透力,引起学生心灵强烈的震撼与深刻的感悟。

三、训练中要注意的问题

（一）理论开路，实践积累。

俗话说，"冰冻三尺非一日之寒"。大学语文教师想快速掌握教学语言表达技能的愿望是好的，但是凡事都需要一个积累的过程。在这个过程中，教师必须从理论上理解教学语言表达技能，在实践教学中有意识地揣摩语言文字，斟酌推敲好每一堂课的教学语言。

（二）勤思善练，机智应变。

俗话说，"要想人前显贵，必须背后受累"。教师把书面语言变为口头教学语言，唯一的途径就是勤于思考，善于练习。例如，练胆量，有"目中无人"之信心；练语气，有气贯长虹之声势；练语调，有抑扬顿挫之节律；练陈述、描绘、说明等多种表达方式，有清丽婉转之妙音；等等。这样，教师面对课堂上种种常规现象和偶发事件就总能用积极的语言、幽默的词汇因势利导，最终实现教学目标。

（三）突出个性，形成风格。

所谓教学语言风格，是指教师在长期的教学实践中逐渐形成的富有成效的、一贯的、独特的语言气氛和语言格调，是教学语言个性化的稳定状态之标志。每个教师都要根据自己的个性特征形成自己独特的语言风格，或清新质朴、亲切温暖，或诙谐幽默、机智风趣，或通俗易懂、清晰流畅，或清新明丽、情深意浓等。

第七章　大学语文教学思维

第一节　大学语文教学思维技能

千百年来，思维的奥秘吸引着无数人，他们投入了无限的精力和热情去探索和揭示它。恩格斯从最广泛的意义上指出：思维是宇宙中物质运动的基本形式之一，是地球上最美的花朵。思维作为一种能力和品质，作为人的智力核心，是人的智慧的集中体现。正因为如此，中外教育家总是把对学生思维能力的培养作为学校教育的一项十分重要的任务。赫钦斯说："教育不能复制学生毕业后所需要的经验，它应当使学生致力于培养思维的正确性，作为达到世界的智慧即理智的行为的一种手段。"大学语文是语言和思维的统一，正如著名教育家叶圣陶所说，"思维和语言是二而一的东西"所以，大学语文教师要具有教学思维技能。

一、思维

思维是人脑对客观事物的间接概括的反映。这种反映是与人对世界的感性认识及思路活动密切联系着的，是借助于词汇而实现的。所以美国学者华生认为，思维是无声的语言，语言是出声的思维。

二、思维品质的特征

思维品质，实质是人的思维个性特征。思维品质反映了每个个体智力或思维水平的差异，主要包括深刻性、灵活性、创造性、批判性和敏捷性五个方面。

（一）思维的深刻性

思维的深刻性指思维的深度。它集中地表现在是否善于深入地思考问题、抓住事物的规律和本质、预见事物的发展和进程上。这一思维品质要求人们具有精深的知识。一个知识浅薄的人，其思维的深刻性肯定较差。在思维的深刻性方面，有的人思考问题善于打破沙锅问到底，非弄个明白，但又不钻牛角尖；有的人思考问题往往很肤浅，一知半解。一般说来，那些好学深思、不耻下问的学生，其思维是深刻的；那些不求甚解的学生，其思维则具有肤浅的不良品质。"刨根问底""打破沙锅问到底"是深刻性的写照去粗取精，"去伪存真，由此及彼，由表及里"也是深刻性的体现。

（二）思维的灵活性

思维的灵活性是指思维活动的灵活程度。它的特点包括：一是思维起点灵活，即从不同角度、方向、方面思考，能用多种方法来解决问题；二是思维过程灵活，从分析到综合，从综合到分析，全面而灵活地进行综合的分析；三是概括——迁移能力强，运用规律的自觉性高；四是善于组合分析，伸缩性大；五是思维的结果往往是多种合理而灵活的结论，不仅有量的区别，而且有质的区别。灵活性反映了智力的"迁移"，如我们平时说的"举一反三""运用自如""融会贯通"等。灵活性强的人，智力方向灵活，善于从不同的角度与方面起步思考问题，能较全面地分析问题。

（三）思维的创造性

创造性思维、创造性、独创性或创造力可看作同义语，实质都表现在"创新"或"创造"上，即一种现象的多种表现形态。如果强调创新的过程，则为创造性思维；如果强调个体间创新的差异，则为创造性或独创性；如果强调人的创新能力的大小，则叫创造力。思维的创造性是人类思维的高级形态，它是在新异的问题情境中，在一定目标的指引下，在调动一切已知信息，独特、新颖且有价值地解决问题的过程中表现出来的智力品质。思维的创造性品质也可以在用新颖、独特的方法解决熟悉问题的过程中表现出来。在人类社会生活的一切领域和活动中，从幼儿游戏、学生学习到成人工作、科研等，都需要思维的创造性，任何创造、发明、发现、革新都与思维的创造性紧密相连。

（四）思维的批判性

思维的批判性是指思维活动中善于严格地估计思维材料和精细地检查思维过程的思维品质。"知其然，知其所以然"就是思维批判性的表现。心理学家认为，它有五个特点。

（1）分析性。即在思维活动中不断地分析解决问题所依据的条件，反复验证业已拟定的假设、计划和方案。

（2）策略性。即能够根据当前任务的需要，调动自己已有的知识经验，将它们组织为相应的解题策略或手段，并使它们在解题中发挥作用。

（3）全面性。即在思维活动中能够客观地从各个侧面考虑问题，把握问题的进展情况，善于进行自我评价，坚持正确计划，随时修改错误方案。

（4）独立性。即不为情景性暗示所左右，不迷信权威，敢于对权威的观点提出疑问，不人云亦云、盲目附和。

（5）正确性。即思维过程严谨，条理清晰，思维结果正确，结论实事求是。思维的批判性是思维过程中自我意识作用的结果。通过自我意识的监控，人们不仅能认识自己的思维过程，而且也能根据活动要求及时调整思维过程，修改思维的课题和解决问题的手段。这里存在着一个主体主动地进行自我反馈的过程，从而提高了思维活动的效率、自觉性和正确性。所以，思维的批判性体现了一个人的思维活动水平。

（五）思维的敏捷性

思维的敏捷性是指思维过程中正确前提下的迅速和简捷。有了思维的敏捷性，在处理和解决问题的过程中就能根据具体情况进行积极思考，正确作出判断并迅速作出选择。这就要求人的认知结构系统化、结构化，具有清晰性、稳定性和可利用性，一旦需要便能迅速而正确地进行检索和提取。

上述五种思维品质相辅相成、密不可分，组成了一个有机整体。其中，思维的深刻性是一切思维品质的基础。灵活性和创造性是在深刻性基础上引申出来的两个思维品质，它们是交叉的关系，两者互为条件，不过前者更具广度和顺应性，后者则更具深度和新颖性，前者是后者的基础，后者是前者的发展。思维的批判性是在深刻性基础上发展起来的品质，只有深刻地认识、周密地思考，才能全面而准确地作出判断，同时，只有不断地进行自我批判，及时调节思维过程，才能使主体更加深刻地揭示事物的本质和规律。思维的敏捷性是以其他四个思维品质为必要前提的，同时又是其他四个思维品质的具体表现。

三、大学语文教学思维技能

（一）形象思维技能

形象思维是人类思维的基本类型之一。从信息加工角度说，形象思维可以理解为主体运用表象、直感、想象等形式，对研究对象的有关形象信息以及贮存在大脑里的形象信息进行加工（分析、比较、整合、转化等），从而从形象上认识和把握研究对象的本质和规律。

形象思维技能作为一个完整的思维认识加工过程，需要经过形象的感知和形象的理性化两个阶段。

（1）形象的感知阶段

形象的感知就是感性认识。感性认识包括感觉、知觉和表象三种互相联系、依次发展的形式。感觉反映的是事物的个别属性，知觉则是关于事物整体的反映。感觉和知觉的重要收获是大脑对客观对象摄取了相应的映象。映象带有直观性的特点。这种直观的映象记忆在大脑中，事后再回忆它时便是表象。感觉、知觉和表象都属于感性认识，但表象比感觉、知觉的认识更进了一步，它具有直观形象性和初步概括性的特点。从感觉、知觉到表象，反映出人的认识由部分到全体、由直接到间接的趋势，但这种认识反映的仍然是事物的表面现象和外部联系，因而它还是一种比较低级的认识活动。表象既是感性认识的最高形态，又是理性认识的起点，它是由感知过渡到思维、由感性认识过渡到理性认识的中介。

（2）形象的理性化阶段

形象的理性化，就是通过形象思维的方法，对表象材料进行由此及彼、由表及里、去粗取精、去伪存真的加工处理，使表象转化为具有理性意义（即典型化或理想化）的新形象，由原先的感性认识发展到理性认识。

形象思维加工有两个基本技能环节：一是通过形象的分析和综合，表象转化为意象，二是通过回想、联想和想象，意象的丰富内容得到展现。

1. 通过形象的分析和综合，表象转化为意象。

形象的分析，就是把整体形象分解为各个部分，从而认识每一部分的形象特征的思维过程。如把一个人的形象的头部分解为头发、眼睛、鼻子、嘴等，看每一部分的形象特征是什么。形象的比较，就是对同一形象各部分或不同形象的形同部分特征的辨别，它是理解和认识的基础。它往往是与形象的分析同时进行的，分析中包含着比较，比较中也包含着分析。如某个人哪些部分更能反映他的肖像特征。在比较中，具有特征的部分被认识、被提取，其他部分则隐退其次。形象的综合，就是把被分析、提取的局部形象特征按照它们之间的有机联系再组合成新的整体形象。如对某人的整体形象所分析、提取的关于发型、眼睛、面容、衣饰等的特征组合起来，形成这个人新的整体形象。再如，在创造想象时对某几个整体形象所分析、提取的特征进行重新组合，构成一个全新的形象。形象的概括，就是把许多形象所具有的共同点形象特征，或把某一形象分析出来的具有同类形象一般的、共同的形象特征结合起来。如把许多老农民所具有的共同点形象特征或把某一位老农民所具有的同类农民的一般形象特征结合起来，都是形象的概括。形象的分析、比较、综合和概括既是形象思维基本的思维过程，也是基本的思维方法技能。

在形象思维过程中，出于不同的目的和需要，形象的分析、比较、综合和概括又有两种不同的加工途径：一种是出于再现现实形象的需要，以曾经感知过的某一现实形象为基础，经过对感性表象的分析、比较、综合和概括，筛除这一现实形象身上的非本质成分，提取本质成分，最后得到的是能够反映现实形象本质特点的新形象；另一种是出于创造理想形象的需要，以曾经感知过的多个现实形象为基础，经过对这些形象的分析，只从每个形象身上提取有关部分，然后再将这些局部表象按照一定的结构方式有机地组合成一个整体形象。这个形象是一个集合多个形象特点而又不同于其中任何一个的新形象。例如，鲁迅作品中的阿Q、孔乙己等。正因为它集多个形象特点于一身，所以这个新形象比现实的形象更典型、更理想。这个过程虽然也离不开回忆和联想，但更重要的是靠想象去创造。

形象思维经过这样的分析和综合，原先感性的表象也就逐步转化为理性的意象。在思维过程中，经过对感性表象的分析和比较，不仅有关部分的形象特征被提取、被显示，而且在分析、比较之中即包含着初步的主观认识。在经过综合和概括后，所产生的新形象对同类事物在本质意义上也就具有了一定的典型性和概括性，这时的主观认识也就达到了理性的水平。这个新形象虽然是在原先表象的基础上产生的，但已质变为富有典型意义和理想色彩、包含着主观认识和理性的新形象，正是在这个意义上我们才称之为"意象"。

2. 通过回想、联想和想象，意象的丰富内容得到展现。

意象不仅具有直观、形象的外部形态，而且它身上蕴涵着自身内在的特质及与其他事物的联系，它是内容与形式的统一。为了意象表达的需要，形象的理性化不仅在于把感性的表象孕育为理性的意象，而且还必须将意象所蕴涵的丰富内容展示出来。意象内容的展示过程就是以意象为主体的各种内在的与外在的矛盾的展开过程，就是在意象孕育基础上、在内部语言参与下更高一级的思维加工。在这个过程中，意象是思维加工的主体对象，回想、联想和想象则是基本的思维运动形式。

回想是人的思维运动形式之一。我国现代心理学家潘菽说："意识所包含的不同认识活动主要分为感觉和思维两类。如分得稍细一些，感觉又可分为感觉和知觉两种，思维则可分为推想、想象、联想和回想等几种。"由此可见，回想是思维的一种，不过它是思维中比较低级的一种思维运动形式。回想是以现实性意象为依据的，所以它缺乏创造性，而是一种具有再现性质的、比较低级的思维运动形式。

联想，就是由一事物而想起另一事物。它既可以由眼前所感知的某一事物想起记忆中的另一事物，也可以由记忆中的某一事物想起记忆中的另一事物。后一种是形象思维高级加工过程中一种重要的思维运动形式，它的思维功能在于能够从事物之间的特殊联系上去揭示意象的内容，从而达到对事物的理性认识。联想可分为接近联想、相似联想、对比联想和关系联想等，尤其是后三种方式的联想都反映了事物之间的一种特定的关系。这些方式的联想可以将两种意象按照某种特定的关系组合起来，形象思维的理性认识也就体现于这种特定的关系之中。联想在形象思维中起着重要的作用，由于联想从一意象扩展到了其他意象，这样不仅可以大大丰富思维的内容，而且可以从意象之间的特定关系角度去揭示事物的本质。

想象，是为了充分展现创造性意象内容而进行的思维加工活动。想象和回想都是在思维目的控制下进行的一种系统的形象分析和形象综合活动，但回想是对现实性意象所展开的内容的分析和综合，它以真实性为前提，想象则是对创造性意象所展开的内容的分析和综合，创造性是它的根本特点。在叙事性文学创作中，想象加工过程的主要任务是要创设一定的典型环境，虚构典型的事件和情节，使意象在特定的环境、事件或情节中展现出自己的内容。同时，运用想象进行分析和综合，无论是创设环境还是虚构事件和情节，都必须符合客观逻辑。现实中的任何事物都有其自身的逻辑，形象思维的逻辑性就是要运用形象来表现现实的逻辑性。所以，尽管想象的能力是无限的，它是形象思维创造性的实在因素，但是想象的创造性又必须受现实逻辑的制约，想象的无限性还必须回到形象的、有限的特定性上。

由此可知，回想是现实性意象内容展现的主要思维运动形式，以它为主体而形成再现性的形象思维；想象是创造性意象内容展现的主要思维运动形式，以它为主体而形成创造性的形象思维；联想则以自己的独特作用给二者以密切的配合。但在实际思维过程中，回想和想象又往往是互相渗透的，回想可以使想象获得现实性的基础，想象又可以为回想增加理想的色彩。

形象的理性化阶段是形象思维认识加工最重要的一个阶段，亦即理性认识阶段。在第一个加工环节上，通过形象的分析和综合，感性的表象上升为理性的意象。意象既具有生动具体的外在形态，又包含着被凝缩的丰富内容，它是内容与形式相统一的综合体。意象的诞生是形象思维跃迁到理性认识的标志。在第二个加工环节上，通过回想、联想和想象，意象内在的凝缩着的丰富内容被展现出来，形成一个有序的、合乎现实逻辑的意象系统，这个意象系统便是形象理性化阶段的最高形态。这就是形象思维理性认识加工的基本过程。

（二）抽象思维技能

抽象思维，也称概念思维或理论思维，是以概念、判断和推理等形式进行的一种思维。抽象思维由于可以通过抽象的思维加工方式形成科学的概念、理论和知识体系，以指导人们的实践，因而历来被认为是人类最主要也是最重要的一种思维类型。

马克思在分析政治经济学科学体系形成过程时指出，人类认识的过程是一个"具体——抽象——具体"的发展过程，在认识的思维加工上，马克思把从感性具体上升到思维抽象的阶段叫作思维的第一条道路，它的加工方向是将"完整的表象蒸发为抽象的规定"；把从思维抽象上升到思维具体的阶段叫作思维的第二条道路，它的加工方向是"抽象的规定在思维行程中导致具体的再现"。马克思的这一概括为我们科学地揭示了抽象思维认识加工的一般过程。在这里，马克思所说的思维的第一条道路，指的是形式逻辑思维的加工过程，它是认识加工的初级阶段；思维的第二条道路，指的是辩证逻辑思维的加工过程，它是认识加工的高级阶段。

（1）从感性具体到思维抽象的初级加工阶段

抽象思维作为一个完整的认识过程，也是从感性认识开始的，但它的直接认识起点是表象。抽象思维初级阶段的认识加工，就是要通过形式逻辑思维将表象抽象为抽象的概念，形成抽象的规定，使人的认识由感性具体上升到思维抽象。

抽象思维初级阶段的认识加工，主要是靠分析和综合、比较和分类、抽象和概括等方法来进行的。例如，对人的认识，儿童通过对一个个具体的人的观察，便会在头脑中逐步形成一个关于人的一般表象，这还只是对人的一种感性认识。只有随着他们的分析和综合等能力的不断提高，他们才可能对人的认识进入思维抽象的阶段。因为儿童起初的思维还带有具体形象性的特点，所以他们在对人的表象进行抽象的分析和综合的时候，往往将本质的东西和非本质的东西混合在一起，如认为人是有眼睛的人是有鼻子的人是会走路的人是会说话的等。由于他们还未能从类与类的区分上着眼分析，因而他们的认识往往是表面的，还抓不住事物的本质特征。当他们能够注意从类与类的区分上进行比较认识的时候，他们的抽象、概括能力也就发展起来。这时他们就会发现，人之所以不同于其他动物，不在于有眼睛、有鼻子、会行走，而在于会说话、会劳动。这样，他们就舍弃了关于人的非本质特征，而抓住了人的本质特征。通过这样的抽象再到概括，他们便会得到人是"会说话的、会思维的、会劳动的高级动物"这样一个反映着人的本质特征的抽象认识。在抽象思维的初级阶段，经过这样一系列的思维加工过程，原先表象的形象性、具体性逐渐蒸发，得到一个能够反映事物共同本质的抽象规定，这便形成了抽象概念或一般概念。

（2）从思维抽象到思维具体的高级加工阶段

抽象思维高级阶段认识加工的直接起点，也就是初级阶段的认识成果，即关于对象的抽象规定。这个抽象规定，就思维形式来说，可以是抽象的概念或范畴，也可以是抽象的判断。高级阶段的认识加工主要是靠辩证的分析和综合的方法来进行的。辩证的分析和综合不同于抽象的分析和综合。抽象的分析和综合着眼于事物个体与类及类与类之间的关系，其作用在于能够将个体与个体所具有的共同属性分解出来，通过综合达到对同类事物足以与他类事物相区别的本质认识。而辩证的分析和综合则着眼于事物整体中所抽象出来的不同属性之间的关系，并通过综合将这些不同的属性复归为统一整体。

从思维抽象到思维具体的高级加工使人们将原先的抽象思维上升为具体思想。具体思想最基本的形式是具体概念。具体概念与抽象概念相比，已不只是反映事物本质的一般规定，而是包含着事物内部的诸多矛盾和诸多规定，因而它的内容要比抽象概念更具体、更丰富，对事物本质的反映也更全面、更深刻。把具体概念包含的矛盾对立直接展现出来便形成辩证判断，辩证判断的直接展开便形成辩证推理。具体概念、辩证判断和辩证推理是辩证思维的三种基本思维形式，后一种形式都是在前一种形式的基础上进一步深化和发展的。人们运用这种形式进行辩证思维，又进而形成辩证科学理论及辩证科学理论体系。由抽象思维发展到具体思想，人们就在更高的阶段上达到了对事物的理性认识。

人的思维要由思维抽象发展到思维具体，要由形式逻辑思维发展到辩证思维，实现由对事物的初级理性认识向高级理性认识的飞跃，是一个复杂而艰巨的过程。从感性具体上升到思维抽象，再从思维抽象上升到思维具体，二者共同构成了抽象思维认识加工的总过程。经过这两个阶段的认识加工，人的认识逐步由低级的感性认识发展到高级的理性认识，形成了辩证的、理性的具体思想。

（三） 创造性思维技能

（1）创造性思维及其特点

创造性思维，是一种具有开创意义的思维活动，即开拓人类认识新领域、开创人类认识新成果的思维活动，创造性思维需要人们付出艰苦的脑力劳动。一项创造性思维成果往往要经过长期的探索、刻苦的钻研甚至多次的挫折之后才能取得，而创造性思维能力也要经过长期的知识积累、素质磨砺才能具备，至于创造性思维的过程则离不开繁多的推理、想象、联想、直觉和灵感等思维活动。

创造性思维具有以下几方面的特点。

一是创造性思维往往与创造活动相联系。创造性思维总是在人产生了进行某种创造活动的动机和欲望之后发生的。

二是创造性思维具有独创性。它的独创性主要表现在三个方面：一是独立性，它具有个性的特点，自觉而独立地把握条件和问题，找出解决问题的关系、层次和交接点；二是发散性，它从某一给定的信息中，产生各种各样的为数众多的信息，即找出两个或两个以上的可能的答案、结论、方案或假设等，可见它的活动方式的复杂和结构的复杂；三是新颖性，它的概念、假设、思路、方案或结论等都具有前无古人的独到之处，从而具有一定范围内的首创性、开拓性。

三是创造性思维具有极大的灵活性。它无现成的思维方法、程序可循，人可以自由地、海阔天空地发挥想象力。

四是创造性思维具有艺术性和非拟化的特点。它的对象多属"自在之物"，而不是"为我之物"，创造性思维的结果存在着多种可能性。

创造性思维具有十分重要的作用和意义。首先，创造性思维可以不断增加人类知识的总量；其次，创造性思维可以不断提高人类的认识能力；最后，创造性思维可以为实践活动开辟新的局面。此外，创造性思维的成功又可以反馈激励人们去进一步进行创造性思维。正如我国著名数学家华罗庚所说："人之可贵在于能进行创造性思维。"

（2）创造性思维过程

关于创造性思维过程的研究，主要有三种代表性观点。

第一种是华莱士的"四阶段"理论。美国心理学家华莱士1926年出版了《思想的艺术》一书。在书中，他提出了创造性思维过程有四个阶段——准备、酝酿、启发和检验的著名理论。准备阶段主要就是提出有价值的问题，收集各种资料并进行思考。酝酿阶段是事情逐渐成熟的准备过程，即大脑的显意识和潜意识在不知不觉地对收集到的资料进行筛选和重组的过程。启发阶段又称为顿悟期或灵感期，如阿基米德在浴盆洗澡时找到检验王冠含金量的方法等。检验阶段是对结论或结果进行仔细琢磨、具体加工和验证的过程。

第二种是刘奎林的"序列链"理论。刘奎林提出了"诱发灵感的机制序列链"理论，即境域——启迪——跃迁——顿悟——验证。境域，即那种足可诱发灵感迸发的充分且必要的境界。启迪，即机遇诱发灵感的偶然性信息。跃迁，即灵感发生时的那种非逻辑质变方式。经过显意识与潜意识的交互作用，潜意识即进入一种跨越推理程序的、非连续的质变过程。顿悟，即灵感在潜意识孕育成熟后同显意识沟通时的瞬间表现。验证，即对灵感思维结果的真伪进行科学的分析和鉴定。以上五个程序彼此间紧密联系、互相制约，从而形成一个以显意识去调动潜意识、诱发灵感发生的有机系统。

第三种是吉尔福特的"发散——辐合"理论。美国心理学家吉尔福特在对创造性思维的研究中提出了发散思维和辐合思维的区分。吉尔福特认为，发散思维是从给定的信息中产生信息，其着重点是从同一的来源中产生各种各样的为数众多的输出，很可能会发生转换作用。辐合思维是依据给定的零散信息得出一个有效的或合理的答案或结论。具体说，辐合思维是在发散思维所提供的大量事实的基础上，经过分析和比较从中提出一个可能正确的答案或结论，然后经过检验、修改、再检验，甚至被推翻，再在此基础上集中，提出一个最佳的、有效的答案或结论。在一个完整的思维活动中，发散思维和辐合思维是互为前提、交互进行的。

(3) 直觉思维和灵感思维

直觉思维有广义和狭义之分，广义上的直觉思维是指包括直觉的认知、情感和意志活动在内的一种心理现象，也就是说，它不仅是一个认知过程、一种认知方式，还是一种情感和意志的活动，而狭义的直觉思维是指人类的一种基本的思维方式，就是人脑对于突然出现在面前的新事物、新现象、新问题及其关系的一种迅速识别、敏锐而深入的洞察、直接的本质理解和综合的整体判断。简言之，直觉思维就是直接的觉察。

直觉思维的特点主要有以下几个方面：一是直接性，指主体不通过一步步的分析过程而直接获得对事物的整体认识，这是直觉思维最基本和最显著的特点；二是快速性，指思维的结果产生得很迅速，这种快速性使思维者对所进行的过程无法作出逻辑的解释；三是跳跃性，指思维过程有急速飞跃和渐进性的中断；四是个体性，指它的产生与思维者的知识经验和思维品质紧密相连；五是坚信感，指思维者以直觉方式得出结论时，理智清楚，意识明确，对直觉结果的正确性或真理性具有本能的信念；六是或然性，指非逻辑思维是非必然的，有可能正确，也可能错误，表现出直觉思维的局限性。

在当代，第一次鲜明地将灵感现象作为人类一种基本的思维类型提出来的是钱学森。灵感思维是在无意识的情况下产生的一种突发性的创造性思维活动。它的主要特征主要有以下几点：一是突发性，灵感往往是在出其不意的刹那间出现而使长期苦思冥想的问题突然得到解决的，在时间上，它不期而至、突如其来，在效果上，它让人突然领悟、让人意想不到，这是灵感思维最突出的特点；二是偶然性，它的出现很难预测，偶然性很强，给人一种"有心栽花花不发，无意插柳柳成荫"之感；三是模糊性，灵感的产生往往是闪电式的，而且稍纵即逝，它所产生的新线索、新结果或新结论使人感到模糊不清。灵感思维的这些特点来自于它的无意识性。

第二节 大学语文教学思维技能训练

一、训练目标

大学语文教学思维技能的训练目标主要有二：一是能正确表述思维的概念和品质，二是能结合大学语文教学实例运用思维技能。

二、训练内容

(一) 形象思维技能训练

根据形象思维技能认识加工过程和环节,主要包括对表象的训练,回想、联想、想象能力和情感的训练。

表象是形象思维加工最基本的材料,教师大脑中表象的量和质,直接关系着形象思维加工的效率和质量。所以,教师要通过观察、阅读、语言表达和记忆力的训练来丰富自己表象存储的数量,提高表象的质量。

回想能力的训练,主要从思维的目的性和程序性上要求。联想和想象能力的训练,则既应重视发散性、求异性、创造性的一面,也要重视合理性、现实性、典型性、理性的一面。回想能力的训练多采用按照时间、空间或情节等线索来追忆、追述、回顾人物的发展、事件的发生顺序等形式。例如,写回忆性的文章、复述所读书籍、讲述所经历的事件等都是典型的回想训练形式。通过比喻、比拟、夸张等修辞手法进行接近联想、相似联想、对比联想和关系联想等是训练联想能力的好方式。补写、扩写、改写等形式是训练想象能力的最佳手段。

在形象思维技能训练中,教师还应该重视对审美意义基础上高级情感的训练。人人都有情感,但并非人人都行为高尚。在课堂教学中,教师作为一种活的文化标本,必须具有健康的、高尚的丰富情感,才能以此感染和教育学生。景观欣赏和创造体验是训练教师情感的好途径。

(二) 抽象思维技能训练

抽象思维技能训练主要从分析和综合、概念、判断、推理四个方面实施。

分析和综合是抽象思维技能最基本的表现形式,可以说,离开分析和综合就没有抽象思维。分析和综合能力训练的主要形式有段落分层、人物(事件)分析、概括段落大意、增加小标题、概括中心主题、缩写归纳、编写摘要或提要、编写提纲等。

概念,要求教师做到概念明确,能够反映事物的本质。诠释词语、辨析词义、修改病句等是较好的训练形式。

判断,要做到恰当。所谓恰当就是能够恰如其分而又合乎实际地对客观事物作出断定。对教学难点的判断,对学生自主、合作学习等思维活动的判断,对教学内容主题的判断等是训练教师判断技能的有效形式。

推理,要求教师做到合情合理。推理思维技能训练主要有归纳推理、演绎推理和类比推理的训练,仿写续写、情境模拟等是主要的训练形式。

（三）创造性思维技能训练

创造性思维技能具有敏捷、独立、发散和新颖性的特点，主要形式有发散思维和辐合思维、直觉思维和灵感思维。发散思维和辐合思维又主要包括顺向思维、逆向思维、纵向思维、横向思维和辐合思维。

顺向思维的训练，即教师能够从材料或问题本身所包含的意义作正向的、多角度的思考，寻求多种答案或结论。顺向思维训练的重点在于锻炼教师思维的广度，使其能够沿着问题的指向尽量地考虑问题的各个方面，保证思考问题的全面性，并为从中择优提供条件。所以，标题的拟定、论点的确立、材料的收集、景物显心情等，是有效的训练形式。

逆向思维的训练，即教师能够学会从与顺向思维相反的方向或角度来思考问题，寻求答案或结论。它的重点在于克服日常思维的定式，寻找富有新颖性和创造性的答案。所以，辩论、反驳、争论等是主要的训练形式。

纵向思维的训练，即教师能够以原材料为依据，沿着原材料的逻辑线索，进一步推想出未知的结果或结局。这种思维既有想象、猜测的性质，又有推理的性质，是在逻辑线索的把握下想象和推理活动多方向的合理延伸。所以，补写、续写、扩写等是主要的训练形式。

横向思维的训练，即教师能够从一事物对其他事物展开联想，并从其他事物与本事物的关系上来说明本事物，如相似联想、对比联想和关系联想等。所以，对比阅读、比较研究、同类探究等是主要的训练形式。

辐合思维的训练，即教师能够围绕课题对发散思维所产生的多种答案进行分析、比较和选择，以从中获得最佳的答案。所以，各类选择题是训练辐合思维的最好形式。

直觉思维和灵感思维都是一种非逻辑思维，也就是说它不是一步一步地分析和推理的，而是面对问题直接、快速地作出判断和结论，或是偶然地、突发地找到解决问题的方案。所以，阅读理解题、头脑风暴法、谈论法、即兴口头作文或演讲、智力竞赛等，是有效的训练形式。

三、训练中应注意的问题

形象思维技能训练应重视语词和表象、联想和想象能力的训练。
抽象思维技能训练应重视分析和综合、推理、判断等的训练。
创造性思维技能训练应注意处理好顺向、逆向、纵向等几种思维之间的关系。

第八章 大学语文教学管理

第一节 大学语文教学管理技能

"管理"的"管"原为钥匙的意思，《周礼》有"司门掌授管、键，以启闭国门"之说，后来其意义逐渐扩大和延伸，对人、财、物和事等的掌授均可称为"管"。"理"，"治"的意思。《说文解字》说："治玉治民为理。"简言之，主其事叫"管"，治其事叫"理"，合而言之，管理就是一个人或部分人来指挥、组织与协调更多人的活动，以达到既定的目的。

大学语文课堂教学，不仅是"教"语文，更重要的是组织好全体学生学习语文，掌握方法，形成良好的学习习惯等，所以，掌握大学语文教学管理技能是保证取得预期教学效果的必要条件。课堂教学有两种活动，一种是教学活动，一种是管理活动。教学活动是指教师按照一定的教学思路传授知识、培养能力、发展智力、陶冶情操的活动。管理活动是指教师指挥、组织学生参与教学活动，为实现教学目标而作出种种努力的活动，即教师们经常说的"驾驭课堂"。管理活动为教学活动服务，是教学活动顺利进行的保证。

课堂教学，师生双边的运行机制，可以用图8-1表示。

可见，课堂教学中，管理活动的地位与作用在于它既能给教师提供教学的操作程序，也能帮助教师组织学生参与到教学中来，提供学习兴趣、学习动力等客观有利的条件。

就一节大学语文课而言，教学管理主要体现在课堂教学的组织、课堂教学的时间分割、教学内容的组织、师生交往方式的组织四个方面。

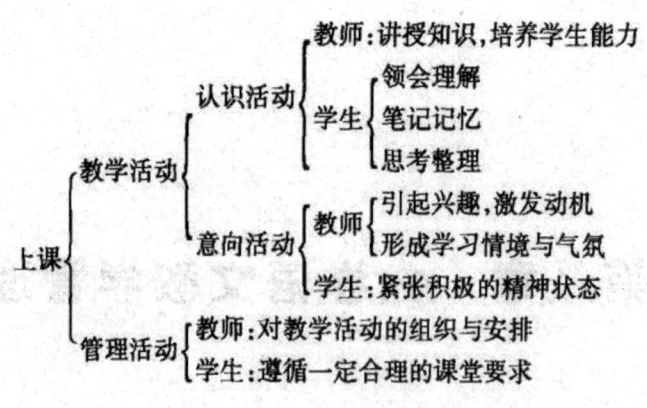

```
            ┌ 认识活动 ┌ 教师：讲授知识，培养学生能力
            │         │       ┌ 领会理解
            │         └ 学生 ─┤ 笔记记忆
            │                 └ 思考整理
      ┌ 教学活动
      │     │         ┌ 教师 ┌ 引起兴趣，激发动机
上课 ─┤     ├ 意向活动 │      └ 形成学习情境与气氛
      │     │         └ 学生：紧张积极的精神状态
      │
      └ 管理活动 ┌ 教师：对教学活动的组织与安排
                 └ 学生：遵循一定合理的课堂要求
```

图 8-1　师生双边的运行机制

一、课堂教学的组织

课堂教学的组织大致可以分为以下四个阶段。

（一）预备阶段的组织教学

上课预备铃响后，教师开始一堂课预备阶段的组织教学。教师应站在教室门口，目视教室内学生，示意其安静下来，做好上课前的准备。比如，大学语文教科书、听课笔记本均应摆在课桌上，与本节课无关的书本资料应收起来。

教师走进教室，学生起立，教师环视，待全体学生站好安定后，方可还礼示意学生坐下。

这个阶段既是组织教学的前奏，也是组织教学的基础，其好坏直接影响着一堂课的成败。

（二）开讲阶段的组织教学

开讲阶段的主要任务是激发学生的学习兴趣，阐明本节课的教学任务。教师要动员学生集中注意力，师生团结合作，为完成本节课的教学任务而努力。教师要揭示本节课与上节课或以前的课之间的知识联系、情感态度联系、逻辑关系。如单元教学中，精读课文之间、精讲课文和泛读课文、精讲课文和课外阅读课文之间的关系，语文知识技能和情感之间的关系，文学常识的积累等。由于大学语文教材教学内容是节选原著组成的，对于需要两节课乃至更多节课的节选文章，后次复习前次的内容就显得十分必要。

阐明本节课的教学任务同课文开讲设计连在一起、结合进行，教师必须要言不烦、有声有色，抓住教学的主要矛盾，把学生迅速带入教学情境、学习思维状态中。

这个阶段是最有力的组织教学阶段，是教师带领学生对教学目标进攻的开始，是学生迎战情绪的动员，它能产生教学的向心力和凝聚力。俗话说："良好的开端是成功的一半。"这道出了这个阶段的关键作用。

（三）授课阶段的组织教学

授课阶段既是一节大学语文课组织教学的关键环节，也是一节课教学的最重要环节。课堂教学管理的主要功能作用就体现在这一阶段。

教师要依据学生的年龄特征、思维特点、知识丰富程度以及教材实际，周密设计以学生为主体的教学过程，要交替运用多种教学方法或教学手段组织教学，激励学生积极参与新课文、新知识的学习过程，以免学生离开了教学圈，同时还要调节学生的心理，做到有张有弛。

在这个阶段，教师要因势利导、因材施教、因"才"施教。对于随时可能闯入教学中的不测之事，教师要灵活机动地处理，以保证课堂教学顺利进行。

（四）总结巩固阶段的组织教学

总结巩固阶段的任务是师生一起总结本节课的教学内容，教师引导学生由博返约，把知识条理化、系统化，以便于记忆存储。同时，教师还要布置适量的练习和作业，指导学生迁移，把知识转变成能力。

这个阶段在时间上应留有余地，或让学生看书，或令学生复习巩固，或要求学生质疑，从容不迫、应付自如。下课铃响，应立即下课，教师千万不要拖堂，学生最讨厌教师拖堂。

二、课堂教学的时间分割

（一）常规分割法

时间具有不可缺性、不可替代性、不可储存性、不可逆转性，所以利用时间是一个极其高级的规律。要想达到教学优化管理，最根本的就是要节省时间。马克思曾强调指出："无论是对于个人，还是对于社会，其发展的全面性……取决于是否节省时间。任何一种节省归根到底是为了节省时间。"因此，课堂教学在时间分割上必须树立时间的价值原则，加强教学的计划性。一节课要完成规定的教学任务，可谓"分分秒秒急煞人"，必须突出时间的效率原则，注意教学的针对性，不可面面俱到、平均使用时间，应把劲用在刀刃上，解决教学的重点、难点，根据学生的实际尽可能地提高教学效率。

一节大学语文课45分钟，时间既是有限的，也是恒量的。因此，一节课45分钟的时间可按课堂顺序进行科学的分割。根据学生上课注意力的强弱程度，课堂教学的时间分别呈现"倒三角形"的规律，即30分钟为传授主要教学内容时间，15分钟为组织学生练习或复习巩固时间，大致如下：

(1) 导入阶段激发兴趣的时间约3~5分钟；

(2) 学生感知尝试学习阶段的时间约8~10分钟；

(3) 师生合作授课阶段时间约18~20分钟；

(4) 总结巩固反馈回授阶段时间约3~5分钟；

(5) 学习迁移练习阶段时间约为3~5分钟。

课堂教学的时间分割一般来说应遵循以上方案，但是具体运用时，不可拘泥于僵死的模式，而应根据不同内容、不同学生，从实际出发，合理安排教学时间。

有的教师在一节课中，总能恰到好处地形成一个或若干个高潮来吸引学生，使学生欲罢不能，非要听出个所以然来才肯罢休。要有效地形成高潮，教师除了要具有较高的讲课水平、雄厚的业务基础以及驾驭整堂课的教学活动的能力外，还应根据教学目的，围绕教材的重难点，结合学生的年龄特征和心理活动规律来组织教学，讲课时的感情和语调也要随着所讲述的内容而起伏变化。一节课高潮的最佳时间在何处呢？可以参考以下公式：

[（最大点-最小点）×0.618+最小点]=可能存在的高潮时间

如教师准备将一节课分为两个阶段，第一个阶段为30分钟，第二个阶段为15分钟。那么第一个阶段组织高潮的时间为（30-1）×0.618+1=18.922，就是在第19分钟左右形成第一个高潮为最佳。当然，每一节课只需要一两个高潮就够了，多了就无所谓高潮，不能给学生留下深刻的印象。

（二）黄金分割法

(1) 黄金分割

将长度为1的线段分割为X和（1-X）两部分，并使X：1=（1-X）：X，解方程$X^2+X+1=0$，取其正数约为0.6180339，取其近似值0.618作为常数，称"黄金分割"。这个分割在数学上与美学上代表一种最佳的比例关系，古希腊哲学家、数学家毕达哥拉斯将0.618誉为"最完美的数字"。如今黄金分割在美术、音乐、建筑、园艺、材料加工、服装、机械电子制造等各个领域都得到了广泛的应用，并取得了明显的效益。课堂教学作为社会活动的一种，里面也蕴藏着极大的美学价值，下面从时间角度谈谈黄金分割在课堂教学时间分割上的应用。

(2) 课堂教学中时间的黄金分割

课堂教学应体现教为主导、学为主体、练为主线、讲练结合的原则，课堂教学过程中既有教师的主导活动也有学生的主体活动，教师的主导活动包括教师的引导、启发、提问、讲解、归纳总结等活动，学生的主体活动包括学生在教师的主导之下回答、读书、思考、练习等，可以说一节课都是学生的主体活动时间。我们把一节课学生的主体活动时间分成两部分，即主导主体活动时间和独立主体活动时间。主导主体活动时间是指在教师主导活动时学生的活动占用的时间,如在教师讲授时学生思考的时间等。独立主体活动时间是指教师暂停活动时学生的活动时间,如学生课上练习,教师提出问题后要求学生思考、读书、回答等。当然这里所说的独立主体活动也只是相对的。因此得出:

教师主导活动时间=学生主导主体活动时间

学生主体活动时间=一节课时间=学生主导主体活动时间+学生独立主体活动时间=教师主导活动时间+学生独立主体活动时间

我们把一节课中教师的主导活动时间超过一半的课称为主导活动课,把一节课中学生的独立主体活动时间超过一半的课称为主体活动课。下面是不同类型的课堂中教师主导活动时间和学生独立主体活动时间的分配。

一节课的45分钟时间可按黄金分割分成两部分,即45×0.618=27.81≈28(分钟)和45×(1-0.618)=17.19≈17(分钟)两部分。其中28分钟为一节课的黄金分割时间。因此,教师在上课时应达到以下要求。

①一节课的主要内容应在黄金分割时间内完成。从学生的角度考虑,在黄金分割时间内学生的精力集中,情绪高涨,听课效果最好。如果一节课教学时间超过30分钟,学生很明显地会出现注意力分散、思维迟缓、情绪倦怠等现象。

②在主导活动课中,教师主导活动时间和学生独立主体活动时间应采用黄金分割,教师主导活动时间占用黄金分割时间(即28分钟左右),学生独立主体活动时间为剩下的时间(即17分钟左右),即一节课教师应留给学生17分钟左右的思考、练习、讨论等时间。

有时根据教材内容的需要,教师主导活动时间可能延长,但是不能侵犯学生的独立主体活动时间内的黄金时间,即不能超过:

45×0.618+(1-0.618)×17.19≈34.38(分钟)

此为一节课教师主导活动时间的临界时间,即至少要留给学生10分钟的独立活动时间,让学生有思考、消化的余地。因此在主导活动课中,教师主导活动时间的下限为45×0.618×0.618+(1-0.618)×17.19≈24,即约为20分钟(取临近整数),上限为30分钟(取临近整数)。

③在主体活动课中,特别是复习、练习课中,教师决不能将一节课完全交给学生自由复习或练习,教师应在学生练习中适当地插入讲解,对问题进行解答、释疑。在此类课中,学生独立主体活动时间应占用黄金分割时间,学生独立主体活动时间的临界时间也是不应该占用教师主导活动时间的黄金分割时间,其临界时间为:

27.81+(1-0.618)×17.19=34.38(分钟)(按30分钟)

即一节课中至少要留有10.62分钟(按10分钟)的时间由教师参与主导活动,

来增强复习、练习效果。在主体活动课中，学生独立主体活动时间的下限为20分钟，上限为30分钟（正好与主导活动课时间相反）。

以上只是从宏观角度出发对时间进行了一次分割，根据黄金分割可以无穷分割的原理，在一次分割的基础上可以再次分割。比如在讲完课后教师安排了10分钟的练习时间，判断一下在10分钟内可练习多少个题目，应将最有价值的题目放在练习时间的黄金分割时间内完成。前面所谈的主导活动课的时间分配也体现了黄金分割的无穷性：

教师主导活动时间/学生主体活动时间（一节课）=0.618

学生独立主体活动时间/教师主导活动时间=0.618

三、教学内容的组织

教学内容的组织是实现大学语文课堂教学科学管理的根本。教学内容如果组织得不好，课堂教学管理则是一句空话。教学内容的组织要求做到五定：定向、定量、定度、定序、定势。

（1）定向。大学语文教学活动是教师有意识的控制活动，必然是有目的、有方向的运动，因此人们把这种控制叫作定向控制。所谓定向，就是要强化教学大纲的意识，确定大学语文每个单元、每篇课文、每堂课的教学目标，实现"目标管理"。

（2）定量。大学语文课堂教学在教学信息的传递和语文智能的训练中，都应该有合适的量次控制。例如，阅读量、写作量、听说量、课时量等，教师都应该做到心中有数，从而在一定的幅度或范围内进行合理控制。

（3）定度。定度指大学语文课堂教学中教学所要达到的知识程度、思维水平，教师应有明确而恰当的分寸。知识程度过浅，学生吃的是"旧饭"，学得不够味；知识程度过深，学生达不到科研探究水平，失掉了学习的信心。另外，教学还应有一定的速度和强度（力度）。该快而不快，大学语文课就成了"橡皮课"；该慢而不慢，没有把知识融会贯通、思想内涵阐释清晰，学生学习跟不上，再快也要付之东流。教学内容超出了大学生接受理解能力的若干倍，强度过大，学生受不了；教学内容没有一定的强度，学生就会感到学习没有味道。这样，教学必须定度，以适应学生学习需要，从学生学习结果出发，扎扎实实地提高教学质量。

（4）定序。定序指大学语文课堂教学要有一定的程序。先讲什么，再讲什么，最后讲什么；先指导什么，接着练什么，继而又练什么，教师必须要有切实具体的打算和安排，教段相连，环环相扣，层次分明，循序渐进。也就是说，教师要遵守知识本身的顺序、学生认知的顺序、学生思维的顺序、教学的顺序，并把这些顺序有机和谐地统一起来。

（5）定势。定势又叫心向、心理思维定式，它是由一定心理活动所形成的准备状态，决定同类后继心理活动的趋势。教师在大学语文课堂上对学生进行定势控制，能够让学生获得一种动力准备状态，在一定条件下迅速转化为高效的学习功能。

四、师生交往方式的组织

一般说来，大学语文课堂教学师生交往方式的组织形式主要有全班教学、小组教学和个别教学三种。

全班教学的组织形式最常见、最普通。它指教师把全班学生组织到教学中来，进度一致，便于管理。这种师生交往方式，在同一时间里，教师可以给学生讲述、范读、演示、解释，直接用自己的思想感情、知识修养去影响学生，使学生能在思想、知识、情感体验和行动等方面产生相应的反应。教师既可以单向传授知识，也可以同学生双向交流，充分体现了班级授课制的各种优点。但如果只使用单向传授知识，则应防止"满堂灌"和"注入式"。

小组教学，指把一个班按教学需要暂时分成几个小组进行教学。既可按不同程度的学生分组，也可以混合编组。小组人数的确定，根据教学任务的不同而异。一般的做法是，就座位邻近分成2～4人一组。分组教学便于对教学中的重点、难点问题进行讨论和研究，使学生思维活跃，互相启发和帮助。每个学生都有机会发表自己的见解、看法，培养和锻炼学生的口头表达能力。学生按小组讲述、讨论、争辩、互检作业等，都能发挥学生学习的主动性、积极性，从而收到良好的教学效果。这种方式，师生之间的交往是多向式的网状结构，在一定程度上扩大了教学信息的交流，但教师必须巡回检查，否则容易"放羊"。

个别教学，指教师因材施教，针对个别学生的不同情况给予指导、辅导，使每个学生都有机会接受教师的及时指导，也便于教师了解每个学生的学习情况，增进师生的相互了解和友谊，从而提高教学效果。

运用课堂教学组织形式，要灵活，做到"管而不死，活而不乱"，既尊重爱护学生，又严格要求管理学生，既热烈紧张，又秩序井然，既动中有静、静中有动、动静结合，又放中有收、收中有放，从而使课堂教学富于变化，充满生机。

第二节　大学语文教学管理技能训练

一、训练目标

大学语文教学管理技能的训练目标主要有二：一是能明确教学管理技能的理

论内容，二是能在实践教学中灵活掌握和运用教学管理技能。

二、训练内容

（一）课堂教学的组织技能

大学语文课堂教学的组织技能训练主要是对教学的预备、开讲、授课和总结巩固四个阶段的训练。

预备阶段的教学组织是前奏，学生准备好学习用具，思想上有上课的意识，所以，训练时教师只要利用肢体语言就基本可以实现目标。例如，教师提前站立到讲台上，自己整理和调整上课教学用具等。

开讲阶段的教学组织要能起到集中学生注意力、激发学生学习兴趣、引导学生进入学习状态的作用，所以，这个阶段的训练要充分利用导入技能，或开门见山、或幽默生动、或妙语连珠、或制造悬念等。

在授课阶段教师应因材施教，引导学生积极主动地获取知识、提高能力、发展智力，从而提高教学效率和效果，使教学活动沿着既定的教学目标推进。这个阶段的训练要充分运用讲解技能，或娓娓道来、或简洁明确、或描述铺排等。

总结巩固是要学生对所学知识能有一个系统的、全面的理解和把握。这个阶段的训练时间虽短，但内容含金量高，要注意语言表达干脆利落、重点突出、简明扼要。

（教例）教师讲授"君子和而不同，小人同而不和"。

师：所谓和而不同，就是对上能不盲目附和，需提出不同意见，使决策更完善；对下能容纳和听取不同意见，与持不同意见的人和睦相处、相互切磋。所谓同而不和，则是对上迎合附和，不表示不同意见；对下搞一言堂，自己的意见只能赞成，不能反对，排斥不同意见和有不同意见的人。显然，"同而不和"不可能导致真正的和谐，只有"和而不同"才是正确的致和之道。能不能做到这一点，是衡量一个人道德修养高低的一个重要标准。由此，引申出我们处事的一个根本态度或原则，就是求"和"而不求"同"。"和而不同"与"同而不和"是区分君子与小人的重要标准，这一原则也成为人们处理一切事务应遵守的基本原则。

（这时，一位学生对教师的阐释提出了质疑。）

生："和而不同"与"同而不和"是两种截然相反的为人之道。"和而不同"指彼此和睦、和谐，相互尊重对方，不结党营私，不同流合污，不营私舞弊，不损人利己，有着高尚的行为和品德；"同而不和"指彼此之间为了不可告人的目的而集结在一起，互不信任，各怀鬼胎，相互猜忌，互相拆台，人前笑脸，背后捅刀。

面对学生的质疑，教师在肯定的基础上，假设了具体的官场情景让学生判断。最后，学生们明白了原来这是同一内容的不同阐释。

（评点）在教学过程中，对内容的理解产生"横看成岭侧成峰"的现象是大学语文课堂经常会发生的。这时，教师要注意尊重学生的思维结果，鼓励学生勇于质疑、善于质疑，树立"不唯书，不唯上"的探求精神，然后再利用教学机智解决问题，千万不要成为"只要葫芦而忽略了对葫芦藤、葫芦叶培养"的唯我独尊的教师。

（二）教学内容的组织技能

教学内容组织要做到五定：定向、定量、定度、定序、定势。要达到这些要求是比较困难的，所以，训练过程中可以采用由少到多逐项训练的方法。

（教例）一位教师在公开讲授节选自《飘》25章的内容时，教学过程安排为：

第一是介绍作者玛格丽特·米切尔（3分钟）；

第二是对整部作品进行简介（10分钟）；

第三是对《飘》进行评析（10分钟）；

第四是学生带着问题自主阅读思考节选内容（10分钟）；

第五是小组合作讨论女主人公郝思嘉的性格特征（12分钟）。

（评点）这节课虽然做到了定向、定序和定势，但是定量和定度有待商榷。45分钟，5项内容，而每一项分量又都很重。教师这样眨眼之间"轻舟已过万重山"的定度和定量造成的教学后果就是处处开花反而处处不开花，学生不能进行细致深入的思考，不能静心品味语言文字的神奇与魅力，不能深刻感受性格特征非常复杂却魅力无限的女主人公郝思嘉的形象。

（三）师生交往方式的组织技能

一般说来，大学语文课堂教学师生交往方式的组织形式主要有全班教学、小组教学和个别教学三种，而前两种使用频率又是最高的，所以在训练过程中要想师生交往获得成功，避免"一言堂""满堂灌"现象发生，教师就要设计好教学问题，师生以问题为纽带进行交往。交往过程中，师生应本着平等和谐的态度，本着相互尊重的原则，本着解决问题、实现教学目标的目的，本着教师是主导、学生是主体的观念进行交往。

（教例）教师运用全班教学的形式组织学生学习《玩偶之家》，教学问题设计为娜拉出走以后怎么办？

师：三幕话剧《玩偶之家》是易卜生的代表作，主要写主人公娜拉从爱护丈夫、信赖丈夫到与丈夫决裂，最后离家出走、摆脱玩偶地位的自我觉醒过程。节选部分是全剧的高潮，娜拉和海尔茂之间的潜在矛盾暴露出来，并产生激烈冲突，从而完成主题的表达和人物形象的刻画。那么,娜拉出走以后会怎样呢?

生:娜拉是个具有资产阶级个性解放思想的叛逆女性。她对社会的背叛和离家出走,被誉为妇女解放的"独立宣言"。然而,在素来把妇女当作玩偶的社会里,娜拉真能求得独立解放吗?鲁迅先生在《娜拉走后怎样?》一文中说从事理上推想起来,娜拉或者也只有两条路:"不是堕落,就是回来。"这看似是个问题,其实鲁迅忽略(也许是故意忽略)了剧中林丹太太这个职业女性。林丹太太在职场中打拼多年的经历,为娜拉的出路做了很好的示范。娜拉也可以学习林丹太太成为职业女性,养活自己。

生:《玩偶之家》曾被比作"妇女解放运动的宣言书"。在这个宣言书里,娜拉终于觉悟到自己在家庭中的玩偶地位,并向丈夫严正地宣称:"首先我是一个人,跟你一样的人,至少我要学做一个人。"以此作为对以男权为中心的社会传统观念的反叛。所以,我认为,娜拉出走是为了争取到"做一个人"的尊严和地位,同时也是在看清海尔茂的真实面目之后的愤然离去。娜拉是不会回来的,也不会堕落,她会为获得做一个人的尊严和地位而坚强地活着,无论生活境遇怎样。

生:我同意前面这位同学的观点,娜拉不会回家也不会堕落。如果堕落了那不是更得不到一个人的尊严了,更摆脱不了做"玩偶"的状况了?

生:我认为女人作为一个"人",想要获得应有的尊严和地位,不是丈夫给的,不是社会给的,而是自己给自己的。还有,并不是说,女人工作了,经济独立了,就有尊严了,在家庭里,做全职太太,就没有尊严和地位。所以,《玩偶之家》的价值在于娜拉意识上的觉醒和反抗,出走只是她反抗的一种手段,并不是目的。

(评点)师生在课堂上各抒己见、平等交流,是教与学的合作关系、探讨交流的关系,学生处在一种自由宽松、认识思考的情境中,人格互重,教学相长,创造精神得到了最大限度的发挥。

第九章　大学语文课程资源开发和利用

第一节　课程资源的意涵和类型

一、课程资源的概念

"课程资源"指形成课程的因素来源与必要而直接的实施条件。"课程资源"并不等同于"教科书",传统指称的"教材"并不是"课程资源"的全部。近年来国际教育界课程资源概念的出现及课程资源研究的展开,凸显了课程改革与发展的新触角,提示教学工作者在更宏观宽阔的视域中考察课程的优化实施,变惯常的"教科书教学"研究为"课程资源开发利用"研究,从而一定程度地走出"课本本位"的苑囿,使课程的现代化程度、社会化程度和课堂实施的绩效,跨上新台阶。

二、课程资源的类别

基于观察课程实践和寻求课程发展对策的考虑,一般将课程资源从功能特点和空间分布两个维度予以分类。

(一) 根据功能特点的分类——素材性课程资源和条件性课程资源

素材性资源,顾名思义,即是可以直接进入课程,成为课程素材或来源的那些对象;条件性资源则只是间接作用于课程的那些对象。素材性资源是学生学习和掌握的对象,如知识、技能、经验、活动方式方法、情感态度和价值观及培养目标等;条件性资源则决定着学生学习和掌握的水平、课程实施的广度和效益,如人力、物力、场所、媒介、设备、环境等。当然,课程资源的这两大类别之间并无截然的分野,我们可以看到,不少课程资源往往既是课程的素材,也是课程的条件,如互联网、图书馆等资源。由于课程的条件性资源一般是以"硬件"的形态体现学校教育的现代化、技术化水平的,其资源建设和应用往往较为直接、显性,因此受关注、被依赖的程度往往较高。然而,素材性资源却以更为丰富的内涵及多元的功能,对课程质量产生决定性的意义,将它加工、移用、转化、引入课程教学,似更为艰巨而迫切。

(二)根据空间分布的分类——校内课程资源和校外课程资源

属学校范围之内的课程资源即为校内课程资源,它是一直被关注的,以至被认定为难以改造、不可变更的那部分资源;超出学校范围的课程资源即为校外课程资源,这是以往常被忽略不计、视而不见的,以至被贬斥的那部分资源。校内课程资源可以包括素材性课程资源和条件性课程资源,校外课程资源也同样包括了这两种资源。随着现代课程开放度的加大、随着社会资讯的日益电子化、随着人文学科学习背景的扩展,学校课程特别是语文课程对于校外课程资源的需求、依凭程度势将越来越显著。

第二节 语文课程资源的分布和学科特点

一、语文课程资源分布:广外延宽涉面

按照上文所述的两种类型、四大类别课程资源,试将语文课程资源的主要分布状况作如下图示。

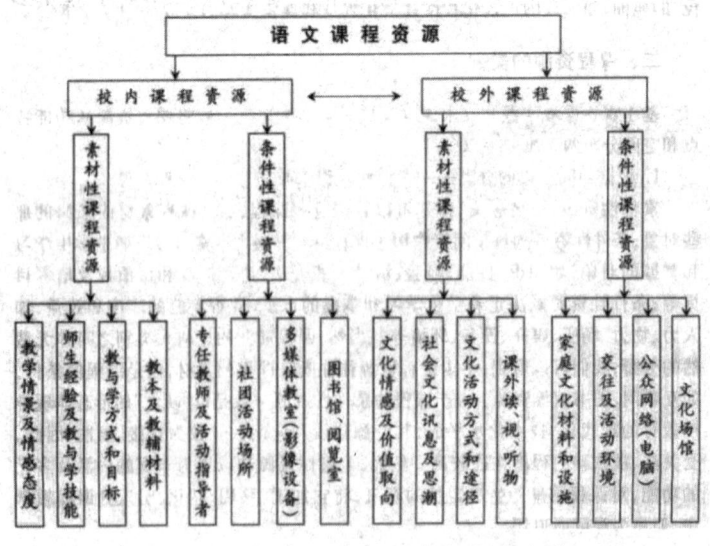

图9-1 语文课程资源基本分布框架

仅如图所示，语文课程资源的分布业已呈现关涉多极、空间无限的样态，可以说，课程资源的外延范围远大于课程本身的外延范围。从语文课程资源的分布状况，我们至少得到以下认识。

第一是语文课程资源与学生的日常生活有直接的联系。学生进入课题/课堂，本身就已携带着各自不同的课程资源，学生的每个个体作为课程的建构者，发挥着语文课程资源的作用。

第二是语文课程资源与家庭文化有千丝万缕的联系。社区家庭文化背景、家长文化修养、家庭文化设施，在对学生熏染的同时对学生的语文课程理解发生影响，进而成为了语文课程条件性资源的重要因素。

第三是语文课程资源与社会信息/公众网络信息有紧密的联系。它们不但从价值观、审美观、文化择别取向、言语/语言方式等侧面，对语文课程目标和学科能力发展产生意义，而且通常极自然、自发、随机地转化为课程资源。

第四是语文课程资源与学生生活场景有相辅相成的联系。社会的发展使无论城乡的学生得以置身日益丰富多彩的文化活动场景，得以享受或参与多元的、相对高层次的文化生活，其体验、观察、理解、习得，将以显在的——物质的（如信息资讯和文化操作能力）或潜在的——精神的（如情感/情感力、感悟/感悟力）形态进入课程/课堂，使语文课程资源增添多样化体验性色彩。

第五是语文课程资源与文化传播有天然的联系。文化传媒以文本、影音、超文本等形态为语文课程提供着源源不断的、鲜活的、现成的资源，文化传媒以其对社会现象的发现、追踪、评价、诠释、制作、传扬等独特功能，客观上一定程度地扮演着"语文教材编者"的角色，这一事实也为语文课程的社会化、经验性，以及语文课程资源的大众化、时代性，提供了某种可能。

二、语文课程资源的学科特点：强劲的生长性

（一）校外课程资源：高价值与广应用

与语文课程、课业相关的校外课程资源，可分为活动资源、人力资源、材料资源三类。活动资源包括社会调查/社会文化参与的对象（公众、艺术品、社会事件、行为与过程等）和场所（工厂、农村、活动中心、文体文博场馆等）以及家庭社区文化生活和网络文化行为等；人力资源主要指社会各阶层团体能提供相关资讯的人士，如传媒业人士、文化界人士、社会工作者、学者、行业专家模范等；材料资源则指以文字、影音为载体的图书报刊、电影电视等。传统的语文课程构架，因其教科书本位的特征，使上述校外课程资源成为了可有可无的点缀，而在目前和未来的语文新课程构架中，校外课程资源必然显现出其越来越强劲的课程

激活力和生长性；在补充、修正、诠释、延展校内语文课程资源方面，它的高价值将通过自身的时代性、时政性、时事性及文化流变脉动的丰富市场而体现，它作用于校内课程资源（如课本）、作用于教师的观念/教法、作用于学生的观念/学法、作用于课业设计和评价的广泛应用特点，已令越来越多的教学案例呈现出"校外课程资源热"的情形。

（二）素材性课程资源：可加工与易转化

与语文课程、课业相关的素材性课程资源，其"可加工"的特点主要表现在课内外校内外各种文本、资讯的内容改造方面。例如，以删节/组合、主题贯穿、类型化、再现/表演等方式，使"素材"发生变换、加深、升华、活化等变化，以契合特定的课程目标需要，等等。素材性课程资源的"易转化"的特点则主要表现为素材形态和形式的转换。例如，影视作品、艺博参观转化为作文教学材料，文化活动经验转化为教本认知和课堂研讨材料，等等。能否充分认识到语文课程素材性资源的这一对特点，与教学主体的"大语文"观念有关，持有生活处处皆"语文"、"社会在皆与语文课程习得相关的资源眼光加工"与"转化"的素材便能相应地丰富，其操作的难易度问题自可因人（教师、学生）而宜，不在话下。语文课程素材性资源的加工与转化，主要在于"为"与"不为"，而不似理科课程还更多地有"能"与"不能"的问题，也就是说，语文课程的素材性资源，本身可以较为直接地构成课程，有不少以在实施过程中经由施事者/信息发送主体的内部加工直接进入课堂，还有一大部分则通常只需由课程组织者策划、导向，便可以全程随机进入、随时使用、不断更新。

（三）教师：集条件性/素材性课程资源于一身者

语文教师，作为语文课程的条件性资源——首先，担当着语文课程内容的载体的角色：教师的教学形象、言语形态和语言能力、人格力量和情感品质，是传输语文课程信息、增益语文课程内容、达成课程教育教学教养目标的重要而不可或缺的基础性条件；其次，教师对于各类各种资源的发现、鉴赏、开发、改造、利用的识见和能力，更直接决定了该执教者所在班语文课程的资源应用效益。面对同样的社会文化信息、相同的文本，面对学生的学习经验、学生的课堂思维表现，不同的教师有不同的反应，或重视、关注、惊奇、激赏而加以合理利用，或无视、漠然、不解、不闻而轻轻放过，正所谓"一千个语文教师就是一千个'哈姆雷特'"。

语文教师，作为语文课程的素材性资源——其自身的教学语言（诠释、评价、描述、分析等）构成了课程的主要内容部类，这一部类的教育教学品质由教师的学养、智能、慧心、知识，由教师的学历、学力，由教师的审美经验、阅读经验、教学经验所决定，教师的课堂教学"话语"本身即课程素材、即已加工了的课程资源；而那种无个性/无自我/无引申的、内容干瘪苍白、就课文说课文的教学语言，实质上是一种以"教师语言"为临床特征所反映的语文课程素材性资源阙如的教学病态，在日益重视课程资源的课程改革进程中，语文课程资源的"教师要素"正亟待关注和研究。

第三节 语文课程资源的利用和开发

一、校外课程资源：搜集与延展

如前文所述，语文校外课程资源分布很广，在开发者目力所及、识见所逮、能力所为的前提下，可利用、开发的品类几乎多至无所不包。从实践热点着眼，同时为叙述方便，试仅从以下两个方面予以归类考察。

（一）网络资源

网络不仅是课程资源共享的途径与手段，而且本身已成为一座具有无穷的、巨大的发展发掘潜力的课程资源库——这毋庸置疑。从语文课程实施的需要和可能来看，网络资源利用和开发的研究和操作重点有：语文教学信息的教学化整合，语文能力中的信息能力培养，语文教学活动的场景创设等。

（1）语文教学信息的教学化整合

在将网络视为教育教学内容载体的同时，来自于网络的信息便应处于课程与教学的视野之中被审视，审视的要素之一为信息的教学性，审视的要素之二为信息的整合度。

关于信息的教学性，主要基于与语文课程相关的网络信息渠道、涉面、传播的众多和便捷的两面性，要将网络信息转化为课程资源，备选网络信息至少需满足以下要求。

第一是能在有限的时间空间整合到的信息。这一要求强调的是网络资讯利用中"有限与无限"的处理，低时耗、集中化、快效能，即信息主题和信息搜集任务应是一种师生在较短的教学时间单位和一般的网络工作条件下，能便捷完成的。简单说来，利用教学化整合的信息应具备主题明确、便于引擎搜索、资讯分布和平台网站相对集中的特征。

第二是有利于课题实施中教与学效率最大化的信息。网络信息整合与资源利用中可导致教与学效率最大化的表征主要为：信息节点间的关联度高，信息新异、有启示性，信息内容与形式提供了教学的操作抓手；网络资源的教学化整合过程，

/ 129 /

也可以是学生习得认知和研究方法的过程。

第三是信息与学生经验具较高契合度。备选信息及使用信息是否利于学生建构意义？也就是说是否利于"学"（而非考虑利于"教"）？这是信息"教学性"的关键之一。信息与学生的契合度可以表述为：信息与学生日常生活及日常文化活动相关（如日常休闲性阅读，其阅读对象、近期热点、文化思潮、审美品位；课余活动项目），信息与学生阶段性思维指向、认知倾向相关（如中考、高考，时事、社会热点，学校/社区问题），信息与学生学习技能水平相关（如浏览、速读、阅读理解、意义分析、信息编码组合、网上交流），等等。

(2) 语文能力中的信息能力培养

"信息能力"包括认知/动作技能/情感三个侧面的多种技能和能力要素，它们分别是：认知侧面（获取信息、理解信息、应用信息）、动作技能侧面（机械操作、复杂反应、制作）、情感侧面（信息观念、信息习惯、信息态度）。"认知"和"动作技能"在信息能力中常常是共时实施不可分的；信息能力所持有的"操作性""动手能力"也体现在这里，"情感"则在认知/动作技能施行中起支配作用，并在信息活动中得以发展，它是信息能力创造性内核的行为动因。

语文能力中的信息认知能力，指获取信息的动作技能和理解信息的择别能力，前者包括机上读取、电脑专题检索、文字处理、下载、在线交谈等，后者则主要表现在信息筛选、鉴别、规避、利用等行为中。

语文能力中的信息情感能力，较为突出的、需引起重视和予以指导的可能是学生的关于网络语与"汉语言文字价值标准及审美理念"的问题，比如辨识文字语言垃圾、口语化的"俗"与书面的"雅"、读文趣味等；关于"超文本"的问题，比如Flash（动画）迷恋及网语交际对于语言/言语能力的损害等。语文课程如何一面引入应用网络资源，一面对网络资源实施控制，进而达到信息能力培养的理想境界，尚有待于更多的实践成果来说明。

(3) 语文教学活动的场景创设

网络资源的一大特长是其教学资讯的虚拟场景化，课程的知识点、能力点、训练点往往能够通过课件设计，在电脑与网络中跳出铅字文本的制约，让学生从人与文本（课本）的对峙中解放出来，进入情节化、互动式、多媒体、多重感知觉的"人——机——人"对话场景；网络资源的课件形态及网络教学资源的校园网/学区网形态，可使语文课程的课堂实施发生系列的变化，诸如教学内容的人文因素得到艺术化的、活化的多种表现形式的铺陈、渲染、展示，学生的认知活动增添亲历的、体验的、感受的心理历程，教与学的关系趋向更多互动与合作，学生的课业操作具备了人际交往与合作及游戏色彩，教师教学智慧获得了实时/延时的共享空间，等等。这里值得指出的是，学生利用网络创设语文教学活动场景的实践，如最常见的网上文学论坛、习作天地、趣味接龙创作、主题班队会、个人网页等，它们或许还是语文课程的辅助性资源，应用时机和方式不宜过于率性随意。

引用网络资源创设语文教学的场景，可使语文课堂情境一定程度地动态化、情节化、生活化和社会化，使语文课堂不出校门即可具备一些类似文化场所、社会天地的功能。

（二）大众文化资源

大众文化作为文化的一种形态，作为一种全民的、通俗的、流行的时代文化、商品文化，其在社会民众生活中的影响和地位已是不需再予义议的了。从另一视角看，"数字化生存"的e时代中，大众文化藉社会媒体的信息传播，正构成着影响师生的教与学行为的、冲撞标准/经典的教与学内容/形态/观念的、制导青少年文化精神/人格态势的某种课程背景。这一现象提示了语文课程资源的另一向度。我们不妨从下列实例再来确认一下大众文化在学校领域的表现，进而确定上述判断。

实例1 中学生集体社团活动中的大众文化现象

班级、小组集体以及各种社团的活动，往往成为"大众文化盛行的日子"。以学校中曾施行过的活动为例：

活动类别	活动主题
文学社	流行歌曲歌词赏析
王朔"躲避崇高"吗	
金庸与武侠	
三毛的浪漫主义	
影评组	搞笑片的文化品位何在
《成长的烦恼》带来了什么	
好莱坞大片鉴赏	
写作班	我与卡通的缘分
网络时代写什么	
关于这个城市的文化变迁	
音乐社	流行歌曲大擂台
时尚音乐与经典音乐比较欣赏	
校园歌曲训练	
文艺汇演	卡拉OK表演
明星模仿秀	

时装秀

美术诗　　　　　　　　我为偶像画肖像

娱乐竞赛　　　　　　　影视知识比赛

实例2　流行文学、通俗读物阅读调查

读物或类型	选项	人数比 高中	人数比 初中
《故事大王》	有兴趣	50%	90%
《读者》	经常看	98%	92%
《动漫时代》	有兴趣	86%	90%
金庸作品	主动选择阅读	93%	89%
巴尔扎克、莎士比亚等外国古典作品	读过	17%	3%
《铜铁是怎样炼成的》	读过	12%	3%
《红楼梦》	读过	4%	0%
《三国演义》《水浒传》	主动选择阅读	45%	28%
余秋雨的作品	主动选择阅读	22%	2%
《第一次的亲密接触》	读过	91%	34%
《三重门》	主动选择阅读	81%	25%
港台情爱小说	主动选择阅读	86%	76%

综上所及，可以认定，大众文化这一校外资源，事实上不管是作为"备选材料"还是"现成题材"，它们都已然进入了学生的校外学习生活、进入了语文学习领域。放在语文课程组织者、实施者面前的课题是：在此背景中处置大众文化这把教育教学的双刃剑，使之发挥其课程资源的积极的正向作用。

（1）区辨教育教学影响

对于大众文化产品的教育教学影响，试从这几个侧面举隅观照。

1．受学生关注较多的、学生普遍选择的产品

例如，青少年对大众影视的选择，主要倾向于成长主题类型片、暴力与英雄主题类型片、喜剧主题类型片、奇观主题类型片。通过对文化主题与类型片的观察、拆解，可以透视出他们的光荣与梦想、成长的企望与困顿、生命中不可承受之轻与之重、盲点误区与亮色生机，也可以部分地把握他们的人格发展态势。

2．大众文化中的异类产品

异类产品（如前卫的、后现代的、新新人类的、表现主义的）的文化批判性较多体现在风格和内容两方面。在风格塑造上，以剧烈的表演表现、极致的情感宣泄、偏激的思绪识见、狂放的想象幻想、出人意料的形象面貌，作出否定、批判现存文化的姿态；在内容成分上，或以游戏的态度、或以荒诞的情节、或热嬉

笑，或冷诅咒，对现实作"无标题"的多歧义的描摹勾画，常在"无意义"中表达些虚无主义、存在主义式的意义。大众文化中的异类现象作为某种社会批判思潮和社会批判行为方式，渗透于青少年的文化过程，在与青少年发展心理的某一点相契的时候，它对青少年的意义就不仅仅是一种工具，还是一种改变青少年价值判断的文化力量；大众文化所张扬的异类个性，常带有较多的黑色成分、较多的纯感性批判、较多的存在主义色彩、较多的社会负性描摹、较多的人性扭曲再现，而这些并不利于营造青少年个性成长、伸张的氛围。个性的健康发育需要的是理想主义、乐观向上，需要的是对世界的审美肯定，需要的是一种明朗的温和的文化心态。

3. "世俗教科书"类产品

所谓的"世俗教科书"（这里的"世俗"指的是社会/人世/人事，不含褒贬义），是指包括警句体小品、生活/行为指导、心理辅导、人格分析与测试、通俗哲学以及人物传记等在内的，上至人格理想和道德观念，中至处世哲学、行事方略、自我形象，下至交际手段、文化生活方式方法等的通俗读物。青少年对其劝世、警策/品德、修养内容的青睐信服程度不亚于接受学校、家庭的训育。进行语文阅读指导和青少年德育、心理教育时，不能不留意通俗读物这一大部类——它们的菁与芜、它们的教育策略、它们的话语策略等。大众文化传播方式与青少年所受的影响，大众文化与语文课程资源配置等课题，在"世俗教科书"领域，可鉴者甚多。

其一，社会文化角度的借鉴。"我是谁？""如何做我自己"——在人格取向的困惑中，受教育者转而向"世俗教科书"求助，以期觅得良方，各类心理辅导和人格调适的"世俗教科书"应运而生，可以看作是对"正统"教育和"正统"阅读的补充，或者是对正统教育文化、理想人格模式教育和传统/经典阅读指导（如各种阅读书目的开列）的一种社会/文化批评和建议。

其二，话语方式角度的借鉴。首先"世俗教科书"以"信箱""自述""对谈""图解"等话语方式传播特定的内容，作者站在读者的心理立场，以读者的人性缺失或人格需求为主题、为立论的依据，发话始终围绕修正形象、寻找心理动因、树立对比形象、舒缓自我矛盾、诱导积极性思维等目标进行；发话人或以循循善诱的学者、教师风范，或以幽默巧妙的文人笔触，或以亲切体贴的长者口吻，集个性与亲和力于一身，可读性较强。其次"世俗教科书"的可理解性强，它擅长创设话语情景，以人物对话、故事情节、个案分析等方式结构全书，话语策略符合受众"问题求索""心理就诊"的选择心向。最后，"世俗教科书"的可操作性强，这也是"世俗教科书"商业成功的一大原因，不少产品附有心理自评自测和行为指示等内容，生动活泼，既可作为娱乐游戏，又有一定的增强人格自我意识、优化自我形象和社会行为的作用。

4. 网络读品

网络读品的特征大致如下。

第一，题材上的私语化、私人化倾向，表现写作者的私人生活，具有生活隐秘感；它既有自由人性的生活真实性，又在一定程度上契合了受众的窥视欲。而这因应着中学生独立意识觉醒和个性追求的个体发展历程。

第二，写作手法上，使用个人化的新鲜词汇（由方言俚语、外语、专业语、网络语言等构成），比较自由的约定俗成的具变异变通性的语法，类界线模糊的文体（情节方式像小说；结构方式像散文；语言方式像散文诗/诗；语境方式像谈话），比如《第一次的亲密接触》就大量应用了网上聊天的习惯用语和BBS情景渲染。而这适应了中学生的社会文化濡化的实际以及"新新人类"的言语性向。

第三，在传播上，建立了全新的写作者与读者的关系，网络文学写作者超越了商业价值的追求，网上写作的目的更多的是求取欣赏、理解、共享，而网上阅读也使读者多了与写作者沟通、表达自我和交换文化信息的机会和可能。网络读品作为一种个体文化活动的特殊话语物质，是以它所直接或间接传达的文化代码（以作者、文字、内容、形态四大部类构成）影响到人们的文化气质、价值观念和心性结构的。而这对于中学生的课外阅读具有着较强的诱惑力。

由大众文化对教育教学影响的基本分析，我们得到大众文化与语文课程领域之间的关系命题，从"学"的角度分析，既有关于学生读物性向的、审美精神的，又有关于学生语文学科兴趣的、语文价值认同的，还有关于学生语文学习方式习惯的，更有关于学生人格发展的；从"教"的角度分析，既有关于教学辅助资料宽容度和生活化的，又有关于语文课程内容的时代、现代意涵的，也有关于教师的大众文化批判力和大语文敏感的，更有关于语文课程开发度与社会化的。面对大众文化这一庞然的资源大库、汹涌的资源大潮，语文课程的诉求是：既要逾越一些文化壁垒，走向丰富，又要坚持文化操守，保有精髓 种悖论式的诉求。在将大众文化视为并转化为语文课程有益资源的过程中，这一悖论无疑将推进语文课程的社会化进程。

（2）因"势"利"导"发挥资源优势

这里的"势"系指学生接受、关注大众文化的态势/价值取向，这里的"导"则指课程组织者、实施者对大众文化进行"课程资源化"操作，如引介评论、提炼教学主题、调节教学目标/观念等。

下面用几则例子，分别说明"大众文化课程资源化"的思路与设计。

例1 教师教研内容辨正：大众文化与语文教材

主题大众文化背景下的语文教学对策

重点问题研究

1. 语文教学内容的"时代精神"——滞后与超前、传统与时尚

主旨、题意、风格；人物的性格、人物的意义；诸如此类，对它们的理解、认识、认同及其"内化"（价值观的、认知的、情感的等），是否与受教育者所处的时代及"时代精神"相关？相关的程度如何？

△社会主流文化时尚的"精神分析"，以《半碑》或《荔枝蜜》为例。

△社会审美意识变化中的"闲读期待"分析，以《荷塘月色》或《长江三峡》为例。

△传统价值理念所面对的流行文化观念冲撞，以《画意绵绵》或《谈骨气》为例。

△大文化背景下，受教育者文化心理水平的"新变"状态，教学中施教的"应对""调整"课题，以《哦，香雪》或鲁迅小说为例。

2. 语文教学过程的"大语文"与"小语文"——引进与拒否、转化与消解语文教学内容的外延与生活的外延的关系，时常处于你中有我、我中有你的状态，用"相等"二字判断亦不过分；"大语文"的观念，即指证了语文教学内容广延性的特质，也指明了语文"工具性"的现代内涵。

△面对色彩斑斓的流行文化，阅读、欣赏、消闲的择别能力从何而来？在流行的时尚与经典传统之间，教学过程的桥梁怎样搭建？

△作文教学如何应对和改变学生文化背景日益宽阔丰富而写作动机、写作灵感、文本成果不理想的悖反态势？

例2 教师教研学生分析：大众文化与学生文化心理及习作问题主题面对"luna现象"，语文教师怎么说与教重点问题研究

1. 结合对其他中学生的了解，探究这位中学生的观片感受所反映的现代青少年的精神世界　您对luna有哪些理解和评论？

2. 青少年在通俗文化活动中的审美能力——能够达到的层次、需要引导的方面、指导的实施方法等。

3. 以这位中学生为例，观察您所熟悉的其他学生，是否可以发现并描述出她和他们的青春期人格性向的一些个性和共性？在教育教学和其他文化活动中，您将如何对待这些人格性向？

4. 作文教学的资源是否应向大众文化开放？

5. 对作文课的命题策略有什么新的看法？

6. 语文教师在以下方面是否尤其应强调和强化？为什么？

其一是对青少年大众文化活动品质的敏感性和鉴别力；

其二是对青少年人格需求的洞悉力和人文关怀；

其三是对青少年文化心理的分析水平。

例3 教师教学设计研究性学习：学生评论大众文化任务组织学生完成一次关于大众文化作品（学生评论大众文化影视/小说/卡通等）的研讨

设计主题作品的文化意义/价值/趣味……

（具体可限定各种范畴，如"主题""人物""思想倾向""审美特征"等）

△设计操作要素：

1. 选定相应、相对的课内外读物（作品），特别选定某个经典文化作品，要求比较阅读（观赏）；

2. 专题演讲（专题辅导），指导文化讨论；

3. 讨论中安排主题发言和听众评论；

4. 以板报、班刊、校刊形式汇集讨论成果。

△预设研究目的：

1. 活跃学校与大众文化信息的沟通和交流，活跃学生的思想和对社会文化的兴趣；

2. 强化学生对大众文化的批评态度，强化学生对各种文化产品、文化现象的关注；

3. 给学生提供宽松的文化心理氛围：自由感、享受与共享、参与、挑战。

（三）精英文化资源

相对于大众文化而言，精英文化（或称为高雅文化）作为语文课程建设长期以来赖以支撑/参照的内容基础和价值基准，从来就是语文教与学的主要媒介对象。精英文化以其高雅的艺术趣味、经典的审美取向、严肃的创作动机、深刻的思想意义，加上流传广远、存续持久的姿态，成就了自身人文课程主角的担当。即使在"大众文化盛行的日子里"，新近出品的各种版本的中学语文教科书，仍以精英文化的读品据篇目数量之首，或几占全部。语文教师由中学生至大学生的学习经历再回到中学课堂，对于教本中精英文化的稔熟程度自不在话下。

在上述背景下，将精英文化置于课程资源而非教材/课本的视域予以专门的观照和研究，其理由如下。

（1）学生语文生活中的精英文化——缩量

先看以下两项调查。

第一，关于中学生读物选择倾向的调查。

△问题：如果请你开《课外阅读推荐书目》，你将首先选择哪些（类）书刊？"

△结果：（系被选率较高的书刊，排名不分先后）

《读者》　　　　　　文化期刊

《花季·雨季》	小说
金庸小说	小说
《苏菲的世界》	小说体通俗哲学
《萌芽》	文学期刊
《三重门》	小说
卫斯理科幻小说	小说
《相约星期二》	自传体纪实文学

第二，关于中学生读书体验的访谈。

△问题：相对经典名著，你对通俗读物的感觉是怎样的？"

△反映：《茶花女》还有《钢铁是怎样炼成的》，我都看了好几次，都是看了一些就放下来了，看了很长时间，也不知道怎么，就没看下去，好像就是因为那些时代已经过去了，不是很能理解它的内涵。我觉得《读者》是不错的，虽然里面有些东西还是看不懂，但一些文章可以让你细细地去品味，让你感觉到有比较深刻的内涵在里面。

——高一女生

名著反映的背景、主题不能吸引我们，我们也不理解，读名著只能了解那个时候发生的事情，跟现在很远，不是很能感受那意境，没什么感觉，不能给自己带来什么影响似的。

——高一男生

中学生语文生活中的精英文化作品，从其地位来看，偏于弱势，从其效用来看，亦不乐观。在学生有限的语文生活中，从阅读到视听，所接触作品大多囿于流行/大众文化范围之内，喜欢"蜡笔小新"的，要比读过"约翰·克利斯朵夫"的多得多，读过"村上春树"的远比知道"米兰·昆德拉"的多得多……这已是不争的、无可躲避的现实。一方面，各类以精英文学为主要内容的青少年读书指南录出而复出，推荐着力；另一方面，青少年们仍视精英文学及其他精英文化作品为"畏途"。

精英文化在学生语文生活中的"缩量"现象，与社会文化的大势有关，在此因篇幅关系暂不予解析；"缩量"现象本身对于学生的语文生活及语文课程目标的负性影响，却是不能不予以正视的。

精英文化是学生语文学习的重要背景，精英文化经验（阅读、观赏）是学生语文学习经验不可或缺的主要组成部分。可以对精英文化的一般特质作这样的推述：对生活的深切思考，对人性的透辟揭示；对存在的哲理演绎，对人类的终极关怀；现实主义的笔法与浪漫的情怀，理想主义的色彩与睿智的洞见；更多地思想着、热爱着、批判着，更多的崇高感、悲剧感等。这样的文化，其信息、美感

之"矢",在输出/灌输/熏染/陶冶/教育/养成诸方面却无"的",不仅令有识之士扼腕,并势必形成一系列的缺憾:

——学生语文活动(读、听为主)兴趣的单一化,当情感内涵、思想维度、美感层次的单一单调已成习惯,语文活动兴趣由单一趋向贫弱也成必然;

——学生生活/生命体悟的"盲区""误区"化,看不到或不确知历史的、人类的另一种生活或人性和世界的另一面(或许多面),年轻的生命便充斥"不能承受之轻"的迷惘,进而其语文学习亦无法提升为一种真正意义上的体验性学习;

——学生文化行为的幼稚化,习惯于搞笑的、虚张的、"丑"的观赏对象,习惯于感官接受(如视频的强制输入)和感官刺激(如打斗),习惯于小资、武侠、"无厘头",在写作和言语时,不知不觉地偏向童稚腔、港台风,热衷模拟流行文化;

——学生思维水平和社会认知能力的"高原"化,囿于平面化的、乏深度的、轻佻的、平俗的作品,囿于"大众""流行"的思维方式和触角;囿于浮泛、夸饰的"无思考""生活无意义"的"无厘头"状态,这些都是对头脑、对语文学习的致命损害。

(2)语文教学中的精英文化——羸弱

应该清醒地看到,语文教科书中的精英文化课文强势状况,并不等于语文课堂中精英文化的教学强势。其羸弱的表现一般可观察到的有以下几点。

1. 课文的泛"经典化"

无可厚非地,课文大多为历史传统上的名篇,这些经典在中外古今文学史上的地位无人无物可替代。但它们在一定程度上无可奈何地进入了"诠释的程式化"境地(即一种以经典的、恒久不变的话语来形容、解构文本,"定论"的经典化使"定论"早为路人皆知),其多元视点的审美意趣和解读的歧义臧否可能性也就随之大大减少。教学的生长因此受到无形/有形的掣肘。

例如,《荷塘月色》的教学套路。

理解借景抒情所抒之情,围绕"这几天心里颇不宁静",分析什么使朱自清颇不宁静,将它的内涵指向作为理解全文的关键,其基本诠释为以下几点。

朱自清曾经以革命民主主义的姿态战斗过、呼唤过,在大革命失败以后陷入极度的苦闷和彷徨,不能平静,表现了那个时代中民主主义知识分子不甘同流合污而又无力争斗和济世的矛盾心境和形式局限。

在这一"知识分子局限说"中,这一名篇的经典审美意义被"粘着"化(粘着于时代/政治背景)、简单化了,学界文坛有关《荷塘月色》研究的各种资料和分析解构,都被它"按常规"一一消解了(比如关于作品的审美心理、爱欲、景观说/关于作者抒发思乡思亲之情说关于作者愤世嫉俗的"狷者"说气。)

2. 经典文本的"滞后态"

经典的被成立、被推崇,其基本动因毫无疑问地非特定的审美意识、审美标准、文化潮流以至社会意识形态莫属,它的流传久远,与作品本身的可鉴赏性相关,还与人类的文化传统崇拜心理、与人性的"共同美"取向相关,除此之外,也在很大程度上得益于社会文化传承的需要和机制。因而,从某种意义上不能不承认,经典文本的"滞后态",它的不胜推崇,也是有其必然性的。在一般阅读的自然状态下,经典文本的"滞后"(这里的"滞后"不含价值判断的褒贬意),大致体现为:

——审美意趣的老化。纵然当年朱自清的《荷塘月色》在现代散文史坛上曾获得过"戛戛独造的新语"之美誉,今人读来也已不复为其"通感"和"叠词"的手法所折服;

——思想观念的局限。即所谓的时代精神之失,包括"文革"结束后80年代的一些文本,都有这样那样与现时相较的"不进步""非现代情形";

——学生读解的隔膜。历史人事、传统精神等,它的真实面目和精义所在,本已不易体悟,更何况随时世变迁,其诠释和呈现都在变异中,"隔"的岂止是岁月,还是世事,是历史中的文化,文化中的历史。

经典文本的如此"滞后态",是经典文本在语文课堂遭遇实施瓶颈的直接原因,语文教学中的精英文化实施之困顿实系经典文本本身的时代品貌和文化构成使然。

3. 精英文化/经典文本的低关注度

这一情形在前文的有关调查中已见一斑。在大众文化潮中观照精英文化,在通俗读物林中回望经典文本,学生的审美理想和艺术趣味、文化品位和休闲时尚都需要发生些或已经发生了具体而本质的改变、移位;当"教参"模式的阅读教学没有改善的时候,当教师的阅读/教学视野和课程资源占有不够广阔厚重的时候,精英文化/经典文本的内核,学生在课堂上是触摸难及的,即令有些许阅读期待,也只能随"教"而逝。低关注的背后,是一个语文教学上精英文化不利的劣性循环:文本"滞后"的现实→读解的泛经典化教师的阅读/教学能力限制→相关课程资源不足→学生读解隔膜→学习兴趣和关注较低。

(3) 精英文化——不仅仅是"锦上添花"

把精英文化作为课程资源,可能对于语文学科具有特别的意义,从它的课程功能的角度看,至少有可能生发激活的功能、更新的功能。

1. 精英文化激活语文课本/课堂文化中潜在的或被消解的审美因子

这些审美因子,可能恰恰是语文课程发展、课程目标实现所亟需的一部分要素,总体上它们包括三方面:

——课堂中未被教学（教参）所规定、所发掘的审美取向（如"常规的"《荷塘月色》教学）；

——课文阅读（阅读教学法）中为落后习惯所扭曲、所畸变的文本审美方式（负面性的文本审美方式，如三段式、五段式分析，散文的"形—神""情—景"套路，小说的"主旨—性格"诠释法、"一元审美""主题先行"等）；

——语文教学中因文设事不及其余偏向所误导、所遮蔽的语文审美视野（"事"：教学问题。"其余"：如文化思潮与文化事件、情感经验、社会价值观、审美价值观等）。

以上述为例的一系列审美文化内容，可望通过教师引介校外/课外课程资源，让学生在"操作"中得到积淀式的、感悟式的、融通式的、"举一隅而以三反"式的体验和感受，从而又以课文深度阅读、新义诠释和课堂情境的形态，作用于语文课堂文化。

2. 精英文化更新语文课业/师生语文知识

随着语文课程改革的深化和语文能力培养"强化素质"的趋向，语文教学和考试评价中的跨教材文本阅读的成分将有所增加，居于要席的"识记阅读"将逐步退位于"体验阅读（经验阅读）"之后，课业的触角、师生语文知识的丰富和扩大，都将决定语文教学的质量。

精英文化的引介和"操练"，可以在以下这些特定层面上起到更新的作用，比如：

——丰富课文类型、品种，扩大阅读的技能、知识涉面，拓展学习经验和教学路径；

——添加适宜的练习篇目，增加课业的趣味性和操作强度；

——缩小语文课业与社会文化、学生真实生活的距离，设置语文课与大文化的各种触点，以知识储备、体验积淀、技能准备、动机导向等侧面，因应"跨教材文本"的语文教学/语文考试新取向。

(4) 精英文化——作为课程资源的应用设计

1. 精英文化课程资源素材

全体对抗野蛮：无法选择的命运——2002年度诺贝尔文学奖

作　　者　　匈牙利作家凯尔泰斯·伊姆雷

主要作品　　《命运无常》（又译《无法选择的命运》）（1975年出版）

《为未出生的孩子祈祷》（又译《给未出生的孩子的安息文》）（1990年出版）

作品梗概　　1.《命运无常》

主人公是一个名叫科维斯的少年，他被纳粹捕获，关进了集中营。但他适应（如果不说是屈服的话）了这个严苛的生存环境并认为最终发生的大事小事本该如此——也许生来便是如此,既无什么反常之处,也并不特别令人忧虑,甚至有时还能给孩子带来片刻的欢愉。

"我在这儿,我全然明了我得接受让我活下来的这种奖赏。是的,当我在薄暮中,在这被风暴摧毁,却依然充满万千承诺的街道广场环顾身边,我已开始感到那种一切就绪的感觉正在我的体内成长、聚集。我无法不继续我无法继续的生活。我的母亲正等待着我。"

2.《为未出生的孩子祈祷》

书中的叙述者同样是集中营的幸存者,但已是一个人到中年的作家和文学翻译家(与凯尔泰斯的身份相符)。在某处作家疗养院里,这位作家向他的朋友——一位哲学教授,解释为什么在经历了集中营生活和大屠杀之后,他决定不再生育的原因。他谈及自己失败的婚姻、前妻、现在的新家和女儿,他不成功的事业,以及他的犹太人身份。

主人公的祈祷文是给自己未出生的孩子的,因为他觉得不能让孩子到这个容许奥斯维辛这种地方存在的世界上来受苦难。

作家   出生于布达佩斯一个犹太人家庭。1944年德国人占领匈牙利后,15岁的凯尔泰斯被纳粹送进了奥斯维辛集中营,后又被转送到德国的布痕瓦尔德集中营。当他在1945年被苏联红军解救,回到匈牙利时,所有的家人都已经"消失"。

他几乎是一位唯一一个全身活到今日的二战集中营和大屠杀中的幸存者作家,也是唯一一个获得诺贝尔文学奖的幸存者作家(意大利作家普里曼·列维、法国作家保尔·策兰都享有很高的声誉,但和另外一些幸存者作家一样,列维和策兰最终都选择了自杀之路)在获奖前,凯尔泰斯似乎并不为人所知,尤其是英语世界的读者,甚至在匈牙利,他的知名度也不高,1986年的《牛津匈牙利文学史》中他只是偶尔露两次面而已。他的作品在国外多以德法两种文字出版,而英语本仅有上述两种,由一家大学出版社分别印行于1992年和1997年,印数不多,销售缓慢。

他在欧洲文坛的声誉日隆是90年代以后,从1992年开始德国相继出版了他的全部作品,他在德国获得了各种奖项。

评论   瑞典文学院授奖辞:表彰他对于在野蛮的专制历史中坚持抗争的个人经历的书写,哪怕这种抗争是微弱的,他的写作支撑起了个体对抗历史野蛮的独断专横的经历。作品深刻反映了脆弱的个人力抗历史上残暴专横政权的经历;对他而言,奥斯维辛并不是一个例外的事件,而是现代历史中有关人类堕落的最终真相。作品探讨了在一个人们受到社会严重压迫的时代里继续作为个体生活和思考的可能性。小说中没有任何道德愤慨和形而上学的抗议因素,可恰恰是这一点使他的描写获得了令人震惊的可信性。

2. 应用该素材的教学设计（例示）

其一 "阅读文本" 的教学应用

主要教学课题可以有：

——与同题材作品比较，如电影《美丽人生》《辛德勒的名单》。在主题方面，凯尔泰斯的作品有什么特点？从这（些）特点，你（教师和学生）所发现的作品深度在哪里？

——从对作品主题的讨论，我们是否发现同样题材的作品，所反映的人性洞悉、思想追索、精神情态等，是不一样的甚至迥异的？怎样解读这种现象？

——阅读凯尔泰斯的作品，你觉得有意思吗？哪些方面较为打动或吸引你？为什么？

——凯尔泰斯的作品是否带给你（学生、教师）一些以前未曾有过的阅读感觉？那是些什么感觉？它和你（教师和学生）课内教本的阅读经验有何不同？

——课外找一些资料，讨论一下凯尔泰斯作品中反映出来的"生存就是因应"的存在主义思想，结合自己的文学艺术鉴赏经历（具体到某一作品的更好），谈谈看法。

——接触凯尔泰斯的作品及其各种相关评述（可再上网查阅一些），对于"战争与和平""人性""人类社会文明"等话题，有些什么新的感想？结合课内所学的相关文本，看看有些什么新的认识和诠释。

主要教学方法/过程可选择。

——观看获奥斯卡奖的影片《美丽人生》《辛德勒的名单》，讨论。

——课外搜集资料。以专题剪报形式交流、张贴（网上或教室）。

——课外搜集资料。开专题演讲会。

——作研究性学习，立题，分组合作。作出小组研究论文。

——根据原作，写小剧本，挑选几个本子排戏，演出。

其二 "阅读写作" 的教学应用（从作品写作风格、特色的角度和学习写作的角度阅读）

主要教学问题可以有以下几个。

——凯尔泰斯作品在体验生活、反映生活、透析生活方面有什么特点？这些特点对于你介入学习写作有什么启发？

——以凯尔泰斯作品写作特点的考察为契机，反观课本中的小说及叙事文章，找一些文本，比较一下二者在叙事、写人方面的突出差异，有什么有意味/趣味的发现？这些发现会不会成为你阅读当代文学作品、欧美文学作品的新视点？

——所谓文学作品的"'文学性'写作"或"艺术风格"，在凯尔泰斯的作品中究竟有没有体现?

——从个人体验、个人生活经验出发观察生活、理解生活、提炼生活、学习表达自己的生活态度及生活诉求,一定程度地决定着文本的独特价值。这是写作上的一件难事,同时也是写作中最有乐趣的事。试研究思考一下:凯尔泰斯的"个人化"写作何以取得大的艺术成功(主要从其写作特色考察)。

主要教学方式可选择以下几种。

——专题作文,个人拟题写作文学小评论。交流,讲评。

——课外阅读文学作品(可由教师推荐与凯尔泰斯作品的写作特色有可比性的),比较其创作特色,以小说论坛的形式上网张贴或教室内张贴。

——配合相关的课文单元或写作课任务进行讨论。

其三 "阅读经历"的教学应用(检视作者的个人经历:集中营生活→幸存者→无闻的作家→获文学大奖的成功者)

主要教学课题可以有以下几种。

——少年经历对人生有重要影响。从这一特定角度回顾、观察自己个人的经历:能否选出一、二有特殊意义的事件(历程)谈谈它(它们)对自己成长所已经发生或可能发生的影响?

——围绕"不幸的人生和人生的幸运"这一主题,个人拟题作演讲稿。

——作者创作之余还曾翻译了大量的著名学者的著作(如哲学家尼采、心理学家弗洛伊德、语言学家维特根斯坦),这对他的写作产生了重要的影响——试结合个人的语文阅读、写作经验,分析一下关于"阅读——写作——思想"三者的关系。

——从作者个人经历的悲与喜、沉与浮,我们又一次受到了怎样的感动?得到了怎样的感悟?以社会公众人物和身边人事为例,谈谈自己对"生活""生命"这些似乎形而上的范畴的看法。

——从凯尔泰斯的例子,是否可以进一步确认作家个人经历与作品品貌/价值的关系。选取课内课外某些身世经历特殊的作者,结合其人再读读谈谈其作(如鲁迅,又如史铁生、王路遥)。

主要教学方式可选择:

——演讲会或主题班会;

——作文交流与师生讲评;

——专题读书活动:分组,找材料,讨论,写读书报告;

——教师或校外人士作专题讲座。

其四 "阅读事件"的教学应用(观察现象:这样的作品、这样的作家,在这一年获得了诺贝尔文学奖。)

主要教学课题可以有以下内容。

——搜集关于诺贝尔文学奖的历年获奖情况资料，作编年纪事。讨论主题：中国文学界、文学家与诺贝尔文学奖（无缘/失之交臂/"高行健事件"/沈从文/老舍/西方中心，等等情形与话题）。

——凯尔泰斯作品获诺贝尔文学奖是否表明了什么？可从作品题材（题材并不新）的角度、作品思想主题（与众不同）的角度以及全球社会政治背景的角度等等去观察分析。

——诺贝尔文学奖作品的赏析（如较易读的日本作家大江健三郎作品）。

——中国自己的文学大奖有哪些？浏览评介历年较为我们熟知喜爱的作家作品一二。

主要教学方式可选择：

——以合作学习方式分组进行资料搜集和编辑；

——专题讨论和交流分享；

——教师或校外人士作专题讲座；

——专题读书活动：分组，找材料，讨论，写读书报告。

二、校内课程资源：确认与重组

校内课程资源是课程资源的主力军，它从条件性、素材性两方面支持着并保证了课程的常规运行，因而是必得加大研究开发力度的部类。从课程发展和革新的需要和趋势看，语文校内课程资源必得突破硬件方面现代化水平、设施使用频度、课本精研程度等惯常的开发利用基准参照系的局限，探寻多方位、深层次、非常规的资源，求取校内资源开发利用的最大化与日常化。

（一）条件性资源中的语文活动空间

语文课程实施的活动空间，由班级教室开放至校内其他场所（如图书馆、阅览室、录像室、展会等），不仅把它看作是一种方便使用资料的空间的转换，还应注意到这一转换的另一些功能，仅就学生这一活动主体而言，它所生发的教学影响就有。

（1）学习心理的调适和优化

在特定空间中，学生语文学习活动有三大变化特点：一是知觉管道变化，如由侧重听觉转向侧重视觉、由侧重视知转向侧重听知；二是认知对象质/量变化，如由纸质文本转向数字文本/超文本、由单一文本转向众多文本；三是教学目标"软化"，如由听说读写"清晰"指标转向综合感受体验思考"模糊"指标。上述这些特点，对于学生的认知动机、兴趣无疑将产生积极影响，尤其是在学生学习的直接兴趣（对活动过程、学习对象本身的兴趣）和认知的内驱力（认知内驱力是一种掌握知识/技能和阐明/解决学业问题的需要。实验证明，认知内驱力主要是从好奇的倾向，如探究、操作、理解外界事物奥秘的欲求，以及为应付环境提出的众多问题等有关心理因素中派生出来的。）方面，影响更为显著。在语文课堂学生直接兴趣和内驱动力普遍低迷的学科环境中，语文学习空间资源应该视为一个较为有力的改善因子。

（2）学习行为的改造和优化

在特定活动空间中，学生的语文学习基本脱离了即时指令性的"师→生＝师→生＝师→生"的一般课堂模式，进入个体性控制/支配时间、完成任务的相对自主状态；同时，学习材料的载体变化，也令学习行为不再拘泥于"二本"（课本、笔记本）操作；更重要的是，学习过程中的人际交流与合作获得了较为自由、较为充分的理由和时空，由此造就的研究性氛围，既利于学生体验研究行为的过程和研究工作的情感，也利于学生自我养成良好的学习行为品质（如自控、自我定向、自测，搜索、筛选、贮存和转译信息，观察、感悟、体会学习对象，等等）。

（3）学习情感的培养和升华

在特定的活动空间中，如下因素对于学生的学习情感具有一般课室所无法达到的影响力。

1.学习场所的物质环境/氛围

电脑、张贴板、录像设施、图书资料等造成的学术性、研究性、现代化等气氛，易于学生产生对学习活动的敬畏和肃然感，利于诱发学习的严谨、积极、投入、自尊等态度。

2.学习场所的人文环境/氛围

在研究、展示、观察、观摩、鉴赏等过程中，学习对象的内容与形式、学习者们所发表的言语/文本的涵容，其审美品位、文学旨趣、文化意蕴、思维品质和指向等，它们无不散发出雅正、高格的气息，氤氲于其中的学习者最能得到情感上的与情绪上的审美陶冶熏染。

3.学习的操作性条件

各活动场所提供了技术物质基础并要求实施多种操作化课业，在电脑上的打字、写文、搜索、交谈等操作，利用张贴板发布问题、研究成果、质疑、批评和评论、演艺以及充当主持人、评论员、播音员、辩手等角色，在一系列操作性很强的体验性学习中利于培养学生的自主精神、自我意识，激发学生的主动发展，从而由学习情感滋养个性情感，完善自我人格。

4.学习的社会性条件

活动空间的环境变换、学习方式变换，打破了普通教室教学空间的课堂社会关系构成，学生之间、师生之间的交往面扩大了，交往的灵活性增强了，交往的可能和必需也有所增强；信息交流、认知互动、合作互助、互为导师给课堂社会关系带来的"学会关心""学会认知""学会做事""学会共同生活""学会发展"新局面，利于促进学生的身心平衡，利于促进学生热爱学习集体的健康学习情感的生长。

语文活动空间的扩展和设置，就目前的学校一般建设状况而言，可以从临时/长时改建、转辟、跨学科共用几方面着手。以下方式和思路可供参考。

表9-1　语文课程资源活动空间的建设

语文活动	活动空间	活动空间必需设施	可利用或可用于改建的场所
研究性学习	学习室	张贴板·黑板·可移座位	小型空房·会议室·普通教室
作品鉴赏	多媒体室	影、视、音设备·黑板·可移座位	多媒体教室·普通教室
听说训练	言语功能室	多套放、录音设备·张贴板·可移座位	多媒体教室·普通教室
专题阅读	阅读室	相关文本·桌·张贴板·可上网电脑·可移座位	图书馆·阅览室·电脑室·学习室
角色扮演/演艺	演艺室	演出台（地）·放音设备·可移座位	礼堂·普通教室·体育馆（室）
写作/一般作业/测验考试	电脑室	可上网电脑·书架·黑板/张贴板·座位	电化教室

在语文活动空间的开发和利用过程中，同样有一个教学目标的问题，这与开发利用该空间的活动组织者、设计者对于该课程资源的教育教学价值的认识和把握有关。同样的空间和设施，由于资源价值的认知度不同，活动的教学目标也就有径庭之差或趣味之异。在语文活动空间的资源问题上，硬件与布置是第二位的，资源应用目标最为关键，目前，应有针对性地考量语文活动空间应用的形式化弊病及其改进对策。

表9-2　语文活动空间：教学目标与资源价值的确立

活动空间	主要活动	资源价值认知的比照		教学目标（能力培养）指向
		具有建设性的	建设性弱的	

学习室	研究性学习	·即时展示各种研究成果，利于信息互换 ·自由变动人员位置位形，便于同质/异质分组合作研究	·讨论交流的场所 ·与普通课堂学习无异	·研究中的交流、咨询行为 ·研究中的质疑、讨论行为 ·研究成果的发布行为
阅读室	专题阅读	·集中来自书馆、师、生的相关读物，形成"专题场" ·浏读与互换，资讯利用率高 ·即时讨论和表述头脑风暴 ·相关资料汇展，信息量大	·有各种书籍的场所 ·图书馆阅览室即可	·搜集、择别信息能力 ·快速阅读理解能力 ·学习中的合作与分享习惯、态度
言语功能	听说训练	·言语实时训练、即时自我反馈、即时评价，训练量大、涉面广、受训者众多 ·学生得到的"同侪信息"，利于多向学习与自察 ·自我训练与教师指导结合度高，产生教学效应快 ·学习集体中的个别化教学	·可录放音的场所 ·与普通课堂学习无异	·聆听技能 ·说话技能 ·自评与评价他人听说的技能

（二）素材性资源中的语文课程信息

语文校内课程中的素材性资源，其最为宜于利用、开发潜力最大和最易被忽略不计的，是课堂信息——来自于同侪语言的课堂信息（语文课堂信息包括三类：一类来自于教师的"教学语言信息"；一类来自于教学资料，主要是课本的"教材语言信息"；另一类就是来自于学生的"同侪语言信息"。教学语言信息由两部分组成：一部分是授业信息，以知识、策略成分为主；一部分是组织信息，以指导、教育成分为主。教材语言信息也由两部分组成：一部分是教材中呈现和阐释知识的成分；一部分是课文本身。同侪语言信息则包含了三个部分：一是学生的课堂讨论信息；二是学生的质疑提问信息；三是学生的答问述意信息）。语文课堂中的课程的教学化过程，不断生成着以学生为载体的、由同侪语言构造的资源，其丰富和生动，足以令课堂情境焕发出有别于课本、教案实施效果的勃勃生命力。

（1）语文课堂信息的素材性资源表征和特点

1. 产生的随机与普遍

在较为宽松的课堂情境中，在以学生自主学习为主的课堂组织形态中，较为常见的是素材性资源的随机产生和普遍产生，即突发突然产生、每个学生都可能产生。应该说，这是一种值得语文教师庆幸的课堂情势和学科特征，它使本学科与数理化、外语等学科的课堂信息资源的量比拉开了惊人的距离，据一个粗略统计，以一个包含了完整观点、策略、问题、判据的语段为资源单位（通常由一个学生制造），同一教学班中，语文与数学、外语学科的来自于学生"同侪语言"的课堂素材性资源（可否利用暂不计）之比为25：3：1（由于抽样关系可能这只是典例，权作参考。但它应已从特定角度部分地证明了一些判断）。

表9-3　各科课堂"同侪语亩"素材性资源量对比

科目	语文	数学	外语
1	3	0	0
1	5	1	0
1	6	0	1
1	4	1	0
1	7	1	0
小计	25	3	1

语文课程的这一资源特点，为教师发展教学提供了机遇，也提出了挑战。忽略这些资源当然已不可能，但确认其价值、即时（或可延时）重组教学，也并非易事。这里有一点共识是应该达成的：语文教本结构单一、选例滞后、知识多隐性等特质，有待于师生在动态的教学过程中利用已有知识与经验去改造、去完善；非此，语文教本的课程目标很难活化与达致。

2. 水平参差、向度迥异、价值各异

一般认为，语文课程知识结构呈"网"状，点与点的联系与水平推进往往是交错、回环、螺旋上升的：语文课文又包罗万象，知识与能力、知识与情感、课内知识与课外知识的关系呈"粘着"状；语文学习作为社会学习，又以学习者经验为"掌握"的条件，呈"全开放"状等。——它们直接强化、凸显了学生在语文学习中的个体差异：认知的背景、认知的广延度、思维的批判性、知识迁移度、情意作用成分，等等。由于语文学科内容与教学的这些特殊性，致使课堂信息这一资源素材呈现出水平参差、向度迥异的状况，其教学价值往往大异其趣，利用和加工中教师与学生的"仁者见仁，智者见智"似乎也在所难免。如何确认如何加工且利用这些缤纷、繁杂的素材资源，是教学观察与研究的又一新视点新课题。下面试以"课堂资源点评"形式阐释一二。

例1 学生提问——学生答问

提问：文中用了很多拟声词，作者的表达意图是什么？

实施概况：对此问题学生当即众口一词"突出口技逼真、技艺高超"，"造成惟妙惟肖的效果"。

（初二《口技》）

点评：

难易度：几乎无须思考即可明了，无难度；对于该年级全体学生的认知活动不具较大的教学意义。

教学生成性：它与本文的理解虽密切相关，但对扩展阅读认知面和调动学习经验并无明显作用。

资源应用建议：以问答式实施；教学目标——认知该写法的主要作用。

资源属性：不予加工即可用于教学；只需一般关注、随机利用。

课程价值：★

例2 学生提问——学生小议，得出答案。

提问：本文写口技者的口技，为什么却在很多地方要写宾客的神态？

实施概况：众学生稍作思考、议论，答案即明确为"从侧面描写进一步突出口技者水平"。

（初二《口技》）

点评：

难易度：对于初二语文经验水平的学生，"侧面描写"应系熟知的旧知识点。以旧知的活用重温学习新课文，必要。但认知难度偏低，对于引发讨论与争议或批判性评价性的深度阅读效用不显著。

教学生成性：它引导了本文一个重要知识点的教学；有助于调动学习经验，有助于知识迁移的训练；可能衍生新质教学内容（如"策略性知识"：该同学的阅读思路和视角。）。

资源应用建议：以问一议一答式实施；教师辅以补充性导向；教学目标——认知该问题/复习旧知、练习迁移。

资源属性：不予加工即可用于教学；需要关注、利用。

课程价值：★★

例3 学生提问——学生讨论/发表意见

提问："狗吠深巷中，鸡鸣桑树颠"中，诗人为什么写鸡和狗，而不写牛和马呢？

实施概况：师生热烈讨论，数分钟后得出大家较为满意的看法：写"鸡鸣""狗吠"更能体现田园生活的安逸、闲适；写"牛叫""马嘶"则表现出农家的繁忙与紧张，与陶渊明诗的主题和感情基调不符。

（高二《归园田居》）

点评：

难易度：学生作正向、直接思维时不会产生此疑问；提出和思考、回答该问题，对思维品质有一定要求，认知有一定难度。这个提问系深度阅读范畴的提问。

教学生成性：它既不脱离诗歌鉴赏本身的知识教学轨道（形象——意蕴），又提示了认知的新异角度，并以其激疑又激趣的特点，引发学生的思维兴趣，是能使语文教学从一般化/基本性认知，走向个性化/创造性认知的教学点。

资源应用建议：以讨论法实施；教师给予"阅读策略"类提示；教学目标——强化文本感受、理解方式的学习。

资源属性：应予加工（如教师指证其讨论的价值；引入相类的材料、例子）；需要重视并切实利用。

课程价值：★★★

例4 学生质疑

质疑：对"三峡变成人的胯下座椅"一句，不少参考资料认为这句话表现了人类征服自然的伟大力量，我认为这篇课文的观念有些落后，今天不宜强调人类对自然的征服，而应强调人类要顺应自然，与自然和谐相处，现在很多地区不是退耕还林了吗？

实施概况：教师引导学生围绕这一说法展开讨论；多数学生认同此看法；少数学生认为不应苛责课文的时代精神和观念局限；某学生提出"课本应该选什么文章"及"编写者的思想水平"等问题。

（高一《过万重山漫想》）

点评：

难易度：该质疑与该学生的课外学习水平相关，是"大语文"效应的体现；它提示了语文阅读的难点之一，此理解对文化积累、思想观念的仰赖。它所引起的思考争论需各种课外学习和思辨力的支持，有难度。

教学生成性：该质疑的答案可以是开放性的，它的社会热点相关性极强，引发对相关文本、相关主题、作文题等的思考（争论、建议）的可能性很大；该质疑又是对师生思想观念和文化学识的挑战，可能衍生出与社会、地理、历史、政治等学科相关的综合性学习命题。

资源应用建议：以讨论法或专题研究式学习实施；教师或可不拘于该课时；教学目标——练习用综合性学习的方法阅读。

资源属性：应予加工，且与学生共同加工；需十分重视并扩展利用。

课程价值：★★★★

例5 学生质疑

质疑：对《哦，香雪》中香雪以一篮鸡蛋换回一只铅笔盒的情节及香雪人物分析。我认为香雪的举动和香雪其人与莫泊桑的《项链》中的女主人公路瓦栽夫人是相类似的，后者为了出席Party借项链而丢失假项链，为此吃了整整十年的苦，究其实质，都是出于女性的虚荣心……

实施概况：教师当即肯定其思考的大胆和表述的新意，然后以三言两语又对全体学生强化了关于"比较阅读"的方法和意义，但教师因该问题超出了课堂设计的范畴，教学时间不允许展开研讨而戛然而止。

（高二《哦，香雪》）

点评：

难易度：质疑的内容超出了教学参考书和课堂教学内容的范围，所作判断与文学界的"共识评论"相径庭；抓取的比较阅读的对象，其可比性亦超出了一般分析的视野。在思维的批判性和新异性方面，该质疑显现出认知的较高难度。

教学生成性：它本身作为一个判断，极具"分析"价值，由对它的批判性分析得出对文本人物及主旨的多元答案，其过程可能成为一次文学理论的学习和操作课，并导引出关于文学的研究性课题；该质疑的强烈批判性、反判性，形成了对学生进行阅读品质和社会观察教育的契机，可衍化出与"大语文学习"、与"人文关怀"等相关的教学命题，利于引介诸多文学文本和人物进入课堂比较学习。本质疑在认知功能和教学延展性两方面均含有较强的生成元素。

资源应用建议：以讨论法或研究性学习实施；或可通过课外或专题课的途径实施；教学目标——了解文学鉴赏；文艺批评的方法/提高文学评论兴趣/强化思维（阅读）的批判性品质。

资源属性：应予加工，且与学生共同加工；需十分重视并扩展利用。

课程价值：★★★★★

语文课堂信息的素材性资源表征和特点之三，可资利用的宽容度大、效度广。由上述的五个资源素材例示可见，来自于学生的、又为学生所使用的语文课堂信息，体现了很大的利用宽容度，即：即时利用或延时利用/（围绕该课文该命题）专门应用或兼作他用（其他文本、课时、命题）、不予加工或予以加工、限于课堂使用或走出课堂使用、限于学科应用和跨学科应用等。与此同时，也就体现了自身的广效度。从教学可能性的层面看，一般而言，它们大多是与课堂实时教学相关甚至紧密相关的、可利用的，又可以引起课堂认知活动的；大多又是能推进即时的教学进展，而且可能经由加工形成新的教学生长点的。从教学价值的层面看，尽管价值有高下之分，但总体上，均具一定的价值意义，有的可能在承续、延伸教学节点方面具有价值，有的可能在外显学习水平和学习性向方面具有意义，有的可能从表现学习策略和思维品质方面体现价值，有的可能从提示教学思路和丰富教学命题方面体现价值。从课程发展的层面看，来自学生的那些有教学可能、有教学价值的课堂信息,首先,为课程的教学化提供了随机生长的"活性素材"——出现时机的"活性"、打破教学平衡的"活性"、激化思维情势的"活性"、认知教学内容的"活性"、导引教师新思路的"活性",等等;其次,它们给语文教科书和教学参考书增加了一个不可或缺的参照系——反证、旁证、多元诠释、经验化经历化理解、批判、理解/不解、生活介入,等等;最后,它们以"同侪语言"的形态,集中地物化着学生的课程理解、课程体验、课程学习方式、课程价值认同,是教师理解课程、理解教学、理解学生学习和反思省察自我教学绩效和路向的材料。教师凭借这些材料获得教学体悟和经验,完善课程的实施,并在此历程中逐步求取自我的教学进步和自我的专业发展,而这种教学进步和专业发展,恰恰是课程发展的主要推动力和人力基础。

语文课堂上产生的素材资源,对不同学生群体和教师个体,都将具有特定的教学功能。举例来说,像前文中的例5《哦,香雪》,对于语文学科高水平的学生群体,可以侧重利用开发这一资源素材内涵的智力因素,如认知/思维/创造等元素,使之延展至课外的专题学习、讨论和作业,以至衍化出某些研究性学习课题;对于相对低学习水平的学生群体,可以侧重强化这一资源素材的非智力因素,如独立思考、大胆批判、不唯书本的读书观等元素,使之成为即时的学习态度、学习个性的教育节点;当然,也可侧重方法、学习策略等。同是这一资源,文学爱好者的教师将可联系到不少文学作品和人物来加工它;擅长于文艺批评、文学理论的教师能将其迁移到相应的"评价"话题上;文艺学素养偏弱者则可关注它的其他元素,或更多组织学生自主进行延伸性探究。总之,语文课堂素材性资源的大宽容度、广效度,既为语文课堂的所有教师和全体学生提供了使用、加工的天地,也使语文课程变得比其他课程更为变动不居、色彩纷呈起来。

(2)语文课堂信息的资源利用策略举隅

1.策略之一:辨识资源价值,合宜利用。

当着课程实施中出现教学资源态的信息之时,教师的第一反应应该是辨识其价值,作出教学决策。第一,是否可用(用与不用应有不同教学效果)?第二,什么时候合用(承上启下/另辟教学蹊径/转换教学命题)?第三,怎么用(采用何种教学方法和学习方法)?第四,利用的目的(即时/延时的教学目标)?本策略的施行关键,在于教师的课堂资源识别力,这种识别力包括:临场听知力("听到"声音不等于"听懂"信息)、综合判断力(联系现有教学材料和教学设计,分析该素材意涵,预判其教学效应等)、教学理解力(教什么?怎么教好?)等。

2.策略之二:确认资源特点、取其精义

素材生成于不同的学生、不同的教学场合,又将被利用于不同的教学环节,前两个"不同"造就了素材的客观性特点,后一个不同则对素材的被利用成分作出了规定。因此，教师应确认该素材资源在认知侧面的特点（如阅读广度、深度，学习策略、习惯，理解角度、经验，开放性、批判性、创造性，等等），区别其应用性的主次、强弱、短长，撷取其中负性较小的一面，赋予其特定的教学功能以展开教学，例如前文中的例3《归园田居》，其特点确认似应侧重于认知面，即在换词比较中深化文本理解、增强品读旨趣，而非注重那种钻牛角尖式或调侃式"牛马"之争的学习情意态度，但在前文的例5《哦，香雪》中处理该资源信息时，为规避认知难度（歧义过大），而侧重于学习情意态度上的"批判"亦不失为一种上策。

3. 策略之三：融入教学过程，总体把握处理。

来自于学生的课堂信息素材资源，与教师原先设计、预置及临场生成的教学资源，两大部分应有机地融合于一个教学过程的整体，两大部分的结合、互为补充、互为衍生如何，直接影响到课堂的整体教学时间结构和内容空间结构。一堂课或一个教学节点因旁枝逸出而残缺，因旁征博引而废止，因争论而不了了之，因思路热烈而失却判断，因学生"生成着"而教师"逃逸"，因"宏大叙事"而"细小"流失，因"微观"研议而"全局"失控，如此种种现象时有发生。教师在教学过程中应以大局观统摄各资源，宁缺毋滥式的矫枉过正，在某种意义上说也是必要的。要将素材性资源融入整个教学过程，可从两方面着眼着手：一是组织质疑和讨论的指导和引导，应有一定的整体教学考虑和行为预设；二是采纳和加工、利用素材，应将教学逻辑作为重要原则，并重视面向全体学生。

4. 策略之四：衍生课程与教学的新质，不拘一课一时。

如果说策略之三注重的是课程资源利用中单位时间教学的相对完整性和全体性，那么本策略则要求注重课程资源利用中，课业内容和学生活动的开放性、个体性。可以这么看，例1、例2《口技》是典型的融入了本课时教学内容过程，属于一种"完整性""全体性"状态的利用，而例4《过万重山漫想》和例5《哦，香雪》则因其认知难度和答案歧义以及对课外经验与文化活动条件的较高需求，呈现出资源利用的开放性、个体性特征，但恰恰是难度、歧义、课外经验、开放、个体这些资源特质，才有可能衍生出课程与教学的新质，形成研究性学习、研究型课程、综合学习与实践活动；这种促成课程与教学新质产生的、不拘一课一时的素材性资源，来自于语文课堂中不可多得的同侪语言信息，亟需教师"读取"、关注、明了和掌握、加工。

第四节　语文课程资源利用开发的学力目标

一、语文课程资源的"大文化"化和语文课程功能的扩大

只要细致观察日常的大量语文课程可利用或已开发的资源,便不难认定:语文课程资源既是"语文"的,又是"文化"的,既有"语文认知"的内容,又不囿于"语文"的知识,而早已延展至社会的认知、人性的认知、自我的认知等层面;它既为学生语文学习所生成,又为学生社会行动所生成;它既关涉听说读写的语文能力,又与基础的跨学科或泛学科的学力密不可分。假设这一认定大致是可以证实的,那么研究语文课程资源的开发利用,就不能不聚焦于开发利用的总目标这一"终极关注"上。语文课程资源的开发和利用,"是为了把语文课上得更好更活,是为了更好地培养学生的语文能力"——这毋庸置疑。如果宕开一步,从语文课程改革的宏观目标和走向出发,那么仅仅是"语文"和"语文能力"还是不敷应对语文课程的发展要求和语文课程本身功能扩大后的目标要求的。

二、语文课程资源利用开发目标:缺席与设定

语文课程资源利用和开发,是为教学服务,为课本教学服务,其利用开发的目标与教科书课文、课堂教学目标相同——这一观念已到了亟待改变的时候。这一观念已导致的课程资源利用开发局限于出版物、局限于文字材料、局限于教师载体、局限于语文知识等弊端,对语文课程资源的优化和课程效益所造成的负性已是显而易见的:如忽视社会化活动与经验、忽略学生文化、大语文素材及课堂信息素材流失、新学习方式新课型建设不力等。

参照教育目标分类学的基本理念和范畴,根据语文学科能力培养目标和语文课程发展目标,着眼当前及可预见的未来学生语文学习(包括一般学习)的各个侧面各个领域,设定语文课程资源利用与开发的目标体系,应能促进语文课程资源的建设,一定程度地调控和完善语文课程资源的利用、加工、改制、开发,也应有利于学校、教研组研究、观察相关问题和开展资源评价及资源利用评价。

三、语文课程资源利用开发:跨学科的泛学力目标系

从语文课程目标实施要求和语文课程资源性状、功能两方面,综合考察语文课程资源利用和开发的战略、战术目标,应可初步确定其特性是跨学科的泛学力的,整个目标系统的逻辑序列和坐标大致可作以下设定。

表9-4　与语文课程相关的泛学科学力目标体系

目标领域	一级目标	二级目标
认知领域	1. 筛选/鉴定	1.1 选择较适宜的文化对象，放弃回避不适宜的文化对象 1.2 鉴别文化对象的雅正低俗，能明确之 1.3 在大量信息中较快搜检出自己需要的信息
认知领域	2. 理解/说明	2.1 明了该信息的用途/用意 2.2 明了该信息的真伪/真及伪的价值 2.3 明了作品的思想内容和审美素质 2.4 区分作品中的良莠因素 2.5 解释作品中散布的观念
认知领域	3. 评价/判断	3.1 比较信息的异同/高下 3.2 指明文化对象的文化特质 3.3 分辨文化对象的制创态度 3.4 检讨自我文化活动的质量
认知领域	4. 整合/应用	4.1 重组信息间的逻辑联系 4.2 设计利用信息学习的方案 4.3 运用信息解决学科学业问题 4.4 构建信息与研究的关系并作出成果 4.5 应用文化活动的各种技能和思想方法于各种情境中
情意领域	1. 兴趣/注意	1.1 选择中注意到自我的能力倾向和审美性向 1.2 兴趣个性化，较少受他人干扰 1.3 追踪有益的信息/信息源 1.4 适时转移热点变换活动对象 1.5 广泛接触异质文化
情意领域	2. 反应	2.1 建立移用意识和自我完善意识 2.2 与别人分享活动的情感/体验/成果 2.3 适应各种表现性活动 2.4 体验、感受的自觉性和敏锐度
情意领域	3. 观念	3.1 愿意理解各种文化观点和思路 3.2 倾听的兴趣较广 3.3 以批判而宽容的眼光看待事物 3.4 反思自我观念的习惯 3.5 从活动对象中学习观念 3.6 统整自我与对象的思想 3.7 以创新的标准评价活动价值

目标领域	一级目标	二级目标
	4. 价值人格化	4.1 坚持自我认定的价值判断 4.2 爱智慧和"美" 4.3 在多元世界中平衡自我 4.4 情感丰富并懂得表达 4.5 积极接纳生活，不闭守
动作技能领域	1. 知觉	1.1 快速浏览信息 1.2 以技巧阅读文本
	2. 机械化	2.1 能模仿各种活动的技术/技艺 2.2 熟习电脑/网络基础操作（打字、上网）
	3. 复杂反应	3.1 熟习电脑/网络较高级操作 3.2 使用艺术表达的工具
	4. 创作	4.1 制作学习、交往的个人电子文本、超文本 4.2 电脑创意（或设计）

第十章　大学语文教学评价

第一节　语文教学评价：传统与变革

语文教学评价是以教学目的为依据，运用可操作的手段，对语文教学活动过程的效能和结果作出价值判断，并为被评价者提供反馈信息，甄别学业和学力水平，输送学生进入高一级学习或为人才选拔提供依据的一种活动。语文教学评价是整个教育评价的一部分，它又是整个语文教学过程的重要一环。

语文教学评价与通常的语文考试有联系又有区别。语文考试和测试往往注重的是测试学生学习的结果，给学生评分、分等级。而现代语文教学评价除了为学生学习结果作评价以外，还注重学习过程和教学过程的评价；注重其评价的反馈功能，调节、激励功能，导向的功能，等等。

一、教学评价类型的评介

语文教学评价的类型按不同的目的与标准可以有不同的划分。从评价目的与范围看可分为校外统一考试和校内组织的多种评价；从评价的类型、作用、时间看又可分为诊断性评价、形成性评价、终结性评价；从评价的方式方法看又可分为笔试、口试、档案袋评价、表现性评价等。不同的评价有不同的目的功能与方式，但其基本性质是相同的。对教师而言，最重要的是要熟悉并掌握自己组织的校内各类评价活动的技术。

目前国际国内通行的是将教学评价分为诊断性评价、形成性评价、终结（一译"总结"）性评价。这三类评价同样适用于我们的语文教学评价。而且可以大体同我们的传统语文测试对应起来。

（一）诊断性评价——摸底测验

任何一名教师都要关注学习者、学习过程和学习情况这三个"焦点区域"，其中了解学习者的实际情况更为重要。根据美国教育心理学家奥苏伯尔等人的研究，接受学习能否变得有意义，取决于学生能否将新的知识与自己的认知结构中原有的有关知识建立起实质性的联系，因此，了解学生的实际学习情况是十分重要的，教师可据此制定教学策略，实施教学计划。一般而言，教师在接任一个班级的教学工作以后都要进行这种测试。尤其语文教师，更要了解学生的实际水平，因为语文学科不是科学性较强的数理学科。学生同样的入学成绩却常常有不同的实际水平。虽然我们有统一的课程标准、相同的教材，但语文学习受社会、家庭、环境的影响远远超出其他学科，不同的家庭背景，学生不同的知识结构、智力、能力都会对语文学习产生不同的影响。所以，诊断性评价——摸底测验能给教师提供个别化教学的依据。无论是一位执教初一的教师还是执教高一的教师都可以通过诊断性评价来了解一个班学生的语文学习情况，为他制定教学策略提供依据；同样，在经过一个漫长的暑假或寒假后，教师也可通过摸底测验来了解学生。

（二）形成性评价——课堂测验、单元测验、阶段性测验、校外组织的"摸底考试"

布卢姆认为，所谓"形成性评价"实际是"不带有任何要评成绩的联想"的一种动态评价。它是为了减少终结性评价带来的消极情感而设计的一种测验。换言之，它是为了让学生看到自己的学习成果，鼓舞学习信心，减少害怕心理而设计的一种评价方式。传统考试（不仅仅是语文），总是带有成绩评定的要求，但成绩评定往往会引起学生的焦虑和抵触情绪，分数的好坏会直接影响学生的学习积极性。整个语文教学过程是一个动态过程，学生的情况是在不断发生变化的。教师可以通过减少评价中的那些判断性见解来寻找减弱学生消极情感的办法。简言之，即通过必要的手段减少平时考试给学生带来的失败或挫折的情感。因为评定是客观存在，"教师的任务不是取消评定，而是尽可能使某些焦虑变得无害。""形成性评价"的目的就是通过不断的反馈来了解学生的学习情况，减少学习中的失误，增强学习信心。教师则通过表扬、鼓励学生纠正学习中的错误来刺激学生学习，使之确立正确的学习态度。课堂教学的局限使一位语文教师不可能给予每位学生以均等的机会，一些中等以下水平的学生往往被忽视了。如果某些学生在某种环节上掌握不好又得不到及时纠正，那么这种错误就会被延续下去。不但如此，学生如果不能取得好成绩，他的学习态度也会发生变化。采用形成性评价的手段通过平时的随堂测试、单元小测验、口试等可及时调整教学策略，表扬获得进步的学生；学生也可了解自己的学习情况，及时纠正错误，改变学习方法；获得表扬的人可以强化学习动机，增强学习信心。

当然，语文学科不同于外语和数理化，语文水平的提高过程往往是个潜移默化过程，它不太可能通过分解成各个小步子来获得语文整体能力，提高语文水平的方法是多种多样的。但不管怎样，语文学习中的一些基础知识的学习、掌握，基本技能的学习还是可以通过"形成性评价"来评定的。通过学习过程中不断的反馈，教师可以因人而异地帮助指导学生。

（三）终结性评价——单元测验、期中和期终考试、校外水平考试、升学考试

所谓"终结性评价"，指的是某一阶段、某一学期结束时所进行的测试评价。目的是给学生某一阶段的语文学习评定成绩。这一点不同于"形成性评价"。进行形成性评价目的主要是为了取得反馈信息，进而改进教学方法，语文教师更多地关注学生的学习兴趣、态度、行为的变化，学习方法的正确与否。而终结性评价的目的就是给学生评定成绩，并将成绩报告给学生、家长和学校行政部门。

终结性评价，需要具有"两个绝对必要"的特点：可据性（效度）和可靠性（信度），简单地说，你所进行的测试要有效地达到测评的目标，要测出学生的真实水平，考试成绩要反映出学生某阶段某学期的语文学习情况，可以作为他们语文水平评定的依据。因此这种考试必须坚持客观性、公正性。它有几个基本要求。一是坚持"教考一致"，即教学内容要与测评一致；"评价'什么'是取决于要教'什么'，要学'什么'……换言之，评价的目标就是教育的目标"。二是评分要力求客观、公正。这一点与"形成性评价"有很大的不同。例如，在平时的练习或小测验中（形成性评价），有两位学生的作文处于相同水平，其中有一位原来基础较差，经过努力赶上来了，另一位则没有明显的进步，你为了鼓励前者，就可以给他评90分，另一位则评85分。这种灵活机动带有主观性的评价，目的是为了鼓励获得进步的学生。但是到了"终结性评价"——期中、期末或校外统一考试时，则一定要坚持客观标准，因为，此时的成绩要反馈给家庭、学校以及相关的行政部门。

（四）表现性评价（performance assessment）和档案袋评价（portfolio assessment）

除了以上三种类型的评价外，近年来国外比较常见的还有"表现性评价"和"档案袋评价"，又称为"另类评价"。这是上世纪九十年代美国教育界和教育测量界的热门课题。美国教育界开始将这种评价方法广泛地运用到学科各领域中，作为了解学校教学情况和学生实际水平的一种策略。这两种评价受欢迎的原因是：一般人包括教师、学生、社会各界人士对选择题测验题感到不满意，因为选择题往往只能测量已经"知道"什么,却无法测量他"能够做"什么。而且在考试压力下,教师和学校偏重于考试,大量操练"标准化试题"而扭曲了学校教学的真实面貌。为了纠正这种考试给学生学习带来的弊端,人们就采用重在评定学生学习过程的方法作为考试评价的补充方法,并取得了一定的效果。

所谓"表现性评价"(台湾也称之为"实作评量")即指评定学生在工作项目中的实际行为表现,要求学生在学习过程中的表现的行为与具体的教学目标相符,同时必须要在真实的情境下实施。这种评价应用的范围很广,如在语文方面(听说读写各方面),科学方面(试验操作的科学精神、科学态度),体育(游泳、打网球的动作)或其他领域。

"档案袋评价"(台湾称之为"案卷评量")实际上是"表现性评价"的另一种方式。简言之,即每一个学生有一个属于自己的资料袋,有目的地搜索个人在某个领域的作品,这些作品记录了学生自己努力、进步的情况和获得的成就。档案袋中除了学生自己的作品之外,还包括一些师生共同探讨和决定的内容,作品挑选的指导说明书、作品判断的要求和要点,学生的自我评价等。实际上三四十年代中国老一辈语文教育家王森然、阮真等已有在写作教学上建立过类似"学生档案"的尝试。

作为一种评价新趋势,这两种评价的优点在重视学生的学习过程和学生对学习的自我反思,能适应学生个别差异,让学生学会自我评价,并将自己的今日跟昨日相比,从而减少与同学之间横向比较的压力。从教师角度看,"表现性评价"和"档案袋评价"可以让教师了解学生对某些学科、某些问题的认知程度、了解学生解决问题的能力和潜力及时发现问题予以指导。在具体实施时还有许多困难,如时间花费较多,难以恰当评分、信度和效度难以保证等。支持这两种评价的观点认为这两种评价符合现代学习理论——主张学生在学习中是意义建构的积极参与者,可以增强学生学习动机,提高学生参与和投入学习的程度,能帮助他们建构有意义的学习情境发展解决问题的能力发展批判性思考和自我表达的能力等。

二、教学评价功能的点评

语文教学不同的评价类型具有一些共同的功能,也有各自不同的功能,其中以下述功能最为关键。

(一)语文教学评价的反馈功能

校内组织的各种评价具有诊断和评定的功能,但就其本质而言是为了改进和促进教学,因此无论哪一个学科的教师都应当十分注重这种种测试的反馈功能。对语文教师而言,最根本的任务是要利用各类评价改进教学,提高学生的阅读写作能力，提高他们的语文素质。教学中之所以需要有不断的评价，主要因为不断的反馈有助于学习，"一是它把学生的注意力集中到学习任务的某些重要方面；二是它提高了学生的兴趣"。通过测试反馈，可使学生不断看到自己的进步，同时也可以寻找到自己的薄弱环节。在形成性测试阶段，学生还可以通过自我检测来调整学习方法和进度。例如，学生学习并记住某些材料（如背诵记忆某些诗文）、掌握某些知识（如汉语语法某些知识、文学方面某些知识）等既可以通过教师的测验，也可以通过自测来检验，学生也会从中获得奖赏。林格伦说："对测验打的分数和评定成绩由于某种原因而充满了不可思议的力量。"学习中强化的手段是多种多样的，不断进行的形成性评价即是有效的手段之一。同时，反馈也可发现学生在掌握知识和能力方面的某些不足，师生可共同采取某种策略来改进教与学。

在讨论各类评价问题时，有一点我们必须明确："任何人都不应该寄希望于在一节单独的课结束时，学生有可能通过对某一个特殊操作或行为的掌握获得有意义的知识。……学生的课程知识应深深扎根于课堂教学的结构和文化之中。这就意味着，应该把课堂教学看作师生通过任务的制定与完成产出并共同构建课程的过程，为此，设想通过精确的指令、知识的单项传授、测验考试的评估等去控制这一过程的任何企图，都有可能扭曲这一过程的实质，从而导致教学与学习的失败。"所以，教师与学生都要认识到形成性评价中的各种评价都仅仅作为教学过程一个基本步骤而存在，各种测试都是为改进和促进教学而设计的，所以没有必要过于看重分数，更没有必要完全按照校外考试的方式来设计试题。尤其需要明确："教育上的测量不同于物质世界中的那种测量的'尺码'。一磅面粉在无穷数的情况和条件下仍然是一磅面粉。"而分数的价值并不绝对，语文的评价又不同于数学，3+3在任何情况下都等于6，数学考100分的总比95分的要好一些，但同样一篇作文，得85分的未必比得80分的要强，所以教师的注意力不应放在分数上；而要关注学生的具体学习过程，假如明白这一点，我们就能很好地利用评价的反馈作用。同时，为了减少评价给学生带来的焦虑感，还应当采用多种形式，如自我测试、开卷考试等。

（二）语文教学评价和评定与选拔功能

当然，语文评价最重要的功能在于它能对学生的语文学习、对教师的工作进行评定。因此校内组织的期中期末考试和校外组织的水平考试具有评定功能，而升学（如中考、高考）还具有选拔功能。如果说诊断性评价和形成性评价的主要功能是反馈，它的目的是为了改进师生的教与学的话，那么，终结性评价的根本功能是在评定与选拔。因此这种评价就一定要有效度、信度和区分度。它不但要评价学生的语文知识和能力，还要评定学生的思维水平。

(1) 关于效度和信度

"效度"和"信度"是教育评价和测试的术语,测量效度与信度有专门的一套计算公式。

"效度"也称可据性,它是指通过测试能有效地测出学生对某一学科掌握的真实水平。"测试的可据性就是根据测试的分数所作的推断是否正确和适当的问题。"例如,学生高中入学考试语文成绩同他们初中时代的语文成绩如果有很高的相关关系,那么表明他们参加的入学考试是有效度的。反之,如果入学考试的成绩与他们在初中时的学习成绩并不相关,那么便证明有可能考试缺乏效度。

"信度"也叫可靠性,这是指测试的结果是否没有误差,是否可靠的问题。"在视为大体等同条件下,倘若测量多次都可以得出大体同一的测值"例如,用一套语文试题,上午对一组学生进行测试,下午再进行一次测试,过两天再用同一套试题对他们测试,假如三次测试,各学生名次大致相同,则说明该试题是有信度的。反之,假如由于种种其他原因:题干不明确,阅卷标准不统一,或者由于学生个人原因导致三次测值不一致,那么说明该测试信度是不足的。

测试的"效度"在一定程度上依赖于"信度",也就是说,假如缺乏信度,那么测试效度是不足的。但是"信度"却不依赖于"效度"。换言之,具有很高信度的试题并不保证具有很高的效度。例如,我们要测试学生的文言文阅读能力,而试题却都是些关于古汉语的语法题目,尽管题目出得准确无误,尽管古汉语语法同文言文阅读能力有关,但它仍然不能保证测出学生的文言文阅读能力。因为试卷内容构造本身没有可依据性。我们经常可以见到一些高三毕业生能解答很复杂的文言文试题,但到大学以后,在文言文阅读能力方面却未达到基本要求。

(2) 关于难度和区分度

为了客观公正评定学生,体现测试的评定功能和选拔功能,还要注意试题的难度和区分度。难度和区分度也有一套专门的计算公式。

所谓难度是表示题目的难易度。难易度要适当是试题设计的一个基本要求;题目太难或者太容易都会影响测试的信度、效度,更不利于选拔。所以人人会做的题或人人都不会做的题在测试中是没有意义的。一般认为一套试卷中试题的难度值在0.4~0.7之间,这样被试的学生区分得开,分数分布较广。

区分度也称为鉴别度,它是表示试题对被试学生水平鉴别能力的指标。有效度和信度的试题一定还要把好中差三类学生区分开来,使语文水平高的学生得分高,反之得分低。假如大家挤在一个分数段,则试题缺乏区分度。一般说,有效度的语文试题它的区分度也比较好。在各学科测试中,语文要准确区分学生水平最难,一位作文得80分的学生未必比另一位得78分的学生水平高。但我们要尽可能保证区分度,而要保证区分度的前提条件是试题设计、搭配要合理。要把易、中、难三类难度不同的题目进行适当配置，按易、中、难三类通常有三种不同的比例。3∶4∶3∶2∶6∶2∶3∶5∶2。

当然，语文成绩的评定不像其他科目，主观型题目占很大比例，如作文和某些论述题，很难完全做到客观公正，所以为了确保（或者确切说"力求"）客观公正地评定学生的语文水平，除了要在试题设计上花功夫以外，还要努力提高教师的素质，这种素质包括教师的法律、道德、业务素质，这是一个带有历史性的难题，但我们又不得不面对它。

（三）语文教学评价的导向功能

语文教学评价另一个重要的功能是它的导向功能，在当前的语文教改中，如何客观公正有效地测定学生的语文水平，社会各界关注度很高，各种意见很多。例如上世纪九十年代以来，社会各界对"标准化试题"提出了不同看法，讨论、争论十分热烈，引起教育部门有关领导的重视，还专门发了一些指导性文件。但是从理论上探讨语文测试的导向功能的文章还不够多，实际上这个问题也是十分重要的，甚至可以说它的影响不亚于选拔的功能。因为从历史和现实看，有什么样的测试方式便会有什么样的教育和教学，这是一个不以人的意志为转移的客观事实。明清科举考试以八股（制艺、制义）取仕，所出题目在"四书""五经"中，写作格式要严格按照一定程式，写作口吻要"代圣贤立言"，于是读书人纷纷从"四书""五经"中寻找相关信息。演变到后来，揣摩试题，研究"程墨""闱墨""房稿"（类似今日的"高考优秀作文选"），成为当时读书人的一种风气，有很多人干脆丢弃经书专读"八股"选本，以致造成"八股盛而六经微，十八房兴而廿一史废"（顾炎武《日知录》卷十六，"十八房"条）的局面。这一点国外其实也有。现代新的教育代表人物英国人尼尔曾经无奈地说："显然，只要考试存在，它们就是我们的主人。"是"主人"就要听他的话。十九世纪中叶，牛津大学委员会就宣称考试已成为工具，它不仅用来测验学生的熟练程度，也用来指导学生的学习。从近十余年国内语文情况看，也是如此。高考中考考试方式给语文教学带来极大影响。它从内容和形式两方面"指导"语文教育教学。

（1）关于内容的导向作用

根据布卢姆的理论，一次"终结性测试"如果要有效度的话，除题目本身有信度外，还要保证三点：一是内容可据性；二是构造可据性；三是准则可据性。所谓"内容可据性"即"成绩测试题目和教学的一致性"，即保证你所考的东西是课堂里所教的东西。这是一个基本原则，是个"本"。我们强调语文学习中贯彻素质教育，我们语文教学的目标是培养学生的语文素质和能力。因此，考试必须着眼于从整体来命题，要考学生的语文阅读写作能力，考学生的语文素质，而不是把着眼点放在一些枝节问题上。如果着眼于考查测试学生的整体语文素质和能力，那么，无论怎样考、考什么，都能对语文学习产生好的导向。反之，试题如果着眼于无数细小的"知识点"，着眼于玄妙莫测的"分析"，那么，如果考查篇目出于课文内，则课文便会被无穷无尽地肢解，如果考查篇目出于课文外，则会有无数的课外篇目引入课堂内来加以"肢解分析"。事实也正是如此，由于近几年语文考试选材大多来自课外，结果导致一种令人担忧的倾向——放弃教科书不读，专门去研究课外阅读材料，有些根本没有阅读分析价值的文章也被用来"研究""分析"。再如，全国高考题照顾到各个知识点，如测试汉字的音、形、义及成语填空、释义，汉语语法的知识点，于是高三学生花费大量时间去做汉语拼音，改正错别字练习，背默上千条成语，高考涉及一些文史知识，就有教师叫学生去背王力《古代汉语》中关于天文历法的条目。总之，考什么便教什么，"应试教育"便这样产生了。结果，出现了奇怪的颠倒：小学三、四年级学生做大量的阅读分析，而高三学生却在改错别字，做汉语拼音练习，小学生不背诵古诗文，高三却在"恶补"名家名言。这些都是考试内容所产生的导向作用。

（2）关于试题形式的导向作用

试题的形式也会对教学产生导向作用，以前语文考试主要考作文，就会有人猜题押题，如今有"客观型试题""标准化试题"，于是会有一套套模拟试题涌出来，这也是很正常的。研究表明："对信息编码的方式往往取决于学习任务的性质。如果学生知道了某门学科的要求，他们会以最能满足这一要求的方式来编码。例如，教师如果告诉学生，这门课的考试形式是选择题，学生就会以便于再认的方式来编码的，而不是以有助于解决问题的方式来编码。

以这十余年来流行的高考"现代文阅读"和基础知识题为例：现代文阅读和测试高中生语文基础知识，引进了国外曾流行的"标准化测试""客观型试题"，它的初衷是为防止学生死记硬背，要测出知识的广度、深度，防止"一篇作文定终身"主观因素太多、误差过多的弊端。这些设想原来不错，作为一种测试手段，也许这样的题目考下来会有一定效度和信度。因为一般说来，对学习优秀者来说，无论标准化测试还是传统型常规考试，他们都可能取得优秀成绩，相反，学习较差的人参加两类考试都可能会考得不好。但是这仅仅是作为可能的结果，是作为学习的终结，假如以此为起点，即学生学习语文完全按照做标准化试题方式去进行，结果可能会大不一样。因为，大量采用客观型标准化试题形式，导致只重视"再认"，而忽视背诵、默写等能力的培养，同时在阅读过程中养成了"停顿""回视"等习惯，降低了阅读效率，影响思维品质。单项选择题要求的是学生从四个选项中选出正确或错误的项，排除干扰项，由于在题目中为学生提供了一部分信息，所以学生可以借助相关信息找到自己所需要的答案。这样，他们只需要熟悉某些相关信息即能回答问题,而不必借助于记忆背诵。目前中学语文教学(初中段)不强调古诗文背诵记忆,不重视词语的积累,有一部分原因可从"客观型""标准化"试题里找到。

关于试题的导向功能还不止上述几种,但这几种已干扰了正常的语文学习。总之,校外水平测验本来只是作为一种手段来衡量学生的水平,但在现实状况下,它早已不仅仅是手段了,"当考试成为筛选最重要手段时,考试就从手段升格为目的,尤其是与获得文凭有关的校外考试(如高考)"。当考试成为语文学习主要目的时,教学中一切工作便以此为指归,所谓"导向功能"也就成为不可避免的结果。因此研究语文教学评价就必须重视试题的导向问题。要充分利用好试题的导向功能,使语文教学潮有利于培养学生语文素质,培养合格人才的方向前进。这是一个十分现实且有重大意义的任务。

第二节　语文教学评价:学科性状、影响变量及重难点

教学评价作为一种价值判断活动,它应该是建立在事实(真伪)判断基础之上的价值判断,而且更重要的是价值判断。给学生成绩分等级,给他们的学习态度做评价,为上一级学校选拔学生而进行的甄选等都属于价值判断。但是,我国目前大多数学校里进行的教学评价所采用的手段比较单一——多为书面测验,而且更多的是采用事实(真伪)判断。从观念上看,不少教师还往往将教学评价看成是考试的同义词,评价也往往注重结果而较少注重过程;从教学评价目标看,比较注重认知目标而较少关注情感目标和行为目标。这种观念和评价方法尤其不适合语文教学,因为无论从教学过程看还是结果看,语文教学如果缺少了对过程的评价,缺少对学生行为、情感目标的评价,而仅仅注重学生学习的成绩(尽管这种"成绩"也是可以有变数的)是不够的。评价方式只是注重事实判断,只注意学生学到了些什么,也是不够的,因为相比数理学科和外语,语文教学内涵复杂,外延也大得多,所以,语文教学的评价有自己的特殊的学科性状和影响变量。

一、语言、人文教育的特性与质性评价

首先,语文教育学是一种语言教育,它有别于单纯的文学教育,因而语文教学具有工具性和实践性的属性。集口语和书面语于一体的语文是人用来思维、交流的工具,同时又是人用来学习、工作的工具。但这一种特殊的智能工具不能由教师教给学生,而必须在具体的语言生活、语言训练中掌握。因此语文教学过程不是一个被动接受知识、掌握技能的过程,而是一个主动贴近生活,在语言的海洋里发展语文能力、发展智力的过程。语言知识的掌握,语文能力的发展是一个

逐步积累的过程，缺少了个体的生命体验，语文知识就会变成一些无意义的词语和句子，既无助于个人语文能力的提高，又无助于人格的发展。

其次，语文教学是国语教育，它有别于外语教育，因而具有民族性的属性。国语（national language）有时也叫母语（mother tongue）。对大多数中国人来说，学习汉语即是学习母语。人是生活在语言中的。学习母语有三个不同的阶段：在日常社会生活中掌握口语交际能力（听说）；借助教育，进入"用文章表达的语言领域"（读写）；通过不断学习，进入"文化语言生活领域"，并准备进入"哲学性""科学性""艺术性"的读写语言领域。语文教学应当关注的是后两个领域。同时，因为母语是一种载负着民族行为方式、思想内容的语言，因此语文教学还有培养学生具有本民族的行为方式和思想的任务，还有继承和发扬本民族的语文教学的优良传统。正因为此，语文学习的大课堂在生活之中。语文教学决不是一个单纯的传授和接受过程，它必须以一定的背景和学习者在这背景中展开的能动为中介环节，同时又要求学习者有学习的性向、经验。否则，当学生完成"读写阶段"学习以后，很可能不再有进一步学习的兴趣和动机，（他已经具备相应的读写能力或者自以为已经掌握了语文这一"工具"）。

最后，语文教学是文科教育，它有别于数理学科的教育，因而更具有人文性、审美性属性。语文学科教的是语言，但它的载体是各类文章，首先是文学作品，所以各国都将文学教育纳入语文教育。文学语言是最丰富的语言，古今中外的经典作品凝聚着人类文化的精华，阅读这些作品的过程便是同各时代经典作家的对话过程，也是接受真善美熏陶的美育过程，更是人文精神的熏陶过程。学生在语文学习过程中，一方面学习语文知识，提高对知识的真伪判断力；另一方面又在提高鉴赏文学，艺术作品的价值判断力。文学作品理解的多样性需要师生共同讨论，读大师作品需要与文本进行对话，只有在讨论交流中才能对文学作品有比较深入的理解和鉴赏，才能进行价值判断。因此，语文不同于数理化，它是开放式的学科，大量的学习实际上发生在课外，文学作品的阅读及其大量的笔札功夫要到课外去完成。

从以上分析看，学习哲学性、艺术性、科学性的语言是语文学习的最高层次；母语学习还必须照顾到民族性问题；在语文教学还需培养学生的鉴赏审美能力和爱国主义情感等。对这些高层次的学习和教学结果进行评价时，很难简单的用事实判断来进行评价；而必须进行价值判断。价值判断（好不好）就比事实（真伪）判断（对还是错）要复杂得多。对学生在这些领域里取得的进步，很难像考查数理化外语那样加以评价。也很难加以分类并制定相应的评价标准。例如，学生写一篇鉴赏唐诗的短文章要你进行评价，一是你不能简单地说他写的对不对，只能说他写得好、较好、一般、不好；二是对这篇文章的评分，评80分与85分的界限是很难确定的;三是不同的评定者可能有不同的评定结果;四是同一个评定者在不同的时候会有不同的评定结果,而且即使制定了严格的评分标准,例如中考、高考的标准答案,你仍然无法取得完全一致,有时不得不采取妥协办法。对这种"论文性"试题,目前世界上先进国家的教学评价界仍然无法彻底解决。而"论文性试题"恰恰又是语文教学评价最重要的内容之一,如果学了十二年语文仍然不会写文章,那是不可想象的。对这些教学的评价有时不能有效地加以彻底量化,简单地使用"科学化"手段进行测量会造成混乱,因此必须慎重对待。

二、影响语文评价的主要变量分析

语文教学过程中的"变量"很难加以评定。加涅认为任何教学评价应当关注教学过程中的几个变量,因为这些变量可以影响教育的结果(表10-1)。

表10-1 影响教学方案结果的变量

```
学生 ─────────→ 能力倾向变量
家境和家庭 ────→ 支持变量 ────→ 结果
学校 ─────────→ 过程变量
社区 ─────────→ 教学
```

加涅认为影响教育结果的变量主要有三种。

第一种,过程变量。"过程"主要是指教学过程,这里的变量主要是指在教学情境中可能直接影响学生学习的诸多因素。如教学的顺序问题,教学事件的确定和安排问题,学生的具体情况,教学的时间量、质量等。这些因素可以在事先进行周密的设计,以确保教学方案能顺利完成。也可以因设计考虑得不够明晰,或者在教学过程中遇到新情况加以调整。这些变量会影响教学的结果,所以对这些变量要加以评价。

第二种,支持变量。所谓支持变量实际是指学校、家庭、社区环境对学生的影响,它也会对学生学习结果产生影响,这些变量如课堂图书馆的环境,课堂里学习的氛围、班级里的人际关系、父母的态度、个人行为、家庭的文化环境、支持家庭作业的态度与做法等对这些力量也要加以评价。

第三种,能力倾向变量。加涅认为,这是一种影响学生最大的变量。实际上也就是学生的智力,"研究发现,这种有时称作'晶体智力'的智力,与学校中的学科成绩高相关。不管通过改善教学方法、安排过程变量、确保学习得到最大可能的支持,这一整套有利的情形能产生什么样的结果,他们都不如学生的学习能力对学习结果的影响那么大。这种能力倾向除了遗传和出生前的环境影响(如营养)以外,还部分的决定于各种先前的学习及学习的机会。例如一个从小听母亲讲故事、五岁开始背唐诗宋词的孩子,他的机会与十五岁开始读唐诗的人是不一样的，农村孩子的学习机会与城市的孩子是不一样的。

上述三种变量在任何学科中都存在。在语文教学评价中讨论的意义何在呢？因为相对其他学科，这些变量对语文学习的影响更大。

（一）过程变量

"过程变量"，例如课堂教学中每一节课：数理学科或外语可以制定一个严格的、清晰的教学计划，教学步骤分明，一环一环扣紧，每一节课明确教会学生一点什么东西，完成与否可以明确加以评价。简言之，这些目标，是可以加以分类落实的。但是语文课中某一课，课文的字是学生已认识的，里面的内容学生通过预习已熟悉，甚至对课文的分析，大部分学生通过教学参考书都已掌握了，教师的责任不再是教会学生，而是使学生理解更深刻的东西，并通过课文的教学扩展到课外去学习。于是对教师这一节课的评价，比起对数理化课来要复杂得多。至于教写作的情况则更复杂。此外，课堂上教师的教学水平、语言能力、行为方式、对本学科学生的情感态度都会影响教学的结果。如有的教师水平很高，工作认真负责，对学生充满热情，教学也很民主，学生就会对语文学习产生热情，愿意花更多的时间投入语文学习，即使暂时的测试表明学生成绩并没有多少提高，但最终还是会影响到语文教学的结果的。

相反，有的教师水平一般、教学态度虽认真，但完全采取"专制型"的教学方法，强迫学生完全按照应试教学的一套方法进行所谓的"训练"，虽然从近期评价看，可能使学生取得某一阶段较好成绩，但从长远看并没有帮助学生树立正确的学习态度，掌握正确的学习方法，自然也缺乏对语文学习的兴趣，因而他的教学效果并不能算是令人满意的。但是对两种教学结果如何评定，在现实中却是一个十分复杂的问题，并不是每位学校行政领导都能明白这个道理的。

（二）支持变量

所谓"支持变量"是指影响学生学习的客观因素，除了教师的教学以外，学校课堂环境、家庭背景、家长的行为方式都是构成影响孩子学习的变量。为什么智力相差不多的孩子在相同的教师教学下，他们同样很努力，但学习的结果相差很大。这里面就有客观因素的原因。有的学生家里有丰富的藏书，父母是有文化的知识分子，而有的学生则出身贫寒之家，既缺少学习资料，遇到困难又无法得到父母的帮助，这两者的"支持变量"是不同的，他们获得的学习机会也是不同的。语文学科的性质决定了语文学习行为大量发生在课外，广泛的阅读只能在图书馆或家里开展，于是相比数理学科，这种"支持变量"——机会，就显得更为重要。但就目前我国情况而言，对这一"支持变量"的研究和评价是不够的。

(三) 能力倾向变量

当教学过程相同，客观支持变量也相似的条件下，学习结果却不一样。那么，很可能是学生本身的能力倾向在起作用。简言之，在同等条件下学习，成绩较好的学生可能智力水平比其他人高一些，也可能他早先的学习影响了他现在的学习，也可能是他个人对本学科特别有兴趣，因而他更愿意花时间精力在这门学科上。以前我们不承认遗传因素，否认学生之间的能力差异，因而对这个问题研究不够，现代教学论与教学评价对这个问题越来越重视，我们教师也应当重视这个问题。

(四) 三变量的教学评价意义

加涅说："当学习根据结果来评估的时候，学生在教学情境中的学习能力可能对学习具有重大影响。"因此要测量教学方案的效果，必须施加某些控制，使学生已有的学习能力倾向对学习的影响能够单独分离出来，才能说明教学自身所起的作用。除了学生自身的能力倾向以外，我们还需要将学生的家庭背景、社区背景对学生学习的影响从中"分离"出来，才能对教师教学工作加以恰当的评价。如我们所知，影响学生语文学习的因素要比影响数理化学习复杂得多，语文水平的提高是一个漫长的渐进过程，因而评价一位教师的教学实绩也应当是一种复杂的精细工作，仅凭一两节公开课，对学生的一两次测验就判断某位教师的工作，很可能是不全面甚至是有谬误的。为什么一位教师在普通中学教了多年成绩平平，然而一旦他进入省市一级重点中学时，他的教学实绩立即令人刮目相看。这其中一个可能的解释是：在教学过程中影响学生学习结果的各种变量是不一样的，对知识积累丰富和智力超常的学生来说，很可能他们取得的成绩多数是自己学习所得，而并不是靠教师教会的。"一切真正的学习，归根到底，是自我教育。"尤其是语文学习。明白这一点是十分重要的。

一方面，作为语文任课教师明白这几种变量，就可能客观地分析自己教学工作的得失成败。因为影响孩子学习结果的并不仅仅是课堂教学。在现实应试压力严重的情况下，不少教师受到焦虑感的困扰，有的人工作非常努力，他们认为学生的成功是自己的功劳，因而对学生的失败就会责怪各种外在条件。其实，如上所说，影响学生学习成果的变量（原因）是多种多样的：学生的家庭环境、能力倾向，学校的、社区的环境都不是我们教师所能控制的。此外如何解释评价结果也是一个问题，阅卷过程中，发生的种种差异，也会影响成绩，对此我们不得不加以考虑。但并不是说教师不能充分改善和利用这些"变量"。同时，在考虑"过程变量"时教师还要考虑到教师对学生的潜在影响，因为教师的学养、情感、态度同样在教学过程中起着重要的作用。另一方面，了解这几种变量对一些学校行政领导来说也很重要。因为对教学过程变量的评价是"由观察者而不是教师来完成"的，这些观察者除专门科研人员外，当然是教育部门的领导了。那么，当他们评估语文教师教学结果时就要在教学过程中善于"分离"出"支持变量"和"学生能力倾向的变量"来，而绝不仅凭一两次测验成绩或一两次观摩课来评定一位语文教师的教学工作。当前，在我国教育资源十分有限的情况下，优秀教师总是各类学校竞相招募的对象，如果不能很好地评价教师的工作就会挫伤一部分人的积极性，不利于培养优秀的教师。而要评价语文教师的实绩尤其复杂和困难，因为语文教学不像数理化教学那样可以立竿见影。在现实中，我们不难看到这样的情景：不少语文教师在初一、初二或高一、高二投入很多精力搞教学改革，当他们逐渐取得成绩时，却被毕业班的"骨干教师"取而代之；同样，普通学校教师花极大功夫培养的学生，当这些学生取得语文好成绩，很可能只成了重点中学语文教师的实绩。教育要公平，教学评价也要力求公正，因此必须重视教学过程中几种"变量"的评价。

三、语文教学评价重难点：效度

（一）语文能力评价与效度

语文教学评价的难度还在于评价的效度难以测定，换言之，有时考试成绩并不能反映学生的真实水平。大桥正夫认为："测验的价值取决于测验的测值在多大程度上代表了想要测量的结构概念的整个内容。为此，应当探讨：构成测验的各个测题（项目）对于做出估计有多大效用？应当如何给分？这就是关系到测验内容的效度的问题。"就是说，你的测验评分是否客观公正准确是一回事，而这些试题能否真实的反映学生的语文实际水平又是一回事。假如一份考卷设计得很精确，信度很高，但它却并不能真正考量出学生水平，那它的效度就有疑问，它的价值也就有限了。

关于考试试题的效度问题各科都存在，但语文考试尤其突出。简单地说，语文知识的考核较容易，而语文能力的评价则较难。什么是语文水平高的学生？通常的解释是，听、说、读、写四方面能力强的学生，从母语教育角度看主要是阅读与写作能力强的学生。如果语文教学有效的话，应该是知识积累丰富的人，能力也较强；阅读能力强的话，也会提高写作水平；这里面有高相关。但事实上，阅读得高分的人，未必真的阅读水平高，语文知识丰富的人也可以在阅读考核中得高分，但未必能在写作中取得好成绩。这种现象在近十几年高考中实行客观性标准化试题以来尤其严重。试举一隅：据北京市西城区教研中心和北京161中学的课题报告《客观性试题在语文能力监测中的功能》（2001）——"1999年10—11月我们进行了客观题测试成绩与作文成绩相关性的调查，当时的思路是：作文是学生语文能力的综合体现，作文水平能比较稳定的代表学生思维和语言发展的整体水平，以学生的作文水平做效标，以客观性试题检测结果与作文成绩的相关，来证明客观题对语文能力的检测作用。调查结果显示：101中（市重点）客观卷成绩与作文成绩的相关系数仅为0.064，丰台实验中学（普通中学）客观卷成绩和作文成绩的相关系数为0.215。这样的数据出乎我们的意料。如此微小的相关，无法在我们原有的思路上证明客观题可以监测语文能力的观点。"

当然这里不排除可能调查结果和采样范围样本数量不够有关。这种现象从高校反馈信息也可知道，不少语文得高分的学生在阅读与写作两方面均存在不足之处，以至到大学了还要教授指导课外阅读等。语文考试得高分，但他们的阅读写作能力并不高。那么，我们就有理由说这样的考试效度就有问题了。

（二）分数与评价结果的关系悖论

关于语文考试的效度"如何给分"既是一个重要的难题，也是一个如何解释评价结果的问题。语文试题的判断不像数理化学科试题那样的真伪分明，界限清晰。对语文考试中主观性试题（问答题、作文）的评定，常常受试题以外因素的影响，如书写质量，内容是否符合阅卷者的标准等。另一个重要的问题是：对同一考核内容，采用不同形式试题，其结果是不一样的。例如同样考核文言文，采用客观型试题和主观型试题，结果可能是不一样的。上举北京的报告里还有这样一个调查。

"高考在文言文阅读能力检测上一般采用客观题的形式，通常的说法是为了降低考试难度。我们在调查中设置了5道文言文阅读题，对其主、客观题的得分情况也作了统计。文言文阅读只涉及了文言词语、句式和语句翻译三个考查点，均为文言文阅读应具备的基本能力。从表中可见，客观题的通过率明显高于主观题，其中尤以文言句式的得分率差最大，竟达到0.3837，得分率差最小的是翻译，第11小题仅为0.0166。"

表10-2 文言文阅读主、客观题型成绩统计

通过率	词语解释		句式	语句翻译		合计
	7	8	9	10	11	
客观题通过率	0.8482	0.9018	0.9107	0.7857	0.6607	0.8214
主观题通过率	0.6757	0.5496	0.5270	0.6261	0.6441	0.6045
率差	0.1725	0.3522	0.3837	0.1596	0.0166	0.2169

由上例，我们看到，文言文题目难度确实是降低了，但是否有效地测出了学生文言文的阅读能力？会做句式选择题，是否真的懂得其意义？其效果仍然不得而知。客观性试题通过率比主观题高的原因有很多，一个可能的解释是：学生可

以借助题干提供的相关信息进行推理判断，或者只需凭借"再认"能力加以选择，而在语言学习中"再认"总比"回忆"（重现）容易一些。

那么，对于教师和相关部门来说究竟应以客观性试题考核为准呢？还是采用客观性试题为准？这里就有一个如何解释评价结果的问题。实际上近年来高考学生遇到选择文言句式题目时会很快选出准确答案，但同样句式在翻译句子中出现时惘然不知所措的绝不少见。

总之，由于语文学科性质不同于其他学科，所以语文学科的评价有其特殊性，我们既不能沿用传统的考试方法，也不能照搬国外的教育和教学评价方式，而必须选择合理而又力求接近科学的评价方法。

第三节 不同语文评价方法的应用

从严格意义上来说，语文教学评价应包括对教师和学生两方面工作的评价，但教师的"教"总是落实在学生的"学"这一方面的，而且对教师的评价主要由教育行政部门和有关专家来进行的，所以这里讨论的是对学生语文学习的评价。

一、标准化试题与语文评价

西方发达国家一般将考试的试卷分成两大类，一类是由学校和教师编制的试题，另一类是由专门的出版公司提供的"标准化试题"。

关于"标准化试题"这几年引起了争论，自上世纪八十年代中期在语文考试中引入了所谓的"标准化试题"以来，社会各界褒贬不一。实际上对究竟什么是"标准化试题"，一般人的认识往往是模糊不清的。有人误以为选择题便是"标准化试题"，也有人认为"客观型试题"就是"标准化试题"。虽然讨论热烈，但对什么是"标准化试题"的内涵往往不能作严格的界定，如果对它的内涵和外延搞不清楚，就会使讨论陷于混乱之中。"标准化试题"一般具备以下特征：标准化测验指测量误差经过严格控制的测验。教育和心理测量的对象是人的行为属性，是一种间接测量，极易发生测量误差。为此标准化测验在测量过程中的几个主要环节上都需要制定出严格的统一标准：一是试卷是量尺，必须正确可靠，具备符合要求的效度和信度；二是测试手段必须严格统一，明确规定好"测验指导"；三是评分、计分必须客观统一，为此大量采用客观题；四是对测验得分的解释必须具体、一致，一般都须报告常模。

此外，"通常一次标准测验所遵循的一般程序是：聘请一个或几个编制测验的专家和具有需要测验的教育心理变量方面知识的专家编制题目。……这些测验手段是由心理学家提供的。标准化试题的大量采用是第一次世界大战后一段时间内开始的，它最初被广泛采用的一个重要原因是：人们对常规的书面测验不可靠的担心。另一个重要原因是：各国经济文化的发展，使越来越多的学生有机会入校，为了了解各种类型学生的潜力以便于教育，教育心理学家设计并采用了这种测试，它可以减少成本，广泛使用，也可以反复使用。

用上述标准来衡量目前国内的各种语文测试方式，包括高考、中考以及各类人士编制的训练题都没有真正意义上的"标准化试题"。我们所有的仅仅是"客观型试题"与"论文式试题"相匹配的测试。采用"客观型试题"或大量采用选择题并不等于"标准化"；有"标准化试题"的某些特征并不等于真的是"标准化测验"，因为除了试题设计，还有一个如何解释测试结果的问题。再回过头来看我们的语文，"标准化测验"可广泛应用于各种心理智力测验和各种学科。但各国语言具有不同特点，尤其母语学习不同于数理学科和外语学习，如前面所说，在学习过程中，对学生的学习结果除了有"真伪判断"（对知识能力的掌握）外，还有个"价值判断"（语言文学的鉴赏判断，美感的形成等），而"价值判断"的能力是很难用"标准化测验"测出来的。因此，我们认为：第一，一般中学语文教师在校内编制"标准化试题"几乎是不可能的；第二，标准化试题未必完全适用于语文教学评价。所谓追求语文教学评价完全"科学化"在目前只是一种理想。所以语文教师研究测评的重点应当放在"客观型试题"和"论文式试题"上。

二、客观型试题与语文评价

客观型试题是与主观型试题相对的一种测试方法。由于主观型试题（如作文和某些问答题）使用时，阅卷者的主观态度很容易影响考生的得分，因此有时测试的效度较低。同时，"论文型试题"测试的范围比较小，而阅卷任务却很繁重，这不能适应现代化课堂教育，所以，采用客观型试题可弥补论文式测试的缺点。在目前，国内外通常使用的客观型试题有是非题、填空题、配对题（组配式）、选择题（多项和单项）等。

采用客观型试题具有许多优点。首先，它的取样比较广泛。无论采用是非题还是选择题或者其他方式，答案只需填一个字或一个句子，因此可采用答题纸形式，阅卷者只要从多种可能中选择一个正确的反应，也可采用计算机阅分。这样可以多方面测出学生对知识的掌握和理解程度。以语文为例，语文学科的综合性特点决定了它的知识量大面广，通过各种试题的组合，教师可了解学生记忆、背诵方面的情况，也可了解语言知识掌握的情况。因此采用客观型试题可以增加语文测试的信度和效度。其次，它的评分具有客观性。因为客观型试题的答案是明确的又是唯一的，因此它不受阅卷者主观态度的影响。而语文的评分最容易受到阅卷者主观态度的影响。例如作文，同一篇作文，不同的阅卷者会给予不同的分数，甚至同一位阅卷者不同时候会给予不同的分数。除内容外，作文的措辞、书写都会影响评分，而客观型试题则可避免这类误差。最后，评分迅速而且轻松，还可以采用计算机阅分，大大减少阅卷任务。在现代社会中，面对层出不穷的各种类型考试，无疑这一点最受人欢迎，如果大规模使用，它可以降低成本，同一套考题可以反复使用，可以建立题库等。这些都是近年来客观型试题被广泛采用的原因。

但是，我们不应当过高评价"客观型试题"的客观性，实际上从客观型试题诞生那天起便有不同的看法，因为所谓的客观性总是相对的。有人认为这种测验使比较有才能、有创造力、有独特见解的学生会处于不利地位，它有利于那些善于死记一些孤立材料或"在测验上耍小聪明的人"。特别是以简短的题目来测试学生的组织力、鉴别力、逻辑思维力有相当大的困难。当然，它还有一个消极的功能便是上文所说的会导致学生以"再认"方式来对自己学习的东西进行编码。学生可利用试题提供的信息，侥幸猜得答案。这种消极功能在语文学习上尤其明显。美国70年代有个"写作糟糕时期"，在80年代总结这一时期教训时，有教育专家指出，造成写作教学出现问题的一个原因是教师负担过重，而"另外一个因素是越来越多采用机器计分考试，普遍采用填空练习以及其他减少教师和学生时间的方法。大学考试委员会的作者们都提到：大学和中学越来越依赖于只要求在空格处填上一个符号的考试，这就助长了青年人懒于写作的弊病。"（《外国教育动态》1982年6期）近十余年来中国实际上也遇到了这个问题。每年初三和高三的毕业生，为了应付这种类型的考试，往往花去了大量时间进行实战训练。以致挤掉了课文和其他书籍的阅读，挤掉了作文的时间，琳琅满目的习题集，使他们成了只会在试题上划圈填几个词的应试机器，文理不通的大有人在。"商业化材料"趁机大量涌入课堂。

三、主观型试题与语文评价

论文型试题和问答题属于"主观型"（布卢姆）试题。所谓"主观型"题目，是指学生需要用一定的文字来回答试题，而不是简单的在答案上画圈。主观型试题主要包括问答题和作文。目前国内外有把简单问答题设计成客观型试题的，所以这里只讨论作文，作文作为考试的主要形式在中国已有千余年历史，中国对以作文当作测试学生的知识、智力、能力的手段有着丰富的传统和经验。作为语文测试的主要手段，在可以预见的将来，它仍然是最为有效的。作文是一种综合性测试，通过作文可以测出学生回忆知识、整理知识和捕捉筛选信息的能力，同时也可以测出学生的语言表达能力，对事物的判断力和对某些艺术作品的鉴赏力等，作文也可测出学生的创造思维能力、逻辑思维能力。如果说，阅读能力是一种汲取、储藏、筛选信息的能力，那么作文便是重新组织编排、输出信息的能力。作文为发展学生的独立思维和创造性思维提供了一个空间，通过测试作文为教师了解学生的认知策略、分析解决问题能力以及语言表达能力提供了一个根本性的途径。而上述这些能力，在客观型试题中是难以测出的。但是作文有一个根本性的难题是评卷难以完全客观公正。如前面所说，对作文的评分标准，不仅不同教师之间存在差异，即使是同一教师在不同时候评同一篇作文也有差异，这就影响了它的信度。这一个难题带有普遍性，是世界各国面临的一个难题。其次，作文的阅卷任务繁重，不可能采用计算机阅分，每年各地区各学校最困难的任务便是作文分数的评定。虽然近年来关于作文分数评定的各种试验很多，也有力求科学化的呼唤，但到目前为止，尚无根本解决的办法。此外，作文试题往往不能够全面反映学生语文学习各个方面，因为对同一个题目不同的人有不同反应，个人擅长写的文体又不相同，而且语文素质以外的因素也会影响学生的作文水平。作为一种导向功能，命题作文还会带来教学中的猜题押题等做法。

尽管如此，作文仍然是语文考试中最有效的手段之一，它不可能被其他类型测试完全替代。所以，主观型和客观型试题作为语文教学评价手段应当结合起来应用，有的教学论专家将两类试题的性能进行了多方位比较。

表 10-3　试题类型比较

	主观型试题	客观型试题
知识再现方式	再现型	再认型
回答方式	自由应答	固定应答
内容及效度	题超量小，覆盖面小，内容效度较低。	题量大，覆盖面广，内容效度较高
适用范围	能检测高层次认知目标，有利于特殊才能的发现和个性的培养，能测量应试者的独到见解和对问题的创新探讨	适用于测量知识、理解、应用、分析几个较低层次的认知目标，不易测量高层次目标如发散性思维、独创精神、文字表达等
命题难易	较简便，省时省力	难度较大，技术，专业性强，耗时费力
影响结果的因素	应试者的文字表达能力	不受文字表达能力的影响
所能反映的信息量	能较清晰地反映解题过程，能鉴别应试者对于问题的解决程度	看不出应试者解决问题的具体思路，只看结论，掩盖了会与不会的界限
试题及评分标准	试题标准较复杂，评分不易客观一致，易受主观因素干扰	试题标准明确，评分客观

续表

	主观型试题	客观型试题
阅卷效率	评阅者专业要求高，不能用机器阅卷，工效低	可以用机器或非专业人员评卷，工效高
可猜测性	没有猜答案的机会	有猜答案的机会

四、口试与语文评价

与上述几种书面测试手段不同的还有口试。口试原是一种古老的测试方式，在西方，口试甚至比笔试有更悠久的历史，例如唐代吏部举行的铨选考有"身、言、书、判"所谓"四才"考试，其中"言"便是口试。旧时候私塾中的"对对子"，当堂做诗便是一种口试。近十多年来，由于重大考试主要是书面考试，所以对口试重视不够。但在语文课堂中口试从来没有停止过，在强调语文对话性、强调适应新时代开放社会需要的今天，通过口试能培养学生的口语表达能力和敏捷的思维能力。同时我们应当看到，语文教学过程中还有许多教学目标不可能通过书面测试进行测量，例如听别人发言捕捉信息的能力，朗读技巧，会话技能，在公众场合从容回答问题、临场应变的能力等，这些都需要通过口试才能观察到，也正是通过口试可促使学生朝这方面努力。因为，随着社会的发展，这些能力对学生来说越来越重要。

口试的基本方式有：在课堂里背诵需要记忆的材料、复述材料、回答并解释教师的提问、口头小作文等。在"形成性测试"阶段，它的最大好处是及时反馈，教师可及时调整教学计划，改进自身的教学方法，而学生则可通过答问及时发现自己的进步和不足，可以及时调整自己的学习。

口试可以考察学生的学习过程而不仅仅是结果，相比笔试，口试可以更快地发现和发展学生多方面的潜能，了解学生发展中的需求，帮助学生认识自我，建立自信。口试的主要缺点是效率较低，也就是说，无论在课堂内或课堂外，教师不可能对整个班级提问，一个学生可能仅有一次机会回答一两个问题，而这一两个问题可能是他十分熟悉的，也可能正好是他不熟悉的。这样就带来评定上的困难。此外，教师提问的态度、方式以及掌握的时机很可能影响口试的结果。

五、学习档案袋与语文评价

前文提到教学评价要注意教学过程中的各种"变量"，这一点对语文教学而言尤为重要，语文是一种人文学科，它比数理学科更易受环境、背景的影响，它的情感色彩也更重。现代课堂教学不但要促进学生的认知发展，而且要促进学生的情意发展，教学评价不能只注意认知的发展，同样还要评价学生情感的发展，同时还要关注学生的行为目标。而这些目标仅仅依靠一两次测试是难以评价的，口试虽然可以发现学生即时的行为方式，但对于他们课外学习情况，他们对于语文课的学习动机、兴趣、情感等无法全面了解。对学生的语文学习状况无法作自身纵向比较。因此，建立"学生语文学习档案"是一种值得尝试的评价方法；既可以让教师对学生的阅读、写作状况发展作跟踪了解，也可以让学生参与教学评估。这样才能不断获得反馈信息，增强自信心，发现问题。

"档案袋评价"可以由教师和学生各自建立，师生可以相互协商讨论，决定哪些内容可以列入档案。师生可以各自准备一套档案，但两者内容可以有不同。教师为学生建立的"档案袋"，一般可以从初一或高一年级开始，教师通过诊断性测试以及访问、谈话等办法，将每位学生的语文学习情况列入档案，例如父母的职业、学历、兴趣爱好、家庭的文化背景（藏书及报刊等学习资源），所在社区的背景、学生本人的兴趣爱好，阅读与写作的情况，从小至今的语文学习情况等。然后再根据每一时期不同的表现增加新的内容。学生也可以为自己建立"档案袋"，首先这是学生自觉养成有目标、有规律的良好习惯，其次这也是学生参与评价语文学习的积极活动，学生自己建立的"档案"，可以包括自己读过的书及体会，每次写作的情况以及每次测验的情况；同时也可对课堂教学情况作出自己的评价等。每一学期可以作一次总结。

"档案袋"的功能并不是给学生评定成绩以利甄选，它的功能同形成性测试一样，目的是"通过频繁的反馈和按照每个学生的需要因人而异地帮助进行改正，就对群体教学作了补充。"通过这种测试，学生可以确立"自我纠正"的意识，教学也会更有效。

六、语文试题的设计和使用

语文教师在教学过程中要不断对教学作出评价，所以各类试题的设计和使用就显得十分重要。一种测验是否可信，很大程度上取决于它是怎样使用和怎样解释的，这里主要谈书面测试试题的相关问题。

（一）试题设计的基本原则

无论校内的考试（单元测验、期中期末考试）还是校外的水平考试，试题必须有效度和信度。这一点我们在第一节已阐述过。因为没有效度和信度的试题是没有评价意义的。为了保证语文测试的效度和信度，我们必须做到以下几点。

（1）保证试题要与教学目标一致

考试是为教学服务的，语文的教学目标是培养学生的语文素质，培养学生的整体阅读能力和表达能力，培养学生的人文素质，因此试题要从这些大处着眼。

例如你教了鲁迅的著作就要本着"知人论世"的精神，将鲁迅作品的背景讲清楚，让学生整体理解作品的意义。离开作品背景来咬文嚼字是没有意义的。例如有的试题设计者却从鲁迅不同时期的作品里挖出同一个词"无聊"，然后放在一起比较，让学生挑出其中"相同的用法"有几句等。这种试题便与教学目标不一致。再如，你教了茨威格的《世间最美的坟墓》，你就要考一考学生是否读懂了本文，是否了解作者的创作意图，是否了解托尔斯泰的伟大等。然而，如果你设计的都是些关于复句类型，"这个词照应了前面哪一个词？"之类的试题，那么，这样的考试便与教学目标不一致，当然也就缺乏效度与信度。所以为了保证考出学生的语文素质，我们应当废除那种既无用（在实际语文生活中无用的东西）又琐碎的题目，英国教育家怀特海将教育中一些无用的东西称为"无活力的概念"。如教学大纲规定初中生要具有借助工具书阅读浅易文言文的能力，但是常见的一些中考试题却出了一些关于古汉语语法术语的题目，或是考某一些虚字的用法。至于高中，近几年流行的试题集中题目越来越怪。甚至有人要求学生用现代汉语的句子成分、层次划分给荀子《劝学篇》划分句群，并说明句群之间的关系。这种试题便与教学大纲规定的目标不一致了。

　　什么是语文的阅读能力？怎样才能考出学生文言文的阅读能力？主要是看学生是否读懂一篇（或一段文言文），而不是对其中的语法现象理解与否。黎锦熙先生认为要使学生掌握文言文必须"背诵"并彻底"解释"（"逐字逐句，译成白话，确依文法，勿稍含糊"）。王力先生则认为学习古汉语最重要的问题是"词汇"，因此，我们认为，如果要保持试题与教育目标一致，就要从"词汇""翻译"上多设计题目。这样才能考出学生的真实水平。

　　（2）试题的构造要保证能考出所要考核的目标

　　试题必须重视整体性，尽可能减少琐碎的习题。所谓要学生懂得"咬文嚼字"，要提高现代文阅读能力，是近年来各种测试的一个重要方面，但所选材料，与所设计试题的构造有时并不能保证能考出你所要考的能力，某地中考试卷设计了考课文《人民解放军百万大军横渡长江》的阅读题，其中有一题问考生对文中一句话的理解："国民党的广大官兵一致希望和平，不想再打了，听见南京拒绝和平，都很泄气。"要求考生解释"南京"一词不宜改为"蒋介石政府"的原因（答案是：当时蒋介石已下野，李宗仁代理总统）。像这样的试题既不是在考语文能力，也谈不上是语文知识，甚至所拟"标准答案"也有疑问。布卢姆说："如果一个教师根据一次成绩测试就希望能推断阅读领会力，那么他或她就要问一问，这次测试对'阅读领会力'这一构造物是不是一种正确的测量"举例说，"如果许多学生都能回答根据要读却又懒得去读的一段文章提出的问题，那么关于阅读领会力的推断也就没有根据了"。例如，有的命题者将赵树理的名篇《老杨同志》肢解成无数的碎片，逐段设计试题，结果本来像"故事会"里作品一样明白的小说就变成了印度的"奥义书"，学生反而糊涂了。

还有常见的一种状况需要避免：有些试题从文章中断章取义地抽出一段引文，并把它单独作为一道试题，结果这段引文便失去了与上下文的联系和原意，那么这样的试题便会变得琐碎，也就失去评价意义了。

（3）试题题型的选择和使用要恰当毫无疑义

测试什么样的目标需要选择什么样的试题，这一点也十分重要。一般而言，如果测试对有关基础知识和事实的掌握情况可以选用客观型试题，而要测试学生的写作能力、表达能力，那么就应该选择"陈述性的试题"——即作文或问答题。道理很简单：客观题面广量大，阅卷容易，可以考出学生对知识熟记程度，而只有通过用笔述自己的观点，教师才可了解学生的思维能力和表达能力。

但是同样属于"客观题"，使用选择题还是填空题或简答题，其测试效果是不一样的，例如：

甲：请写出"小楼一夜听春雨"一句的作者是_____（填空题）

乙："小楼一夜听春雨"这一句的作者是

A. 苏轼　　B. 陆游　C. 刘禹锡　　　D. 王维

同一考核目标，结果会不一样，因为后者比较容易，学生可以借试题所提供的相关信息作出判断。实际上它还是测定了学生的"再认"能力，如果你要考学生的"记忆""重现"能力，这个试题就没有效度或效度较低。

（4）选用何种类型的试题要切合学生的认知能力、心理发展的特点

初中生与高中生、初入学的和即将毕业参加校外统一考试的学生是不同的。教育心理学告诉我们，初中生记忆力强，形象思维丰富，从语言学习角度看，要使他们积累语言素材，培养语感是完全必要的和可能的。我们主张学生对语文的整体感悟感知，但并不排斥必要的记忆和背诵，因为，没有语言材料的储备，思维力的培养便无从谈起。从这一点出发，同时考虑到测试的导向功能，我们认为初中生可以多考一些记忆背诵的内容，要他们培养这方面的能力。可以适当多采用一些客观型的试题。至于高中生，尤其高中毕业生，则应多考虑"陈述型试题"，让他们把注意力集中到整体的阅读和写作上。所以试题的设计和应用必须有区别，决不可把初中与高中的试题混淆起来。从命题角度看，初中生超越自己的思维判断能力去做各类"分析题"，结果必然会放弃了必要的阅读积累，优秀生去"强探力索"，而中下水平的只有跟在教师后面背答案，反之高中生如果成天去训练支离破碎的知识点，只能造成"小学而大遗，吾未见其明也"的结果。至于那种让学生刚一入学便让他瞄准校外统一考试题型的做法，足以毁掉真正的语文学习。

（二）试题设计的注意事项

关于试题设计需要确保效度、信度以及有恰当的难度与区分度。为了保证这几个"度"，有些技术层面上的问题也要引起重视。

（1）关于客观型试题

客观型试题的编写既是难度较高的一种工作，也是引起争论较大的一种试题。综合各种教科书和专家的建议，至少有以下几点需注意。

第一，试题的题干要明确。无论是选择题还是是非题，题干必须明确，学生应该一看即懂。"如果某道试题能够以不同于编写者预期的方式进行解释的话，那么这道试题大概就不能成为一个单独而明确的问题了。"例如有一本习题集在引了《战国策·苏秦以连横说秦》语段后，出了这样两题。

△"天下莫之能伉"句中有_____的语法现象，属_____这一类，按现代汉语的语序应是_____，可译为_____。

△与"人生世上"有不同语法特点的一项是：

A. 避乱江东　　　　　B. 予九岁，憩书斋

C. 予又长汝四岁　　　D. 刘豫州收众汉南

同一张试卷上，前面是"语法现象"，后面又是"语法特点"，究竟孰是？再说前一句题干读起来也不顺畅，一不留神，会让学生以为考点在"伉"字。

再如有这样一个题目。

△"关于'总结'知识说法有错误的是_____"。（下列四个选题）

什么叫"'总结'知识"？实际上是关于"总结"这一种文体的几种基本知识。那还不如让学生写一篇总结更容易考出学生的实际能力。

第二，编写试题时，必须保证命题者概念清楚，否则会发生"以其昏昏使人昭昭"的毛病。例如某试题集中有这样的题目。

△阅读古诗，完成16~18题

沙丘城下寄杜甫

李白

我来竟何事？高卧沙丘城。

城边有古树，日夕连秋声。

鲁酒不可醉，齐歌空裹情。

思君若汶水，浩荡寄南征。

（16）这首诗的体裁属于近体诗中的□□。全诗表达了李白的□□之情。

实际上这不是一首"近体诗"，而是古体诗，可从明代《唐诗品汇》中查检，再说从第3、4句没有对偶也可看出。这样的试题只会误导学生。

第三，避免编造学生不可能犯的错误作干扰项。在编写选择题时最常见的一

种情况是为了设计干扰项,设计者往往会编造一些人们不会犯的错误去叫考生判断,例如某地中考题。

△下列语句中加点词语运用不当的一项是_____

A. 在废墟里埋了一天一夜的他竟然安然无恙,简直是个奇迹。

B. 他的演出太出色了,我只好甘拜下风。

C. 司空见惯的现象,未必都合乎道德规范。

D. 日本军国主义者所发动的侵华战争给中国人民带来了深重的突难,可是日本文部省却别具一心地一再修改日本中小学课本,掩盖战争罪行。

答案是"D"。这样句子出现在试卷中无论如何是不妥当的,道理这里不赘述。

第四,在语法表述上应当准确无误,防止模棱两可。如果题目中语言表达不够规范,就会造成学生选题的困难。例如:

△从标题涵义来看,选出不同于其他四个的一个。

a.《雷雨》　　b.《药》　　c.《夜》　　d.《母亲》　　e.《灯》

答_____

题干本身存在语法毛病,再说什么叫"标题的涵义"指向性不明确。

再如:

△按文学史常识对下面的作品、作家、人物进行分次筛选。

A.《守财奴》　　　　B.《套中人》　　　　C.《警察和赞美诗》

D.《项链》　　　E.《威尼斯商人》

第一次选出_____,第二次选出_____

"文学史常识"有多种类型,这里指什么?这种模棱两可的题目,容易使学生迷惑不解。

此外还有一些要注意的,例如试题的阅读难度要符合学生实际,避免给学生提供正确答案的线索,试题语言尽可能简洁明了,等等。

(2) 关于陈述型试题

一般来说,目前在我们中学语文试题中,属陈述型试题的主要有两类,一是作文,二是问答题。无论哪种类型,下列几点都需要注意。

第一,试题的题意要明确、集中。

以作文为例,题目指向性要明确,不可使学生拿到试题无从下手。例如某地区有个中考作文题是这样的:要求考生在读了《"反洋琵琶"竟如何创造性思维随笔》一文后,回答一系列问题,然后又出了一道小作文题:"请举一个自己学习中的例子,以《学习中的"反弹琵琶"》为题,写一段议论性文字。学习中可举的例子很多,如作文的构思、成语的运用、数理化的解答、学习方法的改进等,有时是可以从反面做文章的。要注意叙例切题,还要有相关分析;字数250

左右。"

试题阅读材料过长,而"反弹琵琶"又是一种比喻说法,究竟该如何下笔,考生往往不知所措。近年来各地流行的漫画题,话题作文都常有题意不明确的问题存在。

第二,试题的要求要合理。

作文题的要求必须合理,要求合理主要是作文题目从内容看,要贴近学生生活,使学生有话可说,从形式看,要照顾到学生实际水平,此外题目本身要合理。但有时,为了体现某种要求而发生不合理要求的现象。例如某些地区的中考小作文题要求写议论文,250字的文章,要求"说理充分""分层次说明"。有的高中会考题要求写800字的"复杂记叙文",要求有记叙、描写、抒情、议论。还有的中考题要求考生写"600字"的"复杂记叙文",如果按这个标准,那么"简单记叙文"又该多少字呢?

此外值得一提的是,无论作文还是问答,题意过宽,容易导致各种不同解释的题目也不宜出。例如《2002年全国初中生毕业升学考试管理和试卷评价报告》中语文卷的评价报告中:有这样一个题目:"一代伟人毛泽东曾站在黄河边面对浊浪滚滚的河水,沉思良久说,一定要把黄河的事情办好。如何治理好母亲河,请谈谈你的看法。"无独有偶,另一道开放题是这样的:"请结合XX地区水资源污染现状,提出一条防止水污染的建议。"另一地区试卷:"针对我国水资源现状,请你提出两条合理化建议,简要说明理由。"

这类题目涉及范围大,内容丰富,虽然写出建议也需要语文能力,但它实际上考的不是语文能力。

第三,要制定明确的评分标准。

陈述性试题评分问题最容易引起分歧,因此要尽可能制定明确和完整的评分标准。但是近年来有的地区和学校采用的分格评分方法未必适用于作文的测试。将一篇完整的作文分成语言、表达、内容、书写等几个项目进行评定,理论上可以成立,实际操作却难以实行。清代考八股文时,曾有人将文章一节节割裂开来训练,著名学者章学诚说:"属句为文,犹备体者为人。婴孩不满一尺,而面目手足无一不备,天也。长成至以十尺九尺,即由是而充积,初非外有所加也。如云魁伟丈夫,其先止有面目,后乃渐生肩背,最后乃具手足,此不可以欺小儿矣。"(《论课蒙学文法》)评分要着眼于整体。目前大多地区中考、高考实行分档分等第的办法还是比较切实可行的。

(3)关于口试和"档案袋评价"

口试在课堂中应用是十分有效的。提倡语文的对话性质,就必须重视口试。口试不一定要预先拟定严密的题目,但必须有充分的准备。口试在目前可以实行的大体有三类：一是背诵与复述以检查课文落实情况；二是提问，了解学生对课文的理解程度；三是口头小作文，以考查学生的口头表达与口语组织能力。一般来说要注意：背诵与复述要强调功夫扎实，达到熟记回忆；提的问题要预先设计、必须有意义、有针对性；提问与测试的面要广，决不可只局限于少部分学生身上，要体现教育公平的原则。总之，强调师生在课堂中的交往合作是十分重要的，教师应当充分利用口试这一传统的语文测试手段来促进教学。

关于"档案袋评价"，严格地说不是一种测试而是学生语文学习过程的记录，所以教师应当做的是时时将其反馈给学生。目前各地各级学校受应试压力，采用电脑排名方法的很多，这对学生发展尤其语文能力的发展弊多于利。教师应当充分利用档案袋评价的方法来减少学生自身的压力。

语文教学评价的方法不止上述几种，但以上几种是目前中学常用的评价手段。

第四节　语文教学评价改革的动态和趋势

一、语文教学评价现状

综观全球教学评价的发展，大致有如下趋向：第一，更加注重教学评价的诊断性；第二，更加注重教学评价的全面性；第三，更加注重教学评价中的自我评价；第四，更加注重教学评价的多元化。从国际教育评价发展趋势来看我们近年来的语文教学评价，显然有些做法是值得深思的。

首先，对各种考试类型不同功能的认识不够清楚。具体表现为混淆了校内各类考试与校外水平考试的界限。各地区都有不少学校校内所有各种测试都向校外考试看齐，从考试内容到形式都模仿校外测试，这是导致了"应试教育"产生的重要原因之一。语文教育目标是全方位的，语文素质的培养和提高，必须着眼于阅读大量书籍，培养语感从阅读中获取信息，学会阅读和写作。但每次考的却只有其中一部分。如果一切考试像校外测试一样进行，就会形成"考什么，教什么"的局面，就会以所谓"训练"（实际是试题训练）来代替阅读。同时也会产生考试方法单一——完全按照校外水平考试的形式对不同学生进行考评估分等，而放弃了评价的其他功能。由此带来学生阅读面过小，形成思维定势，误以为语文便是如此这般学的。

其次，各个学时段的考试划分不清。语文学科不同于数理学科，但初中生与高中生的知识结构、能力是不同的，因而考试应当有所侧重。然而近几年来这种区别在我们测试中区分不开，造成了训练中的混乱，以"阅读分析"为例：高中考现代文阅读，以说明文、议论文、散文为主；初中同样也三块；高中考词语辨析、文章结构、单复句的划分；初中也考同样的内容。甚至出现了"上下颠倒"的局面；初中生考语段分析、写作手法分析、高中生却要考"汉语拼音""改正错别字""成语填空"；初中生不默写背诵古典诗词名句，而高中生却要填写名句，以至临到高考要"恶补"三五百句名言警句。中考不根据初中生特点加强背诵记忆类题目的考查，却向高考试题靠拢，题目越出越玄，让初中生去强探力索。考试中的无序，造成了训练中的无趣和混乱。这几年我们常见初中生在死抠语法概念，死背语段分析的一些"标准答案"，高中生却要大量时间去补基础知识。再如写作，因为高考要考大小作文两篇，所以不少地区中考也考大小作文两篇；因为全国卷高考分成1卷、2卷。不少地区将中考也分成1卷、2卷。教育部在1998年4月曾下发了基教司《关于中学语文考试改革试点工作的指导意见》，意见指出"试题要有利于发挥学生的创造性"，要"严格控制客观题的题量"，"试卷结构应简约合理"等。但从2001年全国中考评价报告看这些问题仍然没有很好得到解决。"选择题比例过大，不但没有改变，而且还有加强的趋势；中考命题有向高考靠拢的趋势；……"

再次，由于将目光盯住校外统一考试，所以，学校从领导到教师都过分重视学生成绩的评定，重视学习结果的评定，而忽略了学习过程的评定。国外先进教育理论认为：任何学科的学习除了要掌握知识和技能以外，重要的一点是要掌握认知策略——（能不能掌握正确的学习方法）和形成态度（学习中的意志兴趣等）。而这两样东西靠一张试卷是测量不了的。另外，从考试功能看，它除了评价以外，还有诊断、强化、调节等作用，这些作用总起来说是帮助学生学习的，对语文学习而言，校内各类考试，它的成绩报告应该用来促进学生学习，改进教师教学。学生也应该从考试中获得成就感，从而激发动机和兴趣，形成态度。班级内的任何学生有了学习兴趣，形成了态度，教师就应当给予评价。但在实际教学过程中，有的教师把每一次语文考试成绩当作奖励惩罚的手段，"考试的分数成了惩罚学生的鞭子，而不是学生跳一下便可摘下的桃子"。而且每次考试都将试题设计成校外统一考试的模式，过分强调标准化，过分强调成绩的横向比较而忽视个人纵向比较。结果，很多学生不是把测验看成他取得何等进步的方法，而是把它看成可能使自己遭到失败的工具。近年来一些学校用校外水平考试的考题来考学生，由于试题设计本身玄妙莫测，学生很难回答得完全符合标准，于是不断遭受失败。这种情况在毕业班中尤其多见。一位资深编辑这样写道："时下相当多的语文标准化考题让学生叫苦不迭，教师也瞠目结舌，高水平的中学教师动手答题只得60分的大有人在。"特级教师钱梦龙在《上海教育报》上说，扬州师院中文系教授顾黄初为孙子答语文题，结果是老师给打了个叉。北京113中学张必锟老师登在《语文学习》上的文章，说他"一位朋友是著名的诗人，杂文家，著作等身",拿来语文卷子中标准化试题部分做一遍,只得70多分。

上世纪九十年代末社会上对语文测试评定中种种弊端批评很尖锐,但情况似乎仍然没有根本性的改变。

最后,考试过于频繁,考试方式单一,造成教师与学生都处于高度焦虑状态。多年来,我们语文考试的有些内容、方法、题型并不完全符合语文学科的特点。例如考试比较注重"知识点"要讲"覆盖面广",这并没有大错,问题是什么是"语文知识"?命题者思路是否符合教学实际和语文学习规律?母语学习要重视语感,要重视整体理解,即使承认语文是一种"工具"(当然不仅仅是工具),这个工具也不可能由教师手把手交给学生,更不可以将"工具"肢解成各个零碎的部件交由学生去掌握。但是,我们常见这样一种状况:将课文外的阅读材料选来(且不管是否是经典文章是否值得"分析"),然后设计成各种各样的题型叫学生去"训练"。其实语文学习的文章,即使是课内的文章,也不可像数理化那样分解成若干知识点加以学习、掌握,所以平时的单元教学不能像数学课一样划出进度来进行教学。言文一致的现代文,只要具备一定阅读能力的人,不必借助字典都可以顺利地阅读,但为了适应校外统一考试,教师和学生被迫去做大量类似统一考试类型的习题,学生被迫放慢速度去寻找一个个考点。不但如此,还要将每一篇课文设计成各类试题,频繁地进行测试。于是中学生(包括小学生)的语文学习变成一种"外部需要强制下"进行的"苦役"和"贱役","苦役"的意思是在工作中须作不寻常的艰苦努力,甚至筋疲力尽。"贱役"是其本身就是一项十分讨厌的活动,它是在某种纯属外部需要强制下执行的。

频繁进行考试的一个结果是使教师和学生产生一个错觉,以为只要完成这些单一的试题,得到一个个令人满意的分数,便是学好语文了。语文学习只要掌握这一个个知识点,掌握了这些所谓的"规律",便能迁移到课外去。另一个结果是使教师和学生产生高度的焦虑感。如上所说,语文不是数理化,对某些问题的回答不可能像1+1=2这样确定无疑,而对不同命题者拟定的不同考题和答题标准,学生不可能完全符合"标准",无论你怎样刻苦努力,总不可能得到令人满意的成绩。由于校外考试竞争激烈,导致学校一切工作为了升学。于是来自学校、社会、家长的压力,迫使教师学生必须重视每一次测试的分数,于是"在一些中学里痛心地看到一种极为单调的循环:布置家庭作业、检查家庭作业、记上分数,进一步的提问和回答、很少讨论的大量笔记和听写、再安排作业和测验。测验的安排如此之频繁,以至使学生对这一常规工作形成了条件反射,诱因的作用几乎不再存在"。过于频繁的测试引起了教师与学生的高度焦虑,高度的焦虑会影响学习,心理学研究证明:"就高能的学生而言,高度焦虑能提高成绩。就中等的和低能的学生来说高度焦虑一般都造成相反效果。"于是教育的不公平现象就出现了,语文教学在成就了极少部分"胜利者"（得高分的）外，却造成了更多的失败者。更严重的是教师也会处于焦虑状态中，为了适应需要，教师会采用自己认为适当的各种手段鼓励班里的学生竞争，以此来提高成绩。例如：我们一方面在批评传统"死记硬背"式学习方法，一方面却又强迫学生去背试题答案、教学参考书中的分析文字，而这些东西往往是命题者或撰写者的个人"意见"，并不是真正的"知识"。但有的教师往往不分青红皂白地要求学生全把它们背出来，学生如有不服从，则会借助于各种惩罚手段。"有把握认为，要想提高作业成绩，蓄意使一个班级充满激情，从而达到疯狂的程度，完全会误入歧途，它可能会激励少数学生，但也一定阻碍大多数学生。这种情况在全国各地区不同程度地存在。单一的试题形式产生厌烦，频繁的测试又导致高度的焦虑感，长期处于高度焦虑状态中，不但学习变得无效，连人格也会产生变异。教育评价的作用便被异化了，教育本身也被异化了。

二、近年中考、高考语文评价探索

二十多年来语文评价工作也同整个教育一样在不断的改革探索之中，但是这种改革主要是指高考和中考，因为所有校内各类考试都受制于具有全国影响的高考和各省市自行组织的会考、中考，所谓改革的动态和趋势主要是指高考和会考、中考。

（一）语文评价改革的历史回顾

1977年恢复高考后，高考经历了两个阶段，1977-1980年为拨乱反正阶段。在这个阶段中语文考试沿用的考试方式和题型大体与"文革"以前一样，主要考作文辅以部分语文基础知识题和文言文，分数为整张试卷100分。1981年后高考进入改革阶段，"3+1""3+2""标准化"考试方案以及全国高中毕业生会考开始在全国实施，这是第二个阶段。1998年教育部提出为迎接知识经济时代，培养大批具有创新人才，高考将实行内容和形式的改革，目前这个改革正处摸索阶段，可以视作第三阶段。

从语文测试角度看。80年代中期以来在全国实行的高考、会考考试对中学语文教学影响最大，无论从内容还是形式来说，是高考会考主宰着中学高中阶段的语文学习。是中考主宰着初中阶段的语文学习，这个影响要远远超出其他学科高考中考对本学科的影响。而且，在目前尚无明显的迹象表明可以减少这种影响。对这种影响的利弊得失，将随着时间的推移越来越为人们所认识。

1999年教育部组织了北京师范大学、华东师范大学对本年度全国部分省、自治区、直辖市的初中毕业生升学考试试卷及考试管理工作进行了调查评估，并分别写出了评估报告。在北京师大所作的《长江以北地区初中毕业语文评估报告》中指出:"80年代以来,随着标准化客观题的流行,语文考试的权威性逐渐升级。考生自由发挥空间也就相应地减少。这严重违背了语文学科的特点。命题者把自己的'一家之言'作为标准答案,限制了考生自由发表见解的空间,迫使考生揣摩命题者的思路。……语文考试就这样被一步步引入死胡同。"这里谈的是中考,实际上高考情况也类似。所不同的是中考考试篇目仍然"以纲为纲,以本为本",内容大体遵循教学大纲和教科书。而高考则大量采用课外文章,对这种情况,社会上的有识之士、有关教育专家以及广大第一线的语文教师都表示了忧虑。应该说,语文引入标准化客观型试题的初衷是好的,在最初几年也取得了测试选拔的良好效果,但如同历史上任何一种考试方式,如果形成一种固定的模式,则必定会造成"相沿成习,积久生弊"的结果,它必定会阻碍语文教学,影响学生的人文素质的提高,乃至影响创新型人才,社会科学人才的培养。1998年以来全国的高考、会考、中考都在尝试着改变这种局面。

(二) 语文测试改革的动态和趋向

(1) 强调综合运用知识能力的考核,鼓励学生发表有创新意识的见解。

高考、会考和中考的一个重要缺陷是考试内容往往偏重于知识。语文也不例外,由于要求"覆盖面广",所以高考中从错别字、汉语拼音到复句、文言句式等巨细无遗,结果将高中生注意力引导到这些琐碎的知识点上去。这一点不能适应知识经济时代高等学校培养创新型人才的需要。所以近年来语文高考加强了对学生综合阅读能力和写作上创新能力的考核。1999年全国高考作文题《假如记忆可以移植》、2000年的读图写文章,要求多角度看问题就体现了这种改革精神,1999年和2000年上海语文高考作文题分别是话题作文《回声的启示》《我为世博会设计主题》,同样体现了这种改革。虽然对这两年作文题有不同的看法,但引导了学生多角度思维,要求高中生关注社会、人生,关注科学和人文精神。这种做法,是正确的,而且基本上摆脱了命题作文的老套,又能给考生一定的引导与限制,让他们既有自由发挥的空间,又能遵循作文的一般规律,不至于漫无边际。从实践结果看,这种改革方向还是值得肯定的。

(2) 减少题量,简化题型。

按照教育部的意见,要求对文科客观题进行适当控制。从目前情况看,除全国统一考试语文高考试卷外,各地的语文中考主观题比值一般都大于客观题,也就是说留下给学生动手写的时间更多了,开放型题目也越来越多。上海地区的高考,阅读部分从1998年起取消了专门考基础知识的一大板块;形成了三篇文章作为阅读材料的基本格局,所拟题目主观型、客观型交错,问答题的比重逐渐超过了选择题,而且越来越强调文章的整体理解,同时增加作文分数比值。上海的试题量也有逐年减少的趋势,总共三大块的题目,从以前的40题左右,下降到目前30题左右。

此外,全国高考试卷和上海试卷都取消了小作文这一块。

(3)标题语文高考试题的阅读材料以考课外材料为主,中考试题也有越来越多引入课外材料的趋势。因为仅考课内,连续考几年,就会将各篇文章"考点"都"挖"尽,所以历年来高考,大多以课外材料为主,文言文也如此。这种考课外材料的趋势,虽然在教育评价上有一定疑问,因为教考不一致使评价降低效度,但作为选拔考试,有它一定的合理性。目前看起来,在新的课程标准、教材实施之前,它还将保持一段时间。不仅如此,从北师大和华师大的调查报告来看,"从课外选材进行考试已成为一种趋势"。从现实状况看,不少地区中考试题有向高考题型、选材方法靠拢的趋势。语文考试适当选择课外材料无可厚非,但完全考教材外材料,就有可能导致放弃阅读教科书,这一点对于初中生影响尤其严重,但看来暂时还没有更好的办法解决这个难题。此外,新的课程标准的制定,要求学生扩大阅读量,增加语言积累,提高学生的感悟能力和人文素质,在试题中暂无法体现出来。

(4)考试的方式和试题的编制酝酿着改革

为了适应教育改革形势需要,也为了减少"一考定终身"的负面影响,给考生多次机会,近两年不少地区,如北京、上海等地实行了一年两次高考,语文作为最重要的科目之一,当然要适应这种变化。教育部考试中心在酝酿重大的改革举措,最引人注目的是向社会征集各类试题,准备建立题库以适应未来考试的需要。此外,随着高考改革的深入,口试将成为重要考试之一,语文选拔考试口试也成为语文评价重要手段之一,上海地区的复旦大学、华东师范大学的文科基础班,在单独招生考试时,都有口试项目。这种口试对书面考试起了很好的补充作用,它能够比较有效地测出那种仅靠书面考试所无法获得的信息。

(5)加强语文考试命题和阅卷的评价和管理

为了提高语文教学评价的信度和效度,各地加强了对语文考试的管理力度:一方面严格挑选高考和中考命题人员,加强命题人员的培训;另一方面在阅卷过程中加强管理,严格挑选阅卷教师,加强监控。教育部连续三年对全国多地区中考进行评价,并将继续开展这项工作。为了减少作文评估中的误差,各地都采取了一些改革措施,如上海地区高考阅卷要求同一篇作文,要求三位教师分开阅卷评分。为了减少评价中其他因素的干扰,有的地区正尝试着采用电脑阅卷的方法进行评价等。

各种各样的考试评定的改革还有很多。但是在当前教育资源有限、社会的经济文化发展无法提供更多高等教育机会的情况下,所有各种改革都受制于全国性的统一招生考试,只要这个大格局没有根本改变,所有关于语文考试的改革也只能作局部的调整和改革。学校和教师所能做的也仅仅是寻找一条如何正确处理教学评价和教学关系的道路,使教学评价更好地为教学工作服务。在这一过程中教师的地位和作用显得十分特殊和重要。

第五节　语文综合素质能力的发展性评价

一、发展性评价与学生综合素质能力导向

发展性评价体现了目前全球教学评价的最新思想,对于改变我国现行的基本教学评价模式的落后性具有着重要价值。发展性评价具有"全人教育"的特质,强调有价值的学习以及学习中学生的情感、态度和价值观等指标,强调学习过程以及过程中的体验、成长。发展性评价对于评价积弊的改造在于以下内容。

现行评价中的积弊	发展性评价的指向
过于强调甄别与选拔功能	注重改进与激励功能
过于关注对结果的评价 (终结性评价)	关注对过程和过程表现的评价 (形成性评价)
过于重视获取评价的结果	强调过程本身对于学习的意义
过于注重知识技能成绩	重视综合素质能力的全面发展
评价方法单一 (量化的纸笔测试)	评价方法丰富 (如课堂观察/过程记录/互评等)
评价主体为教师	学生/家长也成为评价主体
评价内容"一般化"	评价内容"个别化"
评价内容局限化	评价内容多元化

二、语文学科中的发展性评价

语文学科实施发展性评价应以语文课程的学科目标和一般性发展目标为基准,探究适合本学校学生语文素质能力现有水平和可发展水平的评价要素,构建师生均可操作的评价参照系。原则上可从以下方面考虑:

• 内容体现语文课程的教学整体性:识字、阅读、写作、口语交际、综合学习;

• 评价指向及语文课程诸领域:知识与能力、过程与方法、情感态度和价值观;

- 能实现形成性评价的预期功用；
- 易于作定性评价；
- 寻找学生与语文学习相关的（也不排斥语文以外的）潜能与特质元素；
- 如何评价学习中的实践能力（是为难点）；
- 如何评价学习中的合作能力（是为难点）；
- 如何评价学习中的创造能力（是为难点）；
- 加在日常教学历程的各阶段中随时进行；
- 提供学生自我展示的平台；
- 评价对于学生自尊、自信的建立和扶助；
- 便于学生了解自己的学习，自我反审与监控；
- 利于师、生、家长共同观察个体成长发展；
- 有助于及时或随时改进教学。

在具体的实施操作中，还应注意处理好下述几个侧面的问题。

第一，评价对象的主体性。坚持主体原则是评价活动科学化的要求。评价者与评价对象都是具体完整的个人而不是传统评价的实验者，评价对象更不是处于"被告"的位置。学生是教育活动的主体，其主体地位在教育评价中也不容忽视。在结果处理上，尊重评价对象，保护"学习隐私"，结果不公开，只作为个人档案。

第二，评价参与者的广泛性。在教育评价活动中，评价者、被评价者及所有参与评价的人员都是主体，所有参与评价的人员之间都是平等的合作伙伴。评价方案从确定评价目标、分配指标权重到作出评价结论，都充分地征询所有相关人士的意见、了解他们的需求，对代表他们不同需要的建议进行考虑分析。

第三，充分考虑评价主体的个别差异性。根据教育目标与课程标准，以及有关专家、教师、学生的建议，评价方案制定学生基础目标（考虑教学要求和实际的实施可能性，是达标下限。）与发展目标（体现超前性，具有激励和导向作用，是达标上限。），让学生在家长与教师的共同参与和指导下，根据自己的现状制定适合自己发展的目标。每个学生制定的发展目标可以不同；在完成阶段性目标的基础上作描述性评价时，不求千篇一律。

第四，评价时空的广泛性。评价时空的广泛性体现在不仅评价过去，而且更重视现在和未来。尽量把握学生学习发展的每一个瞬间、每一个片段，作出符合实际的评价。并根据不同评价内容采用不同评价方法而得到的综合效果，求得非一时、一事、一次评价的结果。

第五，评价内容的综合性。注意知识与能力、课内与课外、智力与非智力因素并重，提出评价语文综合素质的评定细则。同时，在语言"习得"的基础上，重视发掘潜能，激活学习习惯，促进学生掌握科学的学习方法，培养独立自主学习的能力。

第六，评价方法的多元化。强调不同的评价内容采用不同的方法。如可采用自己选题、收集资料，在一段时期内创作文章的方法，以档案评定或代表作评定的方式进行多角度的评价，亦可采用任课教师据基础目标进行测验、考试，也可让学生出题、教师抽选进行考察等。

第七，评价的超前性。发展性评价既强调学生的自主发展，又面向学生的未来发展。超前原则应符合评价活动的目的与要旨，即寻求主客体关系的积极发展，预见未来，指出发展了的主体所需要的及客体所能提供的新功能，在学生语文学习从过去经现在向未来运动的过程中，注意指出学生的发展潜力和发展趋势，为学生的未来作准备。

三、语文学科综合素质能力发展性评价系例说（高中为例）

（一）评价的总体构架

表10-4　语文学科综合素质能力发展性评价系

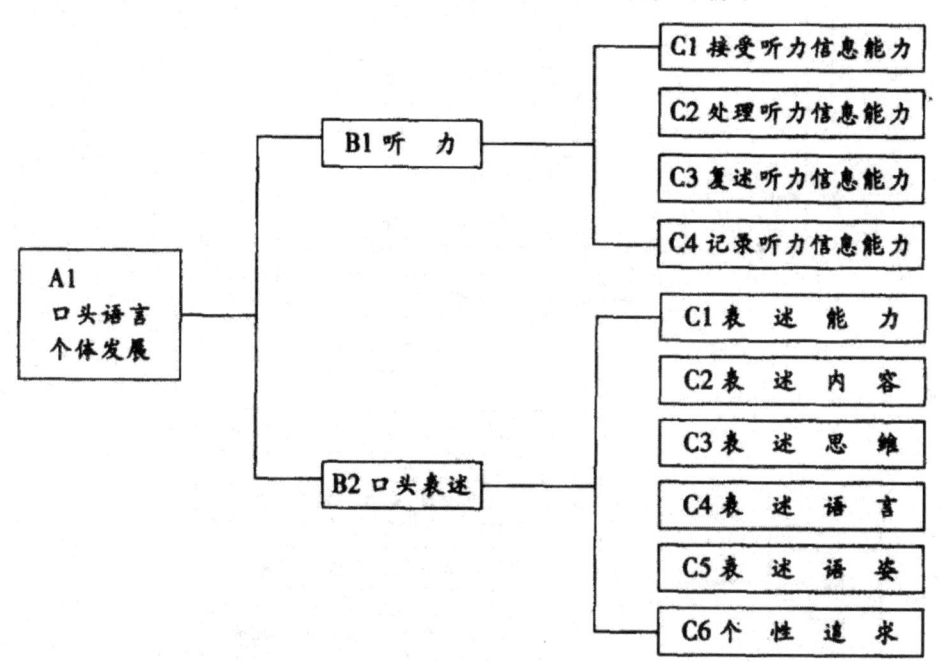

```
                           ┌─ C1 接受听力信息能力
                           ├─ C2 处理听力信息能力
              ┌─ B1 听 力 ─┤
              │            ├─ C3 复述听力信息能力
              │            └─ C4 记录听力信息能力
A1            │
口头语言 ─────┤            ┌─ C1 表 述 能 力
个体发展      │            ├─ C2 表 述 内 容
              │            ├─ C3 表 述 思 维
              └─ B2 口头表述 ┤
                           ├─ C4 表 述 语 言
                           ├─ C5 表 述 语 姿
                           └─ C6 个 性 追 求
```

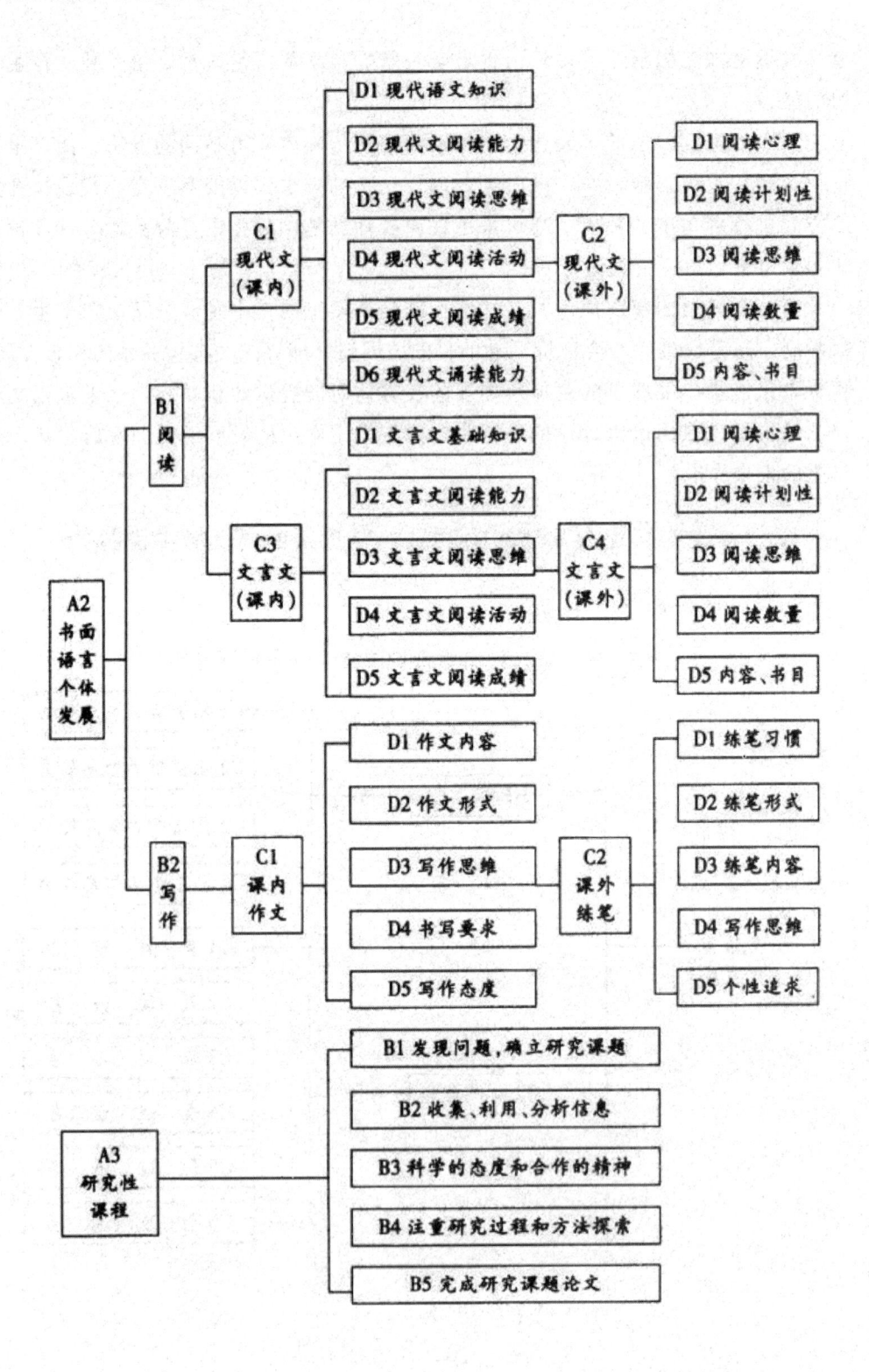

```
                                    ┌─ D1 现代语文知识
                                    ├─ D2 现代文阅读能力                    ┌─ D1 阅读心理
                          ┌─ C1 ────┤                                       ├─ D2 阅读计划性
                          │  现代文  ├─ D3 现代文阅读思维         C2 现代文  ├─ D3 阅读思维
                          │  (课内)  ├─ D4 现代文阅读活动────────(课外) ─────┤
                          │         ├─ D5 现代文阅读成绩                    ├─ D4 阅读数量
                ┌─ B1 ────┤         └─ D6 现代文诵读能力                    └─ D5 内容、书目
                │  阅读   │
                │         │         ┌─ D1 文言文基础知识                    ┌─ D1 阅读心理
                │         │         ├─ D2 文言文阅读能力                    ├─ D2 阅读计划性
                │         └─ C3 ────┤                                       │
                │            文言文 ├─ D3 文言文阅读思维         C4 文言文  ├─ D3 阅读思维
    A2          │            (课内) ├─ D4 文言文阅读活动────────(课外) ─────┤
  书面语言      │                   └─ D5 文言文阅读成绩                    ├─ D4 阅读数量
  个体发展 ─────┤                                                           └─ D5 内容、书目
                │
                │                   ┌─ D1 作文内容                          ┌─ D1 练笔习惯
                │                   ├─ D2 作文形式                          ├─ D2 练笔形式
                └─ B2 ─── C1 ──────┤                                        │
                   写作    课内作文 ├─ D3 写作思维               C2 课外练笔├─ D3 练笔内容
                                   ├─ D4 书写要求────────────────────────── ┤
                                   └─ D5 写作态度                          ├─ D4 写作思维
                                                                           └─ D5 个性追求

                          ┌─ B1 发现问题,确立研究课题
                          ├─ B2 收集、利用、分析信息
    A3 研究性课程 ────────┤─ B3 科学的态度和合作的精神
                          ├─ B4 注重研究过程和方法探索
                          └─ B5 完成研究课题论文
```

（二）语文综合素质能力发展性评价的参照目标与方法（教师评价/师生共用）

表 10-5　口头语言个体发展自我评价目标与方法

A	B	C	评价参照目标	评价方法
A1 口头语言	B1 听力	C1接受信息能力	能重视听力角度的信息接受、处理，主动、认真地听取对话语言环境的话语。能保持良好的听力信息接受状态，对一般信息都能保持较浓厚的兴趣和较强的注意力。	课堂提问、观察、检查课堂笔记
		C2处理信息能力	具备较强的听力信息处理能力，能够及时、准确地分析、概括、归纳信息内容，把握对方的思想感情	
		C3复述信息能力	一般能较全面地概要复述听觉所接受的信息内容，重点突出，条理清楚	
		C4记录信息能力	能准确、概要地记录听觉所接受的信息内容，重点突出，条理清楚	
个体发展	B2 口头表述	C1表述能力	有较强的即兴演讲和口头表述能力，精神饱满，感情充沛	课堂演讲学生互评互议
		C2表述内容	话题一致，观点鲜明，内容充实，条理清晰	
		C3表述思维	思维敏捷、缜密，有一定的个体见解	
		C4表述语言	有较强的语言活动环境应变力，能准确地传情达意，语言清晰、连贯、得体	
		C5表述语姿	有良好的语姿，并能较好地借助一定的肢体语言传情达意	
		C6个性追求	能积极主动参加各级演讲比赛	

表 10-6　书面语言个体发展自我评价目标与方法（阅读能力）

A	B	C	D	评价参照目标	评价方法
A2 书面语言		C1 现代文（课内）	D1 语文知识	能掌握一定的现代汉语基础知识、基本常识和各类文章作品的基本特征	课堂提问、观察学生质疑问难测验考查
			D2 阅读能力	能较好地运用规律性知识展开阅读、欣赏和评价	
			D3 阅读思维	有一定的审美情感、审美水平，并能在审美性阅读的基础上开展创造性阅读，有独特的见解	
			D4 阅读活动	能主动积极参与课堂阅读活动，课堂问答能反映出较强的阅读能力	
			D5 阅读成绩	课内现代文阅读考核，成绩达75%以上	
			D6 诵读能力	有较强的现代文诵读能力。吐字清晰，语音准确，语速平稳，语势流畅，语调重音把握较好，诵读富有感情色彩	文章诵读
	B1 阅读	C2 现代文（课外）	D1 阅读心理	有较好的阅读习惯和阅读兴趣，有较广泛的阅读范围	问卷调查课外练笔
体发展			D2 阅读计划	有较强的阅读计划。平时能随意阅读和计划阅读相结合	
			D3 阅读思维	在独立的阅读、鉴赏基础上，开展富有创造性的阅读、鉴赏	检查平时测验考查
			D4 阅读数量	每用课外阅读量达 20000 字	
			D5 内容书目	自定阅读内容和书目	
		C3 文言文（课内）	D1 基础知识	能掌握一定的文言文基础知识、基本常识和一定量常用实词、虚词	
			D2 阅读能力	能较好地运用文言文规律性知识和工具书展开阅读、翻译和欣赏各类浅显的文言文作品	课堂提问、观察
			D3 阅读思维	有一定的审美情感、审美水平，并能在审美性阅读的基础上开展创造性阅读，有独特的见解	学生质疑问难测验考查
			D4 阅读活动	课前能主动积极预习翻译，课堂能主动积极参与阅读活动	
			D4 阅读成绩	课内文言文阅读考核，成绩达以上	

A	B	C	D	评价参照目标	评价方法
A2 书面语言个体发展	B1 阅读	C4 文言文（课外）	D1 阅读心理	较好的阅读习惯和阅读兴趣，有较广泛的阅读范围	问卷调查 作业检查 平时测验 考查
			D2 阅读计划	有计划阅读、背诵一些文言文精品诗文	
			D3 阅读思维	在独立的阅读、鉴赏基础上，开展富有创造性阅读、鉴赏	
			D4 阅读数量	每周文言文课外阅读量达___字（每日一短文）	
			D5 内容书目	阅读、背诵篇目	

表10-7 书面语言个体发展自我评价目标与方法（写作能力）

A	B	C	D	评价参照目标	评价方法
A2 书面语言个体发展	B2 写作	C1 课内作文	D1 作文内容	观点鲜明，内容充实，情感健康，有较强的时代感	课堂作文 考试作文
			D2 作文形式	结构严谨，层次清晰，语言简洁流杨，有较好的文采	
			D3 写作思维	思维缜密流畅，有较好的思维品质，能反映个体的创造性思维结果	
			D4 书写要求	书写工整，卷面整洁	
			D5 写作态度	态度认真，能在规定的时间内较好地完成	
		C2 课外练笔	D1 练笔习惯	有良好的写作习惯，有认真的写作态度（每周保持在2000字以上）	课外练笔
			D2 练笔形式	能结合课外阅读和信息收集、剪贴，及时完成阅读笔记、随笔或杂记	
			D3 练笔内容	课外练笔的形式多样，内容丰富，书写认真	
			D4 写作思维	能创造性地反映自己的阅读情况和个体的创造性思维结果	
			D5 个性追求	主动参加各级的作文竞赛。	

表 10-8　研究性课程个体发展自我评价与目标

A	B	评价参照目标	评价方法
A3 研究性课程	B1 发现问题，确立研究课题	能主动地从现实和生活以及学习中发现问题，找到和确立研究性课题	研究过程记录研究论文
	B2 搜集、利用、分析信息	能积极地通过各种途径，广泛地收集信息，并通过利用信息、分析信息创造性地解决研究性课题	
	B3 科学的态度和合作的精神	有科学的态度、合作的精神，能通过对知识的综合运用完整而有创造性地认识作为有机整体的客观世界	
	B4 注重研究过程和方法探索	能注重自己研究的过程，并能及时记录自己的研究感受，不断地探究解决问题的方法，在研究的过程中重塑自我，发展自我	
	B5 完成研究课题论文	能及时完成有一定质量的研究性课题论文	

（三）以语文学科个体发展自我评价为主的目标设计/评价细则以及方法

（1）自我发展目标可以自我独立设计，也可以在家长或教师的指导下共同设计。

（2）自我发展目标中的"分值（%）"是在综合各方意见基础上设定的子项分值比，由教师根据教学大纲、高中三年不同的教学目标和学生的发展现状提出设定要求。学生可以在"目标设置"栏中，参照目标分值比，按自己的"自我发展目标"子项设计，以总分为"100分"，按轻重权衡设置比例分值。

在自己设计自我发展的目标的基础上，教师为学生建立语文学科综合素质发展性学习档案，通过正常的评价途径，定期分析学生的发展现状。

（3）进行目标评价方式。

1.阶段性检测和学生自评、互评相结合。

2.以描述性评价为主，辅之以量化评价。凡完成自我设计的目标，都可以按一定的比例取得优秀的成绩。

表10-9　个体自我发展目标设计与评价

原等级自我评价（　　）

评价目标			分值（%）	目标设置	评价		
等第	子项	目标评价细则要求			自评	互评	阶段评价
	1						
	2						
	3						
	4						
	5						
	6						
	7						

高中语文学习个体发展自我评价设计等级细则

（仅供设计高中语文学习个体发展自我评价参考）

听力评价细则

A　1.能重视听力角度的信息接受、处理，主动、认真地听取对话语言环境的话语。能保持良好的听力信息接受状态，对一般信息都能保持浓厚的兴趣和较强的注意力。

2.具备较强的听力信息处理能力，能够及时、准确地分析、概括、归纳信息内容，把握对方的思想感情。

3.一般能较全面地概要复述听觉所接受的信息内容，重点突出，条理清楚。

4.能准确、概要地记录听觉所接受的信息内容，重点突出，条理清楚。

B　1.能重视听力角度的信息接受、处理，听取对话语言环境的话语，并能保持较好的听力信息接受状态，对一般信息都能保持较浓厚的兴趣和注意力。

2.具备较强的听力信息处理能力，能够较准确地分析、概括、归纳信息内容，把握对方的思想感情。

3.一般能概要复述听觉所接受的信息内容，有重点、有条理。

4.能概要地记录听觉所接受的信息内容，有重点、有条理。

C　1.能重视听力角度的信息接受、处理，听取对话语言环境的话语。能保持一定的听力信息接受状态，对一般信息都能有兴趣和注意力，但是往往从个人的兴趣出发。

2.具备一定的听力信息处理能力，能够分析、概括、归纳信息内容，把握对方的思想感情。

3.一般能概要复述听觉所接受的信息内容,重点有所突出,但缺乏条理。

4.能记录听觉所接受的信息内容,重点有所突出,但缺乏条理。

D 1.能重视听力角度的信息接受、处理,虽能认真地听取对话语言环境的话语,但不能保持良好的听力信息接受状态,对一般信息缺乏兴趣和注意力。

2.具备一定的听力信息处理能力,但不能够及时、准确地分析、概括、归纳信息内容,和把握对方的思想感情。

3.一般能概要复述听觉所接受的信息内容,但重点不突出,内容缺乏条理,并有较多的缺漏。

4.初步能概要地记录听觉所接受的信息内容,但没有重点,内容比较混乱,并有缺漏。

口头表述评价细则

A 1.有较强的即兴演讲和口头表述能力,精神饱满,感情充沛。

2.话题一致,观点鲜明,内容充实,条理清晰。

3.思维敏捷、缜密,有一定的个体见解。

4.有较浅的语言活动环境应变力,能准确地传情达意,语言清晰、连贯、得体。

5.有良好的语姿,并能自如地借助一定的肢体语言传情达意。

6.能积极主动参加各级演讲比赛。

B 1.有较强的口头表述能力,有精神、有感情。

2.话题一致,观点鲜明,有内容、有条理。

3.思维比较敏捷、填密,有一定的个体见解。

4.有较好的语言活动环境应变力,能较好地传情达意,语言清晰、连贯、得体。

5.有较好的语姿,并能较好地借助一定的肢体语言传情达意。

6.能运用普通话表述。

C 1.有一定的口头表述能力,缺乏精神饱满,感情充沛。

2.话题一致,观点鲜明,有内容,缺乏清晰的条理。

3.思维比较敏捷、但不够缜密,尚能表现一定的个体见解。

4.有一定的语言活动环境应变力,语言基本能传情达意,语言较清晰,但不够连贯、得体。

5.有一定的语姿,但不太自然,不过能借助一定的肢体语言传情达意。

6.能运用普通话表述。

D 1.是一种"读"或"背"的表述,尚缺乏感情的投入。

2.话题基本一致，但比较凌乱，缺乏清晰的条理，观点较明确，但内容不够充实。

3.思维反应比较敏捷，但不够缜密，缺乏个体见解。

4.语言基本能传情达意，但还不够清晰、得体，语势不够连贯。

5.有一定的语姿，但不太自然，甚至有些拘谨，肢体语言与传情达意不协调。

6.能运用普通话表述。

<h3 style="text-align:center;">语文阅读现代文（课内阅读）评价细则</h3>

A 1.能掌握一定的现代汉语基础知识、基本常识和各类文章作品的基本特征。

2.能较好地运用规律性知识展开阅读、欣赏和评价。

3.有一定的审美水平，并在审美性阅读的基础上开展创造性阅读，有独特的见解。

4.能主动积极参与课堂阅读活动，课堂问答能反映出较强的阅读能力。

5.课内现代文阅读考核，成绩达90%以上。

6.有较强的现代文诵读能力。吐字清晰，语音准确，语速平稳，语势流杨，语调重音把握较好，诵读富有感情色彩。

B 1.尚能掌握一定的基础知识、基本常识和各类文章作品的基本特征。

2.能运用规律性知识展开阅读欣赏，但还无法开展评价性阅读。

3.有一定的审美追求，并能在审美性阅读的基础上进行创造性阅读探索。

4.能主动积极参与课堂阅读活动，课堂问答能反映出较好的阅读能力。

5.课内考核阅读成绩达80%以上。

6.有较好的现代文诵读能力。吐字清晰，语音准确，语速平稳，语势流畅，能把握语调重音，诵读有一定的感情色彩。

C 1.基础知识、基本常识和各类文章作品的基本特征的掌握还不够全面。

2.初步能运用规律性知识展开阅读理解，但还无法开展欣赏和评价性阅读。

3.审美能力有提高，但开展审美性阅读还是有一定的困难。

4.能主动积极参与课堂阅读活动，课堂问答虽有较大缺陷，但能积极主动。

5.课内考核阅读成绩达70%以上

6.有现代文诵读能力。吐字清晰，语音准确，但语速较平稳，语势欠流畅，把握语调重音有困难，诵读有一定的感情色彩。

D 1.现代汉语基础知识、基本常识和各类文章作品的基本特征的掌握还有较大的缺陷。

2.不能运用规律性知识展开阅读欣赏，只是停留在凭借直观基础上展开阅读理解。

3. 了解阅读也是一种审美，但不能开展独立的欣赏和评价。

4. 基本能参与课堂阅读活动，课堂问答有较多的错误，需要较多的启发。

5. 课内现代文阅读考核，成绩达60%以上。

6. 有现代文诵读能力。吐字清晰，语音准确。但语速不平稳，语势不流畅，语调重音把握不好，诵读缺少感情色彩。

语文阅读现代文（课外阅读）评价细则

A 1. 有较好的阅读习惯和阅读兴趣，有较广泛的阅读范围。

2. 有较强的阅读计划。平时能随意阅读和计划阅读相结合。

3. 在独立的阅读、鉴赏基础上，开展富有创造性阅读、鉴赏。

4. 每周课外阅读量达20000字。

5. 自定阅读计划、内容和书目。

B 1. 有较好的阅读习惯和阅读兴趣，但缺乏广泛的阅读范围。

2. 有阅读计划。平时能随意阅读和计划阅读相结合。

3. 在独立的阅读、鉴赏基础上，有一定的见解，并能努力开展创造性阅读、鉴赏。

4. 每周课外阅读量达15000字。

5. 自定阅读计划、内容和书目。

C 1. 有较好的阅读习惯和阅读兴趣，但阅读范围较狭窄。

2. 有阅读计划。但平时阅读并不能遵循计划，有较大的随意性。

3. 在阅读、鉴赏基础上，能结合课内阅读开展课外阅读、鉴赏。

4. 每周课外阅读量达10000字。

5. 自定阅读计划、内容和书目。

D 1. 只能完成老师布置的课外阅读量，还需进一步培养阅读习惯和阅读兴趣。

2. 阅读无计划，随意性阅读占主导。

3. 只是停留在文章表层走马观花式的阅读。

4. 每周课外阅读量达10000字。

5. 自定阅读内容和书目。

语文阅读文言文（课内阅读）评价细则

A 1. 能掌握一定的文言文基础知识、基本常识和一定量常用实词、虚词。

2. 能较好地运用文言文规律性知识和工具书展开阅读、翻译和欣赏各类浅显的文言文作品。

3. 有一定的审美水平，并在审美性阅读的基础上开展创造性阅读，有独特的见解。

4. 课前能主动积极预习翻译，课堂能主动积极参与阅读活动。

5. 课内文言文阅读考核，成绩达90%以上。

B 1. 能掌握一些文言文基础知识、基本常识和一定量常用实词、虚词。

2. 能运用文言文规律性知识和工具书展开阅读、翻译和欣赏各类浅显的文言文作品。

3. 有一定的审美需求，并能在审美性阅读的基础上进行创造性阅读探索。

4. 课前能预习翻译，课堂能主动参与阅读活动。

5. 课内文言文阅读考核，成绩达80%以上。

C 1. 只能掌握有限的一些文言文基础知识、基本常识和一定量常用实词、虚词。

2. 能运用文言文规律性知识和工具书展开阅读、翻译各类浅显的文言文作品。

3. 阅读鉴赏能力有提高，但开展审美性阅读还是有一定的困难。

4. 课前能预习翻译，课堂能参与阅读活动。

5. 课内文言文阅读考核，成绩达70%以上。

D 1. 文言文基础知识、基本常识和常用实词、虚词的掌握有较大的缺陷，还需努力。

2. 凭借工具书展开独立阅读、翻译还有一定的困难，特别是字、词、句落实。

3. 了解阅读也是一种审美，但不能开展独立的欣赏和评价。

4. 课前预习翻译虽然有一定的困难，课堂问答也有较多的错误，需要较多的启发，但能主动积极参与阅读活动。

5. 课内文言文阅读考核，成绩达60%以上。

语文阅读文言文（课外阅读）评价细节

A 1. 有较好的阅读习惯和阅读兴趣，有较广泛的阅读范围。

2. 有计划阅读、背诵一些文言文精品诗文。

3. 在独立的阅读、翻译、鉴赏的基础上，开展富有创造性的阅读、鉴赏。

4. 每周文言文课外阅读翻译量达1000字（基本上每日一短文）。

5. 阅读、背诵篇目。

B 1. 有较好的阅读习惯和阅读兴趣，但缺乏广泛的阅读范围。

2. 经常能阅读、背诵一些文言文精品诗文。

3. 在阅读、翻译、鉴赏的基础上，有一定的见解，并能努力开展创造性阅读、鉴赏。

4. 每周文言文课外阅读翻译量达800字（基本上每日一短文）。

5. 阅读、背诵篇目。

C 1. 有一定的阅读兴趣和习惯，但阅读范围较狭窄。

2. 能阅读、背诵一些文言文精品诗文。

3. 在阅读、鉴赏基础上，能结合课内阅读开展课外阅读、翻译和鉴赏。

4. 每周文言文课外阅读翻译量达650字（基本上每二日一短文）。

5. 阅读、背诵篇目。

D 1. 能完成布置的课外阅读量，但缺乏文言文阅读兴趣和习惯。

2. 能阅读、背诵少量的文言文精品诗文，并缺乏计划。

3. 只是停留在文章表层的翻译阅读，即便翻译，还存在较多的错误。

4. 每周文言文课外阅读翻译量达500字（基本上每二日一短文）。

5. 阅读、背诵篇目。

语文写作（课内作文）评价细则

A 1. 观点鲜明，内容充实，有较强的时代感。

2. 结构严谨，层次清晰，语言简洁流畅，有较好的文采。

3. 思维缜密流畅，有较好的思维品质，能反映个体的创造性思维结果。

4. 书写工整，卷面整洁。

5. 态度认真，能在规定的时间内较好地完成。

B 1. 观点鲜明，内容较充实，有一定的时代感。

2. 结构完整，层次较清晰，语言简洁流畅，有文采的追求。

3. 思维较缜密，有较好的思维品质。

4. 书写较工整，卷面整洁。

5. 态度认真，能在规定的时间完成。

C 1. 观点尚鲜明，内容尚充实，有一些时代感。

2. 结构基本完整，层次尚清晰，语言尚流畅。

3. 思维较流畅，能反映一定的思维品质。

4. 书写较工整，卷面较整洁。

5. 态度较认真，基本上能在规定的时间完成。

D 1. 观点基本鲜明，但内容不够充实，时代感较差。

2. 结构基本完整，但层次还有些混乱，语言欠通顺，甚至还有少量语病。

3. 思维尚流畅，但不够缜密，并有一定的思维缺陷。

4. 书写欠工整，卷面欠整洁。

5. 态度尚认真，但完成时有拖拉。

语文写作（课外练笔）评价细则

A 1. 有良好的写作习惯，有认真的写作态度（每周保持在2000字以上）。

2. 能结合课外阅读和信息收集、剪贴，及时完成阅读笔记、随笔或杂记。

3. 课外练笔的形式多样，内容丰富，书写认真。

4. 能创造性地反映自己的阅读情况和个体的创造性思维结果。

5. 主动积极参加各级的作文竞赛。

B 1. 有较好的写作习惯，有较认真的写作态度（每周1500字以上）。

2. 能结合课外阅读和信息收集、剪贴，较好地完成阅读笔记、随笔或杂记。

3. 课外练笔有一定的形式和内容，书写较认真。

4. 能较好地反映自己的阅读情况和个体的创造性思维结果。

5. 每次都能按时交作业。

C 1. 能进行课外写作的训练，有较认真的写作态度（每周1000字以上）。

2. 能结合课外阅读完成阅读笔记、随笔或杂记，能反映自己的阅读情况。

3. 课外练笔有一定的形式和内容，书写欠认真。

4. 能反映自己的阅读情况，但个体的思维结果较少。

5. 每次基本上都能按时交作业。

D 1. 基本能完成课外写作的练习（每周800字左右），但缺乏主动性。

2. 能结合课外阅读和信息收集、剪贴，基本完成阅读笔记、随笔或杂记，但不够认真。

3. 课外练笔的形式单调，内容贫乏，字迹潦草，卷面不够整洁。

4. 基本反映自己的阅读情况，但只是一种"完成任务"。

5. 有偶尔迟交或不交作业的现象，但能及时补交。

语文研究性课程评价细则

A 1. 能主动地从现实和生活以及学习中发现问题，找到和确立研究性课题。

2. 能积极地通过各种途径，广泛地收集信息，并通过利用信息、分析信息创造性地解决研究性课题。

3. 有科学的态度、合作的精神，能通过对知识的综合运用完整而有创造性地认识作为有机整体的客观世界。

4. 能注重自己研究的过程，并能及时记录自己的研究感受，不断地探究解决问题的方法，在研究的过程中重塑自我，发展自我。

5. 能及时完成有一定质量的研究性课题论文。

B 1. 能独立从现实和生活以及学习中发现问题，找到和确立研究性课题。

2. 能通过各种途径，广泛地收集信息，并通过利用信息、分析信息解决研究性课题。

3. 有科学的态度、合作的精神，能通过对知识的综合运用完整地认识作为有机整体的客观世界。

4. 能注重自己研究的过程，并能记录自己的研究感受，探究解决问题的方法，在研究的过程中重塑自我、发展自我。

5. 能按时完成研究性课题论文。

C 1. 在教师的指导和帮助下，能从现实和生活以及学习中发现问题，找到和确立研究性课题。

2. 能通过各种途径收集信息，并能较好地利用信息、分析信息解决研究性课题。

3. 有科学的态度、合作的精神，能通过对知识的综合运用较完整地认识作为有机整体的客观世界。

4. 能注重自己研究的过程，能较好地记录自己的研究感受，探究解决问题的方法，在研究的过程中重塑自我、发展自我。

5. 基本上能按时完成研究性课题论文。

D 1. 在教师的指导和帮助下，尚能较好地从现实和生活以及学习中发现问题，找到和确立研究性课题。

2. 尚能通过一定的途径较好地收集信息，并能较好地利用信息、分析信息解决研究性课题。

3. 有较好的科学态度，较强的合作精神，能通过对知识的综合运用较完整地认识作为有机整体的客观世界。

4. 基本上能重视自己的研究过程、能记录自己的研究感受，较好地在研究的过程中重塑自我、发展自我。

5. 基本上能完成研究性课题论文。

第六节 课程教学评价改革中建议采用的方法/工具

在"发展性评价"一节，我们看到，课堂观察与记录、课堂提问、问卷调查等，都已作为日常评价的可行手段，成为课程教学评价改革的标志性方式。

这里再着重探讨一下"语文学习档案资料"和"表现性测试"三大类方法/工具。

一、语文学习档案资料

"语文学习档案资料（暨"档案袋评价"）"并不是指学生语文学习成绩的分数档案，而是具有代表性的定量与定性评价资料的集合，它所汇集和表征的是学生学习中"具有代表性的事实"。它包括了"档案袋评价"的功能和内容("档案袋评价":通过记录某一项学习任务从开始到结束全过程中的主要活动,定性评价学生的学习表现)。"'语文学习档案资料'评价"的目的主要为以下几个方面。

- 提示和促进学生重视学业成绩和学绩变化。
- 提高学生对自我学习的分析能力。
- 强化学生对教学任务、教学目标的关注度和理解度。
- 帮助教师实现对学生学科学习的系统的、全方位的把握和个别化调节、指导。"语文学习档案资料"的建立,并无强求的模式,应可根据地区、学校、教师、学生的不同教学水准、职业情态、学力水平,作相宜的适应于操作的、不显性增加师生负担和焦虑的设计和尝试。

下例是关于"'语文学习档案资料'评价"的一种设计与实例其中设计的优长、缺憾与操作法均可资研究。

表 10-10　学生语文学习个体发展跟踪卡

		学习状态	现代文阅读能力	文言文阅读能力	写作能力	听说能力	教师意见	考核成绩	发展状况
现状分析									
阶段性跟踪	月考								
	期中								
	月考								
	期末								
综合评价									
家长意见									

【注:小方块中填写该项目的得分率。"学习状态"包括:兴趣、思维、情感、态度、方法、特长、潜能等。各种能力的检查、描述参照当时教学进度和教学目标要求以及"个体发展目标细则"等级要求(见上文相关内容)。】

以下是从一份高二学生和教师填写的《跟踪卡》实例中提取的局部内容(作者未作修改),可供操作时的借鉴、参考。

月考:
学习状态

基础掌握的不够熟练	

现代文阅读能力

在结合语言环境辨析词句上还做得不够，在把握文章内容、要点上做的还不到位。	42 / 61

文言文阅读能力

基础知识掌握的不够牢固，词类活用现象的判断不够明确，还不能完全做到按"字"来译文。	34.5 / 61

教师意见

课堂上要注意老师分析思考的方法，提高分析能力。

考核成绩

76.5

二、"成长记录袋"

"成长记录袋"着重记录学生学习的发展历程，它主要收集学生在学习过程中生成的各种作品（物化的作业、作品/尚未物化的学习思维成果/个人活动信息等），以及其他质性材料（教师的核查表和课堂观察记录、表现性测试结果、学生的自我评价、来自家长的信息等），用以展现学生的成就与进步，描述学生学习的过程方法，反映学生学习的态度与情感。评价的主要功能有以下几个。

- 提示和促进学生关注自我学习的变化、发展；
- 提示和促进学生关注自我学习的策略、长短；
- 帮助学生建立良好的自我监控、自我认知、自我激励、自我负责的习惯、
- 态度和能力；
- 为教师提供据以个别化、个性化教学的信息。

"成长记录袋"评价可采用各种"工具"（如卡片、文本、表格、试纸等），实施中应注意以下操作规则：

- 学生质性材料收集的有目的、有计划和要求的统一性，各个资料的可比性；学生选择入袋材料的一定自主、自由度；
- 重视过程性资料（如作文草稿、修改稿）；

• 根据课程标准、教学目标、教学与学生实际制定明确的记录袋使用方案（特别是评价的内容）。

下例是一个关于学生课外阅读的成长记录"工具设计"——课外阅读记录卡和自我评价表。

表 10-11　阅读记录卡

课外阅读记录卡	
姓　名：	班　级：
阅读时间：	记录时间：
1.读物名称：	长　度：（字）
作者：　　读物出处： 2.读物的类别： □期刊文本　　□哲学·思想著作 □自然科学读本　□学习辅助材料	是否向大家推荐：□是□否 □历史、地理读本□小说□文□动漫□其他，请写明：
2.该读物的主要内容是：	
4.阅读完该读物，我最深的感受/体会是：	
5.在阅读过程中，我的发现：	
6.真诚评论一下该读物的写作特点/风格：	
7.该读物本身的价值：	
8.该读物对于语文学习的意义：	

表 10-12　自我评价表

自我评价表
姓名：　　填表日期： 我回顾了从　月　日到　月　日期间阅读过的课外读物和记录卡，发现 我总共阅读了　　份读物，合计　　字左右，并有所收获。 1.在阅读习惯和阅读能力方面，我能感觉到的收获/进步主要体现在： 2.之所以会有上述的收获进步，我认为是因为： 3.在阅读方法和策略方面，我还有一些需要改进/克服的问题、障碍，它们是： 4.在读物选择方面，我还可注意的是： 5.我对老师的教学及家长或同学的建议和希望分别有：

/ 207 /

三、表现性测试

表现性测试是国际中小学教学评价的重要方式和改革趋势之一。表现性测试以其因应现代课程重实践能力/重情感体验/重学习经验的目标取向和功能观念、适用于评价课堂教学情感性绩效的特点，为国际教学界所广泛重视和采用。

表现性测试是一种让学生通过实际任务要求作出个体的行为反应（包括内部思维的、外化语言的、技能动作的、成果创建的）的测试，教师则需观察和评价这一反应过程和其反应成果，对学生的行为及行为结果作出定性和定量的描述、判断。表现性测试与其他传统测试（纸笔性质的成就测试：主观题、客观题/标准化测试等）的主要区别在于以下几个方面。

第一，重在检测学生在真实世界（可以是模拟的）中的心智技能，淡化回馈书本知识的低水平鉴定。

第二，重在评价学生在问题情境中的表达能力、创新能力、实践能力等综合素质，弱化对机械、孤立的教学内容及单一技能的考察。

第三，重在关注学习问题处置和解决的过程及过程中的心智成长，而非只重结果的是与非、优与劣。

第四，重在引导学生表达在学习中自我对问题的理解、表现自我解决问题的能力、个性，而非一律强求"对号入座"式的"试题本位"学习。

表现性测试不仅止于是新的评价观念，更是工具与方法，其可操作性和操作。实践对于扭转"怎么考，就怎么教"的应试教育势头、降低"怎么教，就怎么学"的被动学习惯性具有积极影响。（结合前文"发展性评价"，我们看到，在评价方案中，诸多目标和细则，均可、均应采用表现性测试的方法进行）。

表现性测试在语文教学评价中可如何操作？试以一隅简析如下。

表10-13　口语交际能力表现性测试

试题设计	试题点评
1.提供一个模拟口语交际情境，要求学生写一篇短文，说明一件事情（如怎样寄包裹）或说服某个人（如选修某门课）。	尚可。但任务的实际操作行为仍落脚于"书面"，故被测者表现不出真实情境中的能力。
2.提供一个模拟情境，必要时有教师和学生配合，让学生完成一个模拟口语交际任务（如打119报火警）。	可。但因情境的虚拟性和任务的简易性，被测者的真实的、灵活的、综合的能力未必能充分表现。
3.要求学生完成一个比较真实的口语交际任务，如与同学讨论某一主题或向不知情人陈述某个事件。	是较典型的表现性测试。任务具有确定的真实性和一定的复杂性。可使学生充分表现其习得的知识和具备的技能。

续表

试题设计	试题点评
4.让学生简短地回答几个关于口语交际要求与技巧的问题。	不符合表现性测试的要求。只检测书本化知识的识记。
5.让学生完成一系列选择题,学生选择在某一特定的口语交际情境下如何表现或如何说话。	同上
6.让学生完成一些判断题,题目的内容主要是关于倾听、表达与交流的基本要求。	同上

从以上题例及分析中,似可推断,表现性测试意味着教师须得改变教学的视点,从让学生明白"应该做什么"转到让学生明白"应该怎么做"→明白"哪些对于我是有用的"→明白"我能做到怎样"→明白"知识原来是这样的";这一系列转变又意味着教师将需更多的"体验性教学"技能和经验("体验性教学"是一种换位思考、体会学生学习经历、以学习者经验构建教学的教学方式),意味着教学应与学生的生活经验、文化背景更紧密地相联系。它们将会促使教师教学活动的重心发生积极的转移。

在中学语文学科的阅读、习作、口语交际、综合性学习等领域,均可使用表现性测试,问题是设计恰当的表现性任务,设置合理的评价定量与定性标准。其中应特别注意研究、处理的有:

1. 任务设计:合理性、实效性——
- 每个学生是否都能够完成任务;
- 从学生完成该题任务的表现是否能类推完成类似任务的表现;
- 任务接近学生真实生活、经验的程度;
- 任务与相关课堂教学内容、目的的契合性。

2. 评分标准:效度、信度——
- 事先确定简明的评分标准和定性判断要则;
- 评分点合理分布和一定量的分级指标;
- 分项评分与整体评分的恰当结合;
- 学生自评、互评的自决度;
- 确保教师主观评定时标准一致性(同一教师不同学生/不同教师同一学生)。

3. 实施操作:可行、易行——
- 学生自评、互评时参照标准的可理解、少歧义;
- 任务不繁冗,行为明了,结果明确;
- 控制表现性测试在单位时间的频数(似不宜超过两周一次)。

参考文献

[1] 韦志成.语文教学艺术论［M］.南宁：广西教育出版社，1996.

[2] 韦志成.教学语言论.南［M］.宁：广西教育出版社，2001.

[3] 张大均.教育心理学［M］.北京：人民教育出版社，1999.

[4] 卫灿金.语文教育家思维教育思想与研究［M］.北京：中国书籍出版社，2004.

[5] 卫灿金.语文思维培育学［M］.北京：语文出版社，1997.

[6]（苏）霍姆林斯基.给教师的建议［M］.杜殿坤，译.北京：教育科学出版社，1984.

[7] 赞可夫.和教师的谈话［M］.杜殿坤，译.北京：教育科学出版社，1980.

[8] 范秀娟.项目教学在高职语文教学中的尝试与运用［J］.晋城职业技术学院学报，2009.（2）

[9] 张岚.高职教育中项目教学法的探讨［J］.中国冶金教育，2008.（1）

[10] 夸美纽斯.大教学论［M］.傅任敢译.北京：教育科学出版社，1999.

[11] 鹿燕.新编大学语文［M］.北京：北京交通大学出版社，2009.

[12] 叶建明，刘小宇，吕勇兵.大学语文［M］.天津：南开大学出版社

[13] 潘桂云.大学语文［M］.北京：北京交通大学出版社，2006.

[14] 王粤钦，安萍.新编大学语文［M］.大连：大连理工大学出版社，2007.

[15] 华中师范学院教育科学研究所.陶行知全集（第1卷）［M］.长沙：湖南教育出版社，1984.

[16] 王策.教学论稿［M］.北京：人民教育出版社，1985.

[17] 乔淑英，郑璇.大学语文精读［M］.北京：北京交通大学出版社，

2007.

［18］常学勤.新课程背景下的教师课堂教学技能［M］.北京：团结出版社，2008.

［19］华中师范学院教育科学研究所.陶行知全集（第3卷）［M］.长沙：湖南教育出版社，1985.